CONFIGURATIONAL COMPARATIVE METHODS
QUALITATIVE COMPARATIVE ANALYSIS (QCA) AND RELATED TECHNIQUES

QCA设计原理与应用

超越定性与定量研究的新方法

[比] 伯努瓦·里豪克斯（Benoît Rihoux）
[美] 查尔斯 C. 拉金（Charles C. Ragin） 编著

杜运周 李永发 ◎等译

机械工业出版社
CHINA MACHINE PRESS

图书在版编目（CIP）数据

QCA 设计原理与应用：超越定性与定量研究的新方法 /（比）伯努瓦·里豪克斯（Benoît Rihoux），（美）查尔斯 C. 拉金（Charles C. Ragin）编著；杜运周等译 . —北京：机械工业出版社，2017.7（2025.11 重印）

（华章教材经典译丛）

书名原文：Configurational Comparative Methods: Qualitative Comparative Analysis (QCA) and Related Techniques

ISBN 978-7-111-57368-5

I. Q… II. ①伯… ②查… ③杜… III. 定量方法 - 教材 IV. C934

中国版本图书馆 CIP 数据核字（2017）第 149546 号

北京市版权局著作权合同登记　图字：01-2017-3096 号。

Benoît Rihoux, Charles C. Ragin. Configurational Comparative Methods: Qualitative Comparative Analysis (QCA) and Related Techniques.

Copyright © 2009 by SAGE Publication, Inc..

Simplified Chinese Translation Copyright © 2017 by China Machine Press. This edition is authorized for sale in the Chinese mainland (excluding Hong Kong SAR, Macao SAR and Taiwan).

No part of this book may be reproduced or transmitted in any form or by any means, electronic or mechanical, including photocopying, recording or any information storage and retrieval system, without permission, in writing, from the publisher.

All rights reserved.

本书中文简体字版由 SAGE Publication，Inc. 授权机械工业出版社合作出版。此版本仅限在中国大陆地区（不包括香港、澳门特别行政区及台湾地区）销售。未经出版者书面许可，不得以任何方式抄袭、复制或节录本书中的任何部分。

本书结合了定性方法与定量方法的特点：介绍了定性比较分析法的认识论基础、关键特征和设想、优势以及定性比较分析技术的五种用途等；系统地阐述了 QCA 方法在案例和变量选择中的关键标准和程序，包括最相似系统与最相异系统设计等；分别介绍了清晰集定性比较分析法（csQCA）、多值集定性比较分析法（mvQCA）、模糊集定性比较分析法（fsQCA）的相关内容。另外，本书系统地介绍了 csQCA、mvQCA、fsQCA 等方法在已有研究中应用的实例等。

本书可以作为高年级本科生、研究生、博士生和研究者的教材或工具书。本书既有方法的基本原理，又强调对实际运用中关键要点的把握。

出版发行：机械工业出版社（北京市西城区百万庄大街 22 号　邮政编码：100037）	
责任编辑：杜若佳	责任校对：李秋荣
印　　刷：北京华宇信诺印刷有限公司	版　　次：2025 年 11 月第 1 版第 15 次印刷
开　　本：185mm×260mm　1/16	印　　张：12.75
书　　号：ISBN 978-7-111-57368-5	定　　价：59.00 元

客服电话：(010) 88361066　68326294

版权所有·侵权必究
封底无防伪标均为盗版

Contents | 目录

中文版序
推荐序
译者序
前言
致谢

第1章 定性比较分析（QCA）作为一种研究方法 /1
Dirk Berg-Schlosser, Gisèle De Meur, Benoît Rihoux 和 Charles C. Ragin

1.1 QCA 方法的定位 /1
1.2 QCA 方法的核心特征与假设 /5
1.3 QCA 方法的五类应用 /13
注释 /16

第2章 比较研究设计：案例和变量选择 /17
Dirk Berg-Schlosser 和 Gisèle De Meur

2.1 案例选择 /18
2.2 条件的选择 /22
2.3 MSDO/MDSO：匹配案例和条件的系统程序 /25
注释 /28

第3章 清晰集定性比较分析法（csQCA） /31
Benoît Rihoux 和 Gisèle De Meur

3.1 csQCA 的基础：布尔代数简介 /32
3.2 步骤1：构建二分数据表 /36
3.3 步骤2：构造"真值表" /40
3.4 步骤3：解决矛盾组态 /43
3.5 步骤4：布尔最小化 /49

3.6　步骤5：纳入"逻辑余项"案例　/52

3.7　步骤6：解释　/57

注释　/58

第4章　多值集定性比较分析法（mvQCA）　/61
Lasse Cronqvist 和 Dirk Berg-Schlosser

4.1　为什么使用 mvQCA　/61

4.2　mvQCA 和 csQCA 之间的差异　/63

4.3　决定阈值　/67

4.4　实例：Lipset 理论　/69

4.5　结论　/73

注释　/75

第5章　模糊集定性比较分析法（fsQCA）　/77
Charles C. Ragin

5.1　模糊集：简要陈述　/78

5.2　使用清晰真值表辅助模糊集分析　/90

5.3　程序应用　/96

5.4　结论　/102

注释　/104

第6章　应用回顾与评论　/105
Sakura Yamasaki 和 Benoît Rihoux

6.1　csQCA　/105

6.2　mvQCA　/118

6.3　模糊集　/119

6.4　结论　/123

注释　/124

第7章　回应对 QCA 的批评　/125
Gisèle De Meur, Benoît Rihoux 和 Sakura Yamasaki

7.1　数据的二分法　/126

7.2　非观察类案例的运用（"逻辑余项"）　/129

7.3　案例敏感度　/132

7.4 条件挑选的难题 /134
7.5 "黑匣子"问题 /136
7.6 时间性问题 /138
7.7 总结:"奇迹方法"不存在 /140
注释 /141

第 8 章 总结:前进的方向 /143
Benoît Rihoux, Charles C. Ragin, Sakura Yamasaki 和 Damien Bol

8.1 QCA 应用中主流的"良好实践" /143
8.2 不同 QCA 技术间的联系 /144
8.3 QCA 技术与其他定性技术和定量技术的联系 /145
8.4 创新追求 /148
8.5 参与集体性研究工作和明智的方法论讨论 /151

附录 组态比较方法的更多资源 /153

术语汇编 /155

参考文献 /161

关于编著者 /173

关于贡献者 /175

中文版序 | Foreword

组态比较方法的增长潜力

我们很开心能为这本组态比较方法的中译本写序。事实上,该书最初版本的种子来自亚洲,当时本书的贡献者们在2006年7月于上智大学(东京)的"比较社会科学国际会议"上讨论了组态比较方法的概念,在这个会议上,来自全球各地的社会科学家就定性比较分析(QCA)领域的新近发展进行了辩论。东京的那次高质量的辩论,以及我们观察到的现象,即QCA正迅速地扩张,是我们出版《QCA设计原理与应用:超越定性与定量研究的新方法》这本书的主要驱动力。

《QCA设计原理与应用:超越定性与定量研究的新方法》中译本的出版提供了一个机会,让学者们有机会去思考QCA这种组态比较方法(CCMs)的发展现状。组态比较方法的基础性假设是什么?以鸟瞰的角度来说,我们可以列出七个关键命题。

(1)QCA既是一种研究方法,也是一套分析工具,在方法上它兼顾了"组态比较"和"集合论"。它将社会现象看作属性的复杂组合,并依照集合关系将它们概念化。

(2)QCA以"基于案例"的方式利用是最好的,即QCA的运用需参考案例的具体信息。但是,由于QCA基于计算机的算法,它也有可能处理大量的案例。它为在可比较的案例间(跨案例分析)发现系统的相似性和差异提供了一套强大的分析工具。

(3)同时,运用QCA方法能够检验案例内前因因素(称为"条件")的核心组合。

(4)QCA是"结果驱动"的,它使得研究者能够着手分析以下问题,这些问题起源于对某一实证对照的观察(例如,一个政治系统的衰减或生存、一个商业公司成功的相对水平、社会运动组织采用暴力与拒绝暴力等)。

(5)QCA允许通过识别导致相同结果的那些不同情境特定的因果路径来评估"多重并发因果关系"。

(6)QCA使得研究者能够降低复杂性,即能够实现更进一步的解释性简约,但研究者可以确定他相对简约性重视复杂性的程度。

(7)QCA是一种研究高强度(而不是"傻瓜式按钮")的方法,最好以迭代的方式使用,在分析的连续阶段不断引入基于案例和理论的知识。

总而言之,这七个命题至今仍然是有效的,每一个都是一个潜在的"切入点"——这是学生或者研究者使用QCA非常好的原因。因此,我们想要强调,CCMs的切入点并不只有一个。例如,从事"小样本""中等样本"或"大样本"研究情况的学生和研究人员均可以以不同的方式来针对性地开发CCMs的潜力。在仅有几个案例时(少至五个或六个),以更深层次的、案例导向的方式去利用QCA的分析能力也是可行的。同样可行的,是使用QCA的集合理论杠杆去分析较大规模数量的数据集(例如,调查数据、宏观经济数据等),并提出与传统主流统计分析非常不同的"因果叙事"。

进一步,我们想要对中国的QCA使用者们强调,QCA可以适用于多种不同层面的案例:个体或小组(微观层面),组织、公司、网络或政策流程(中观层面),或整体的大规模系统如国家、政治制度、监管制度等(宏观层面)。此外,可以采取不同的方式应用QCA:探索数据、产生分类、测试因果理论或假设、测试命题或猜想,以及开发新的理论。QCA既可以以"低技术"的方式被使用,例如通过生成一些简单的基于集合的类型(通过相当简单直观的"韦恩图"来表示),或者以更数学的形式来使用,特别是最近fsQCA(模糊集QCA)程序中所做的改进。换句话说,我们想要传达给中国读者的要点是:来自不同学科的不同类型的学生和研究人员可以有意义地应用QCA并在使用它时发现它的附加价值——无论是那些受过更多"面向案例"的传统训练的人(寻找工具来扩展他们的观点以超出极少数案例的情况),还是那些受过更多"变量导向"传统训练的人(寻找源于多个观察点数据的替代分析方法)。

从2009年至今,QCA方法有许多进展。总的来说,很明显,QCA的工具箱已经得到扩展并且变得越来越复杂了。在数十项意义重大的创新中,这里列举几个在过去几年里有较大进展的例子:①根据经验案例数和条件数之间的最佳比例来定义"阈值";②程序的发展有利于开展有意义的集合隶属度"校准"(根据案例和理论知识设定阈值);③使用QCA开发"多方法"设计的进展,特别是使用QCA进行深入的单案例时序分析;④必要性/充分性和集合关系更加精细的观点发展,包括QCA程序中的新系数和新步骤;⑤测试更复杂模型的可能性,特别是考虑到"多层次"或嵌套现象。

在过去几年间,学界对QCA也有一些批评,特别是一些主流的定量研究者。我们相信,这些批评已经被有理有据地反驳,但同样重要的,我们也认为这些有活力的批评恰恰指出了一个事实:现在,CCMs已经被认为是数据分析方法领域中一个严肃的"竞争者"。事实上,目前在许多领域内,CCMs已经变得更加正当合理了。它们从比较宏观社会学和比较政治的交叉领域起航，但在过去几年间，QCA 在许多其他领域的应用迅速扩张，如比较政治分析、广义定义的社会科学的其他领域（包括地理、健康研究、发展研究等），特别是组织研究和管理研究。事实上，2014～2015 年，管理领域已经成为发表 QCA 论文数量最多的学科。这个结果并不让人惊讶，因为管理领域中很多问题本质上是"结果驱动"和"组态"的问题。当然，有些团队也开始尝试将 QCA 拓展到更广泛的领域，比如医学和流行病学，并且在学术工作之外，越来越多的咨询顾问、项目评估人、政策顾问等也开始探索 CCMs 工具箱的潜力。

我们希望，这本十分及时的中译本将使更多的学生、研究者和从业者能够开发 CCMs 的多方面潜力，并且与越来越多的、整个世界范围内的 QCA 社区的开发者和用户连接起来。QCA 的开发人员和用户目前通过国际 COMPASSS 网络连接（http://www.compasss.org）。未来几年里，在亚洲再次召开会议去评估和推动该领域的进一步发展是一个非常好的主意。

伯努瓦·里豪克斯，比利时鲁汶天主教大学教授
查尔斯 C. 拉金，美国加利福尼亚大学欧文分校教授
2017 年 6 月 6 日

Foreword | 推荐序

20多年前（1993年），我与 D. D. Meyer 和 R. Hinings 在《美国管理学会学报》（AMJ）上编辑过用组态方法设计与分析的一组论文。在这组论文的介绍引文中，我们把"组织组态"（organizational configuration）定义为"通常在一起发生的概念上相异的多维特征的组合"（Meyer, Tsui, & Hinings, 1993: 1175）。这些不同维度特征包括：环境、产业、技术、战略、结构、文化、意识、团队、成员、过程、实践、信念和结果等。这些特征组合形成不同的组态，表达出不同的功能及其效果。细分起来，这些不同维度的特征很多，所能形成的组态也可能是无限的。但是，理论预测以及现实观察告诉我们，组态是有限的。比如，种群生态理论说，由于环境选择，竞争上适应特定生态的组态将继续存在（Hannan & Freeman, 1989）；制度理论告诉我们，由于模仿、强制和规范的力量，组织组态有趋同现象，不可能是五花八门的（DiMaggio & Powell, 1983）；战略协同理论说明，组织内各模块在功能上存在着一定的内在关系，这样有些组合就不可能表现出来（Miller, 1987）；社会构建理论表明，组织组态是一种社会构造，人们日常行动的不断重复，会让一些组态被选择并被不断强化（Berger & Luckman, 1967）。组态分析源于分类学和类型学，如马克思的阶级划分、韦伯的理想类型。类型学基于实证经验把多种属性组合成不同类型，分类学基于理论选择特定属性进行穷尽的分类。虽然分类学和类型学有所不同，但两者互补，给组态分析提供了理论和实证的基础。不同类型或分类，是若干属性的组合，表达相同或不同的功能，这也是组态分析的基本思想。任何功能的表达都不是单个因素所导致的，而是多种因素组合所导致的，多种因素的不同组合既可以表达相同的功能，也可以表达不同的功能，以及功能和单个因素之间不是对称的关系，这些因果复杂性正是组态分析所试图解决的。传统的统计技术，如回归分析，其基本假设是自变量相互独立、因果对称性和单向线性关系，在控制其他因素的情况下，分析自变量对于因变量的边际"净效应"。这些方法不能解决因果复杂性问题。由社会学家 Charles C. Ragin 基于集合理论所发展出来的定性比较分析（QCA），为解决复杂因果关系提供了新的方法。在这种方法没有传播到组织管理领域之前，人们尝试用典型相关分析（canonical correlations，如 Doty, Glick, & Huber, 1993）、判别分析（discriminant analysis, 如 Ostroff & Schmitt, 1993）等方法来解决复杂因果关系的组态问题。近年来，定性比较分析（QCA）的技术从清晰集到模糊集不断发展，对现实问题的解决能力不断提升，在组织管理研究领域的应用不断拓展，如在战略类型（Fiss, 2011）、公司治理（Misangyi & Acharya, 2014）、制度响应（Crilly et al., 2012）等方面的研究。国内运用组态视角和 QCA 方法的研究也逐步发展起来，如王凤彬等（2014）揭示了央企集团的管理架构演进、程聪等（2016）探讨跨国企业并购的驱动机制。最近，杜运周和贾良定（2017）在《管理世界》上发表专文，介绍了组态视角与定性比较分析（QCA）。方法源于要解决的问题，因果复杂性的问题需要新的方法。QCA 方法具有非常大的潜能，归纳并识别出人际间、组间以及组织间互动的模式。这种能够探究可能存在的"因果系统"（Risjord, 2014: 224），从而揭示一组潜在机制之间的复杂关系，这组潜在机制往往并非指明单一因素与其结果的直接关系，而是说明一组因素间的关系与其结果之间的关系。与回归分析、典型相关分析、判别分析和聚类分析把每个因素看成是结果的前因因素不同，QCA 可以揭示多个前因因素间的复杂关系对结果的影响。

因此，我相信《QCA 设计原理与应用：超越定性与定量研究的新方法》这本书的翻译与出版，一定能够促进问题与方法间的互动，用更新的方法探究和解决更复杂的问题。

参考文献

1. Berger, P.L., &Luckman, T..*The Socia Construction of Reality*[M]. New York: Doubleday, 1967.
2. Crilly, D., Zollo, M., &Hansen, M.T..Faking It or Muddling Through? Understanding Decoupling in Response to Stakeholder Pressures[J]. *Academy of Management Journal*, 2012, 55: 1429-1448.
3. DiMaggio, P.J., &Powell, W.W..The Iron Cage Revisited: Institutional Isomorphism and Collective Rationality in Organizational Fields[J]. *American Sociological Review*, 1983, 48: 147-160.
4. Doty, D.H., Glick, W.H., &Huber, G.P..Fit, Equifinality, and Organizational Effectiveness: A Test of Two Configurational Theories[J]. *Academy of Management*

Journal, 1993, 36: 1196-1250.

5. Fiss, P.C..Building Better Causal Theories: A Fuzzy Set Approach to Typologies in Organization Research[J]. *Academy of Management Journal*, 2011, 54:393-420.

6. Hannan, M.T., &Freeman, J.. *Organizational Ecology*[M].Cambridge, MA:Harvard University Press, 1989.

7. Meyer, A.D., Tsui, A.S., &Hinings, C.R..Configurational Approaches to Organizational Analysis[J]. *Academy of Management Journal*, 1993, 36: 1175-1195.

8. Miller, D..The Genesis of Configuration[J].*Academy of Management Review*, 1987, 12: 686-701.

9. Misangyi, V.F., &Acharya, A.G..Substitutes or Complements? A configurational Examination of Corporate Governance Mechanisms[J]. *Academy of Management Journal*, 2014, 57: 1681-1705.

10. Ostroff, C., &Schmitt, N..Configurations of Organizational Effectiveness and Efficiency[J]. *Academy of Management Journal*, 1993, 36:1345-1361.

11. Risjord, M.. *Philosophy of Social Science*: *A Contemporary Introduction*[M]. New York: Routledge, 2014.

12. 程聪，贾良定.我国企业跨国并购驱动机制研究：基于清晰集的定性比较分析 [J].南开管理评论，2016年（6）.

13. 杜运周，贾良定.组态视角与定性比较分析(QCA)：管理学研究的一条新道路 [J].管理世界，2017年（6）.

14. 王凤彬，江鸿，王璁.央企集团管控架构的演进：战略决定、制度引致还是路径依赖？——一项定性比较分析(QCA)尝试 [J].管理世界，2014年（12）.

徐淑英

美国圣母大学杰出客座教授、美国亚利桑那州立大学荣休教授、美国管理学会第67届会长、中国管理研究国际学会(IACMR)创会会长、《美国管理学会学报》(AMJ)第14任主编、《组织管理研究》(MOR)创始主编

2017年6月17日

译者序 | The Translator's Words

关于这本书的翻译出版，不得不谈到一位天才，他是 QCA 方法的开创者，也是本书的作者之一：查尔斯 C. 拉金教授。拉金教授 19 岁获得学士学位，22 岁完成博士论文答辩，于 1975 年从北卡罗来纳大学教堂山分校社会学系毕业，获得社会学博士学位。传统社会学研究中，一直存在两种主要的社会科学研究方法——定性与定量之分。拉金教授在读书期间就开始对变量导向的方法与案例导向的方法之间存在的差异感兴趣了。工作后，拉金教授经常因定量分析方法不能处理因果复杂性及其结果的不稳定性感到沮丧，比如定量分析的结果经常会由于一个缺失值或微小的测量误差而改变，而案例研究经常被质疑缺乏普适性。拉金开创的 QCA 方法超越了定性与定量的界限，通过将案例视为条件的组态，用条件组态取代自变量、组态思想代替净效应思想、集合关系代替相关关系，整合了定性分析与定量分析的优势，使社会学研究从线性分析步入一个"集合"分析的时代。QCA 方法使得因果复杂性分析终于在方法实现上得到了有效支撑。由于结合了定性与定量分析的优势，这种 QCA 方法既适用于小样本、中等样本的案例研究，也适用于大样本的量化分析，并大大提升了理论的实践切题性，使组态比较分析在社会学、政治学、管理学、传播学、营销学等社会科学研究领域具有广泛的应用前景。

正是由于 QCA 方法的巨大突破，2009 年美国社会学会主办的期刊《当代社会学》曾刊文称拉金教授开创的 QCA 方法为"拉金革命"。拉金教授先后于 1989 年获得国际社会科学委员会（ISSC）授予斯坦·罗卡奖（Stein Rokka Prize），2014 年获得美国社会学会（ASA）授予的拉扎斯菲尔德奖（Paul F. Lazarsfeld Award），以表彰他在社会学方法论上做出的杰出贡献。

人生的选择很多时候是一系列的巧合与缘分。感谢在北卡罗来纳大学教堂山分校（以下简称北卡）社会学系的访学，使我后来能够有幸学习 QCA 方法并将其翻译为第一本关于 QCA 方法的中文书。此次北卡之旅间接地建立了我与拉金教授这位北卡社会学系杰出校友的缘分，真有种命中注定的感觉。这要回溯到2011年8月在美国南部圣安东尼奥市召开的国际管理学年会了，会上我有幸结识了我的学术偶像霍华德E.奥尔德里奇（Howard E. Aldrich），但由于时间关系，当时我们只合了影，并未有深入的交流。奥尔德里奇教授当时是北卡社会学系的系主任、世界著名的创业学教授、组织演化理论的主要开创者之一。2011年年末，已经获得国家留学基金委资助的我计划2012年出国访学学习。为了访学顺利，我联系了两位我非常尊敬的学者，一位是当时在杜克大学任教的帕特丽夏H.桑顿（Patricia H. Thornton）（制度逻辑视角的主要开创者之一），一位便是北卡社会学系的奥尔德里奇教授。桑顿教授当时表示出了对于我去访学的兴趣，但因我的访学时间与她在斯坦福大学进行国内访学的时间冲突了，只好作罢。幸运的是，我收到了奥尔德里奇教授给我发来的去与杜克大学相距不到半小时车程的北卡大学的北卡社会学系访学的邀请信，真是佩服奥尔德里奇教授的记忆力，他竟然记得几个月前我们在管理学年会上的合影。奥尔德里奇教授安排了系里的老师办理后续的访问手续。从此，拉金教授的母校北卡社会学系就成为我学习新知识的殿堂。在这里，我学习了奥尔德里奇教授开设的"组织社会学"课程、社会学者国光（Guang Guo）教授开设的"类别变量分析"课程，以及凯南－弗拉格勒（Kenan-Flagler）商学院的杰弗瑞R.爱德华兹（Jeffrey R. Edwards）教授开设的"应用研究方法Ⅰ&Ⅱ"等课程。这些课程使我对社会学理论和定量分析方法有了更深入的理解，也使我对于社会学分析方法有了敏感性和亲近感。这也成为我学习源于社会学者的QCA方法的不竭动力。

我深入学习QCA是在2015年的秋季，当时我正在与奥尔德里奇教授以及百森商学院的菲利普·金（Phillip Kim）一起准备撰写一篇论文投稿参加2016年在阿纳海姆市举办的国际管理学年会。菲利普·金毕业于北卡社会学系，是奥尔德里奇教授的博士毕业生。当时我在开发中国创业板的数据，其中有一部分数据非常小，无法用传统的大样本定量方法分析，这迫使我去寻找新的方法，恰巧当时QCA方法进入了我的视野，我如饥似渴地阅读相关的方法书，并参考一些顶级期刊的论文，最后终于用这种新的方法完成了分析，撰写了初稿，并发给了两位合作者。奥尔德里奇教授很惊讶于我的刻苦和开展的工作，菲利普·金教授则表示非常欣喜，因为他对QCA方法也非常感兴趣，但是一直没应用过。于是，我们三个"北卡人"在另一个"北卡人"拉金教授开创的QCA方法上找到了共同的语言。

2016年8月，我在国际管理学会上汇报了一篇使用QCA方法的论文，同时在菲利普·金教授的推荐下参加了国际管理学会的一个QCA论文工作坊。在这次工作坊中，我结识了几位管理学领域内应用QCA方法的领军学者，包括南加州大学的皮尔 C. 费斯（Peer C. Fiss）教授、宾夕法尼亚州立大学的维尔莫斯 F. 米森（Vilmos F. Misangyi）教授、伦敦商学院的唐纳尔·克里利（Donal Crilly）教授，以及路易斯安那州立大学的托马斯·格瑞汉姆（Thomas Greckhamer）教授等。这一次在工作坊的经历使我对于QCA的设计和应用诀窍的理解更加深入。同年10月底，机械工业出版社的吴亚军先生来南京，我们相约聊天。其间亚军问我有无什么前沿的东西推荐一下，我毫不犹豫地向他推介了QCA方法及几本QCA经典图书，并强调它们对于提升中国管理学者的学术研究能力以及与国际接轨的重要作用。他认同了我的判断，我们最终选择首先翻译本书。本书结合了组态研究的设计和方法的应用，能够最大限度地帮助研究者开展组态研究的设计和学习完整的QCA方法。

2016年年底，我着手组建翻译团队。首先，我邀请了毕业于东南大学经济管理学院的博士李永发，因为他曾在李东教授的指导下参与QCA方法的相关研究工作并出色完成。永发负责第3、4、6章的翻译工作。后来，尤树洋博士、程聪博士先后加入了翻译团队，分别负责第1、2章的翻译工作。我则负责书的目录、引言、致谢、第5章、第7章、第8章以及其他部分的翻译，并对所有章节的翻译进行了校正。研究生黄宝萱参与了校正复核工作。这本书能够顺利呈现给读者，要感谢翻译团队集体的努力和付出，也要感谢机械工业出版社编辑的辛勤工作。感谢我的博士生导师南开大学张玉利教授让我形成了问题导向的习惯，敢于不断去探索新的问题、探究新的方法。感谢南京大学贾良定教授（我的博士后导师），一直以来，他对于QCA方法前景的认同与鼓励，是我坚定投入QCA方法学习和研究的重要动力。本书出版之时，我与贾老师合作的论文《组态视角与定性比较分析（QCA）：管理学研究的一条新道路》也在《管理世界》期刊上发表了。也要感谢《管理世界》杂志社的蒋东生老师对于QCA方法的肯定。感谢徐淑英老师专门为本书写推荐序和推荐语，她的序言中包含了对于QCA方法应用的深邃洞察和思考。感谢北卡校友拉金教授邀请本书的另一作者伯努瓦·里豪克斯教授为我们翻译的中文版写了推荐序，两位QCA方法的领军人物在中文版序中既概括了本书的特点，也指明了QCA未来发展的方向，并发出了对中国读者加入国际QCA社区的期望。感谢东南大学经济管理学院赵林度教授，感谢为本书写封底推荐语的皮尔 C. 费斯教授、霍华德 E. 奥尔德里奇教授、加里 D. 布鲁顿（Garry D. Bruton）教授、菲利普·金教授、贾良定教授、王凤彬教授等，感谢在QCA引入中国的早期阶段，北京大学国家发展研究院陈春花教授、中国人民大学商学院叶康涛教授、华东理工大学商学院阎海峰教授、南京大学贾良定教授、东北财经大学尤树洋博士、安徽大学魏华飞教授、深圳大学管理学院曾宪聚教授等先后邀请我做QCA方法的交流，这些交流活动极大地推动了国内同行对QCA的认知和认可、加速了QCA方法的传播。还要感谢没有列出姓名的其他同行朋友和默默支持我的家人。感谢国家自然科学基金面上项目"自恋人格、多层次制度逻辑与众创空间内创业者战略选择及效果研究"（项目编号：71672033）的资助。

我们努力翻译好这本书是为了让中国QCA方法的应用与世界同行快速接轨，并且相信这本书能够让读者学习到系统的QCA方法的设计与应用。我们朝前夕惕、倾尽所能来减少翻译的错误，但难免百密一疏，望同行专家与读者朋友指正。

杜运周

于东南大学经济管理学院（九龙湖校区）

2017年6月18日

前言 | Preface

Benoît Rihoux

Charlse C. Ragin

为什么进行比较？为什么采用组态比较法

比较是人类推理的核心问题，它总是存在于人们对世界的观察之中——"无法想象没有比较的思考的存在"（Swanson, 1971, p.45）。事实上，如果不运用比较，即使是对一个独特现象的观察也是空洞的。因为只有当一个现象或物体不同于其他现象或物体时才能被称作独特（Aarebrot & Bakka, 2003）。譬如，人们之所以知道苹果是苹果而不是梨，是因为对二者进行过比较。

更确切地说，比较是所有经验科学工作中的关键步骤。长久以来，有大批学者（从亚里士多德（其可能是严谨比较法的奠基者）到 Tocqueville、Weber 和 Durkheim，再到当代的 Sartori（1970, 1991）、Lijphart（1971）和 Marradi（1985）的大部分作品）深入思考过这一问题并将其应用于实践当中。任何描述性工作、类型学说以及分类活动都离不开比较（Bailey, 1994）。比如，为了将苹果和梨一同归于"水果"这一范畴，就必须先在"植物"这一更大范畴中对"水果"和"非水果"进行比较区分。一旦我们给"水果"这一范畴下了定义，再通过比较橙子、苹果和梨的主要特征，便不难得出橙子也属于水果的结论。而同样是水果，橙子、柠檬以及葡萄柚却共有一些独特的表征。因此，橙子和柠檬作为一类，苹果和梨作为另一类又分别属于水果中两个不同的分支。

日常生活中的这些比较看起来的确琐碎，但很多此类脑力活动过程已经内化为理性思考中的一部分。本书正是为了论证：这种比较作为一种基础且有力的脑力运算能够转化成一套系统化的**方法**和**技巧**。尽管本书并非讨论水果，但我们将证明这些方法和技巧能够卓有成效地被运用于众多学科领域——广义的社会科学领域以及更广阔的领域之中。

系统化比较是所有实验科学和自然科学中最关键的一个步骤。比如，我们之所以知道水在被加热到100℃时会沸腾，是因为我们在控制环境参数（如气压和海拔）高于海平面水平的情况下，比较过水在低于100℃、处于100℃和高于100℃时的状态。另外，由于我们能够控制所有的环境参数，并且能够操纵气温这一特定因素，我们便能够证明气温的改变能导致水的沸腾。这也是实验科学能够做出简单有力的因果陈述的原因。

但是，除心理学的一些分支外，在大多数社会科学和行为科学领域内，真实的实验室的实验既无操作上的可能性，也无道德上的可取性。我们不妨举例进一步说明：在古代的科学实验中，可以通过对比（将奴隶的头插入温水和开水之中）的效果得出达到沸点的水能够烫伤人的皮肤这一论断；埃及艳后也或多或少让她的奴隶试验过她置于苹果和橙子中各种致命毒药的效果。很显然，当代社会科学家们不能够做出如此行径，并且他们也不想如此。

这就是比较法派上用场的时候了，它可以被当作实验法的简单替代品（Lijphart, 1971）：在控制背景条件的情况下（见第1章），观察实验现象，如分析单位与"案例"（cases）（Ragin & Becker, 1992）。和我们认知一致的是，社会科学类案例的本质复杂、具有多面性且界限模糊，而单个案例却可以使人们对其有深入理解和掌握。这是"厚重的"单个案例研究一直以来在众多领域内扮演重要角色的原因，但该研究方法的局限性在于它使得任何一种一般推广都难以开展，而经由其所得出的重大成果和结论也大都局限于单个案例之中。

那么，怎样去比较这些复杂案例呢？近几十年里，越来越多的社会科学家选择了多案例研究法这一研究策略。这种研究策略旨在在尝试进行某些形式推广的同时，满足搜集对不同案例深度信息以及对其复杂性的掌握的需求（Ragin, 1987）。同时，它与过去几年里复兴的"案例导向研究热"具有一致性。这种策略被采用还因为很多与此相关的有趣的东西在数量上受到"自然"限制（George & Bennett, 2005; Gerring, 2006; Mahoney & Rueschemeyer, 2003）。比如，国家或宗教、政治危机、战争以及特定类型的企业等，这些都是受到"自然"限制的或是小数量样本（或中级样本，见第2章）的案例类型。

在很多情况下，对案例研究材料的比较（这种比较基于对过去案例分析情况的掌握）是相当松散或者非形式化的。本书中所展示的方法和技巧主要致力于在**认真分析案例内部复杂性的同时，使案例间的系统化比较成为可能，尤其是在设计小样本或中**

级样本调研的时候。

而涵盖上述所有方法和技巧的标题就是组态比较分析法（CCM）。这个标题的含义，简而言之就是为使复杂案例的系统化比较分析能够进行，必须将这些案例转化成组态。组态，简要地说就是指能够产生既定结果的要素（或促进因素、前因变量、基本要素、决定因素等，在 CCM 术语中，我们将这些要素称为**条件**）的特定组合。这些条件需要被组合起来进行观察，以确保即使在掌握少数条件的情况下依然能够对高水平的复杂性进行模型构建，这一点将在以下章节中详细展开。

对此，需要解决的一个关键问题如下：哪些条件（或与之相关的条件组合）是得到预期结果的"必要条件"或"充分条件"（或"必要且充分"）？以非形式化的方式（更多信息请参考本书专栏 1-3；或 Caramani, 2008），暂且描述如下：

- 如果一个条件总在某个结果产生时出现，那么这个条件即该结果产生的必要条件。换句话说就是，没有该条件，该结果就无法产生。
- 如果一个结果总在某个条件出现时产生，那么这个条件即该结果产生的充分条件，但这一结果同样可以产生于其他条件之下。

比如，"举行竞选活动"是一个国家被称为民主国家的必要条件，但它并不是充分条件，因为民主国家还需要广泛的公民自由。尽管如此，"竞选的缺失"却是一个国家被认定为非民主国家的充分条件，因为没有竞选，民主也就无从谈及。[1]

在 CCM 的主题之下有四个具体方法：传统的清晰集定性比较分析（csQCA，文献中常简称其为 QCA）、多值集定性比较分析（mvQCA）、模糊集定性比较分析（fsQCA）和 MSDO/MDSO（最大相似、不同结果以及最大不同、相同结果）。

| 专业术语

QCA、csQCA、mvQCA、fsQCA 和软件

清晰集定性比较分析（csQCA）是最先使用传统布尔集[2]（或清晰集）发展起来的。这也是"QCA"这个标签一直专指它的原因，而在本书中：

- QCA 是一个集合三种主要分析类型（布尔集、多值集、模糊集）在内的涵盖性术语，因为它们有着很多共同点（见第 1 章）。
- 当明确指向初始的布尔版本定性比较分析方法时，应使用 csQCA[3]（" cs"

指"清晰集",见第3章)。
- 当明确指向多范畴条件版本的定性比较分析方法时,使用mvQCA("mv"指"多值集",见第4章)。
- 当明确指向连接模糊集和真值表分析的模糊集版本定性比较分析方法时,使用fsQCA("fs"指"模糊集",见第5章)。
- 模糊集指代由Ragin在2000年最初发展的模糊集分析法。

当涉及软件时,我们使用:
- QCA-DOS表示由Charles Ragin和Kriss Drass开发的针对清晰集分析的原始程序。
- TOSMANA表示由Lasse Cronqvist研究的多值集定性比较程序。
- FSQCA指代由Charles Ragin、Kriss Drass和Sean Davey开发的模糊集版本的定性比较程序。

注意: 现存所有版本的QCA软件(QCA-DOS、TOSMANA和FSQCA)都能够运行Ragin在1987年以及De Meur和Rihoux在2002年描述的传统清晰集分析类软件。

这四种方法是本书的核心内容。尽管这些是相当明确的方法,但不管一个社会科学家使用何种方法,我们都会尽力去解决他们不可避免会遇到的更广泛的问题(如因果推理、具体操作、普适性、时间性、机制和过程等)。

| 本书目标 |

1. 为比较模式提供一个更全面的介绍:系统化比较的目的和与之相关的重要步骤(尤其是案例和变量选择)
2. 陈述组态比较法的主要假定和基础
3. 使用一个贯穿全书的具体实例来介绍这四种特定方法(csQCA、mvQCA、fsQCA和MSDO/MDSO)的关键操作步骤和运作
4. 分析这些方法的优势和局限性,提供对目前的实际应用的批判性看法
5. 提供实用的资源和建议,并为使用者总结"良好实践",以便他们能更好地开发这些方法的潜力

本书结构

在本章作为先导章节列出本书的基本目标之后,第1章展示了QCA及其相关技术背后的全部方法。首先,我们将焦点放在"小样本和中等样本"研究情境下,更多在认识论层面讨论此方法。QCA的一些关键特征也被呈现出来:理论与案例导向知识之间的相互作用、对因果关系和复杂性的明确理解,以及归纳推广发现时的特定目标。我们在利用QCA的时候会采取不同的方法——这也确实适用于多种不同目的。

在第2章中,我们解决比较研究设计的问题和QCA(csQCA、mvQCA或fsQCA)技术真正执行前所有需要运行的步骤。关键问题是关于处理案例选择的策略以及模型设定——尤其是解释变量(称作条件)的筛选。在此背景下,MSDO/MDSO以一项专门技术出现,能够在筛选案例和条件的极具挑战性的过程中发挥巨大的辅助作用。对两次世界大战期间,欧洲国家的民主生存或衰减的比较分析被作为一个实证研究例子引入。

第3~5章介绍了三个核心QCA技术:首先是清晰集QCA(csQCA),其次是多值集QCA(mvQCA),最后是模糊集QCA(fsQCA)。这个顺序与数据编码的方式一致:从彻底的二分变量(只用[0]或[1]对所有变量进行划分)到更加精密的数据。这三种技术在关键实践步骤中都经过了彻底地讨论。在更加基础和高级的用法中,对每一个技术的特性都会加以突出。为了展现每一个技术分别能带来何种附加值,同一个"战争期间项目"数据的使用贯穿了这三章。在整个过程中,很多"良好实践"被总结归纳出来。

在第6章中,我们广泛回顾了这些技术在众多不同领域、关于不同话题以及不同用法的应用。此处所展示的真实应用被挑选出来是因为它们例证了"良好实践",以及这些技术的潜能和局限性。QCA程序的所有主要步骤都采取这种方式进行了再回顾,从前期的案例筛选和模型设定,到更高级的特征诸如对矛盾简化假设的处理。csQCA、mvQCA和fsQCA应用因为各具其特性所以被分别讨论。

接下来的第7章分析了所有针对QCA及其不同技术的主要批评。从二分法到时间性,从案例敏感度到非观察类"逻辑余项"案例的使用,有很多诸如此类的批评。针对这些批评中的每一项,我们都讨论了其在何种程度上能够成立,如果成立,我们将能够在何种程度上有技巧地解决这个难题或局限性。

最后,因为QCA事实上是一个正在扩大且变动着的领域,在第8章中我们提供了一个开放的预期总结。一些特别有前景的途径也在进一步的讨论之中，如在一个序列中使用不同的 QCA 技术或者与其他定性或定量技术进行富有成果的对话（或对照）。最后一节致力于一些特定的主题，在其基础上，一些创新工作正在进行之中或可以预期，尤其是软件的发展升级和技术的更高级运用。

在本书的最后，我们也汇总了一系列关键资源，如术语汇编，大量的参考书目、作者以及大量网络资源的链接。

如何阅读本书

本书按逻辑顺序设计，将实用建议贯穿其中，从一般考虑着手到专门技术的具体展示，再从这些技术出发到对应用、优势及局限的评价。因此，建议打算认真参与到这些技术的使用中的读者最好从头至尾通读全书。建议想要对这些技术的潜在价值和关键特征做一个快速概括的读者从第 6 章（应用回顾与评论）读起，然后根据与其特定研究目标的相关程度，有选择性地阅读第 3～5 章的内容。本书中，嵌入的六类教学法资源可供所有读者参考。

| 教学资源 |

- 每章开篇的本章目标，列出本章的主要目标。
- 每章末尾的要点，列出本章的关键知识点以及关键补充读物。
- 说明与举例，让专业性内容更加容易被理解。
- 基础的技术定义，让专门术语更加清晰、明确。
- 为恰当使用这些技术，"良好实践"专栏列出了主要实践建议。
- 本书末尾有术语汇编和一系列关键资源——更多信息可以浏览专门资源网页：www.compasss.org/Textbook.htm。

参考读物

当然，由于本书篇幅受限且涵盖了较多方面的内容，为了对 QCA 及其技术有一个更为清晰的认识，因此我们推荐了一些主要的参考读物。尽管很多书在一定程度上讨论了 QCA，⁴ 但在此我们推荐三本核心参考读物。一方面，Charles Ragin 的两本有关议题的书——《比较法》（1987）和《模糊集社会科学》（2000），从不同方面阐释了 QCA 的所有基本原理和总体目标。最近讨论模糊集的升级和延伸版的书又对其进行了补充完善（Ragin，2008）。

另一方面，总的来说，Schneider 和 Wagemann（德语版，2007；英文版即将发行）的教材的关注点更加偏向技术，它特别提供了对必要性和充分性、一致性和覆盖度、布尔代数和集合运算、测量、概念形成、模糊集的高级特征，以及软件使用的更多信息的详细论述。相较而言，本书内容更宽泛、覆盖面更广，处于入门级和中级水平。本书的特别之处在于，它为三种主要的 QCA 技术及其"上游"技术（尤其是比较研究设计）提供了最先进的、基础的处理方法，且广泛讨论了其优势和局限性，以及其在众多领域和学科内发表的应用——所有这些都以相对简洁的版式呈现。因此，我们考虑将 Schneider 和 Wagemann 的这本更集中、更专业、更细致的教材作为补充读物——和网页上的一些资源一起。在本书中，也推荐 Schneider 和 Wagemann 的一篇专门论述 QCA 成功实践的作品（2007；Schneider & Wagemann，2008）作为补充读物。

De Meur 和 Rihoux 的教材（2002）对使用法语的读者而言仍然是有用的，尤其是在讨论 QCA 布尔基本原则以及对数据和关键操作的视觉表示法方面。Caramani（2008）的简明教程适用于深入探索 QCA 的"黑匣子"问题（对因果关系和控制的技术层面的细致讨论），以及更彻底地反映比较研究设计的认识论和实践问题。最后，新近发行的两本书对"上游"技术极其有帮助：一本是 Goertz（2006b）的，讨论实践阶段的比较研究设计、案例筛选、概念形成和衡量标准；另一本是 Gerring（2006）的，也涉及案例筛选并且以反思性的观点论述了在进行比较分析之前，如何获取案例导向知识和"案例亲密度"。

要　点

- 比较是所有实证科学工作中的关键操作。
- 本书讨论专门的比较方法和技术，其在特别关注小样本和中级样本研究设计的案例内部复杂性的同时，使系统的案例间比较成为可能。
- "QCA"这个标签代表整体的方法，而更具体的标签（csQCA、mvQCA、fsQCA）代表的则是特定的技术。
- 在 QCA 中，复杂案例都被转化为组态：与给定结果相关的条件的具体组合。

> **关键补充读物**
>
> Caramani（2008）、Lijphart（1971）、Ragin（1987，2000，2008）、Schneider & Wagemann（2007）.

注释

1. Lasse Cronqvist 推荐的例子。

2. "布尔"意味着变量必须编入 [0] 或 [1]，即变量必须进行二分处理（见二分法部分）。

3. 注意，在目前的大部分出版物中，csQCA 由"QCA"代指——庆幸的是，从现在起，更精确无歧义的标签"csQCA"将投入使用。

4. 也有相当一部分有着更广泛方法论目的的其他教材在某种程度上也涵盖了QCA。我们特别推荐如下三本，因为它们将 QCA（及其逻辑基础）精心置于更宽广的背景之下：Becker(1998), Pennings、Keman 和 Kleinnijenhuis(1999)，以及 Peters(1998)。

致谢 | Acknowledgements

本书倾注了七位投稿人的心血,在世界各地无数同行、合作者和学生的支持下得以完成,是大家共同努力的成果。

我们感激已故的 Kriss Drass 为软件研发所做的工作。Kriss 曾负责 QCA-DOS 从初始版本到 3.0 版本期间所有版本,以及 FSQCA 从初始版本到 0.9 版本期间所有版本的执行。Sean Davey 已经接下了随后的 FSQCA 版本(从 1.0 版本到 3.0 版本),包括模糊集真值表程序以及多个反事实分析程序的执行。

感谢 Nancy Martin 前期所做的翻译工作。我们在此也想提及一些为准备活动和 COMPASSS 网络更进一步发展发挥了积极作用的同行们,该网络为新理念和合作项目的发展提供了机会,他们是:Peter Bursens、Heike Grimm、David Levi-Faur、Axel Marx、Daishiro Nomiya、Wendy Olsen、Fritz Sager 和 Geert Van Hootegem。感谢就比较分析方法与之进行过详细讨论的亲密同行和朋友们,其中有 Frank Aarebrot、David Collier、André-Paul Frognier、Gary Goertz、Airo Hino、Bruce Kogut、Lars Mjøset 和 Marc Swyngedouw。

我们也感谢 Academia-Bruylant 对 csQCA 第 1 版法语教材出版的大力支持(De Meur & Rihoux,2002)。该书为本册英文版综合教程《组态比较法》奠定了基础。本书也是在 FRFC 的支持下才得以完成,凭借 FNRS,有关于"分析新兴机构的多方利益相关者(multi-stakeholder)对全球市场下的工作条件和环境保护的政治和社会监管"(参见 2.4.563.05.F)的研究被授权。欧洲科学基金会的支持也促进了我们工作的完成。为了就"对政策分析的创新比较方法:方法进步和政策分析(评估)提升的欧洲跨学科共同努力",我们在 2004 年 9 月 25～28 日在埃尔福特组织了一场探索性研讨会(参见 EW03-217)。良好的工作氛围和比较政治学中心(天主教鲁汶大学)的丰富参考书目资源也有力地帮助我们最终定稿。

我们感谢无数在 FSQCA 和 TOSMANA 软件发展过程中给予我们反馈的同行们，包括 Helen Giesel、Gary Goertz、Bruce Kogut、Jon Kvist、Carsten Schneider、Steve Vaisey 和 Claudius Wagemann。要特别指出的是，在本册教材的早前几个版本中，我们收到了来自 Simone Ledermann、Raphaela Schlicht、Carsten Schneider、Svend-Erik Skaaning 和 Claudius Wagemann，以及很多佚名评论者的实用反馈意见，我们也收到了来自 Olaf Van Vliet 和 Maarten Vink 的特别评论。最后，我们要特别感谢 Svend-Erik Skaaning，因为我们在给本书最终定稿时，他带领他在奥尔胡斯大学的一些学生对 QCA 分析进行了模拟——这对本书第 3～5 章的内容起到了最有帮助的技术巩固作用。

在讨论会、研究班和课程中就本册教材给予我们"星星点点"反馈的同行、研究者以及学生数不胜数，此处不再一一列举，但他们的意见对我们而言非常珍贵。我们尤其感谢在 ECPR 方法与技术暑期班（Ljubljana）、艾塞克斯社会科学数据分析与搜集暑期班（Colchester）、奥斯陆比较社会科学研究暑期班、定性分析与多方法研究所（Phoenix）以及社会科学定量分析法暑期班（Lille）参加我们所教授课程的人们。当然，我们也感谢所有这些课程场地的组织者——在对教学材料和新理念进行测试方面，这种培训课程有着不可取代的作用。

最后，同样重要的一点是，我们对 Sage 团队给予我们的大力支持和他们的超高效率致以谢意，尤其是保证"轮船扬帆起航"的 Lisa Cuevas、保证"长途航行后安全停靠港口"的 Vicki Knight、负责"全程卫星导航"的 Sean Connelly、熟练操作冷冰冰的"码头设备"的 Sarah Quesenberry、为"船身每一寸上光并检查每一个螺栓"的 Tony Moore 和 Dorothy Hoffman，以及在全球传播消息让人们在这艘同类型中的"先驱之船"踏上"征服七大洋"的旅途时来拜访它的 Lauren Habib 和 Stephanie Adams。就实践方面而言，在本书的投稿者团队中，Sakura Yamasaki 和 Damien Bol 为 COMPASSS 著书目录数据库的维护发挥了至关重要的作用，一系列参考都是从中提取的。凡此种种，我们郑重声明对书中残余的任何错误、粗略说法或信息遗漏拥有知识产权。

第 1 章

定性比较分析（QCA）作为一种研究方法

Dirk Berg-Schlosser, Gisèle De Meur, Benoît Rihoux 和 Charles C. Ragin

本章目标

阅读本章后，你应该能够：
- 界定 QCA 作为研究方法的内涵，并掌握其核心的认识论基础
- 理解为什么说 QCA 是一种"案例导向"的方法，并掌握如何使用 QCA 方法在案例和理论之间进行对话
- 理解 QCA 方法中对因果关系的特殊界定——多重并发因果关系及其应用
- 思考 QCA 方法在从个别案例向一般性结论推广中的有用性
- 理解 QCA 技术在形式化、复制、透明和其他方面应用中的核心共同特点
- 熟悉 QCA 方法中关键的术语并能够恰当使用

1.1 QCA 方法的定位

1.1.1 认识论基础

为了更好地理解 QCA 方法的多种技术和应用，将其在历史的认识论和与其他社会科学研究方法的关系中进行明确定位是至关重要的。[1] 近期，QCA 方法的发展回溯到了最初的系统比较程序：该方法最初来源于 18 世纪或 19 世纪的自然科学领域，如 Linnaeus（1753）在植物学中的研究、Cuvier（1812）在解剖学领域的研究。

QCA 方法的逻辑基础源于 Hume（1758），特别是来自 J. S. Mill

（1967[1843]）的"真知"。其中，"一致性方法"和"差异性方法"的思想最为重要。前者是指在排除所有相似性之后确定因果关系：如果被研究现象的两个或多个实例只有某一个共同情况，那么这个使所有实例都表现出一致性的情况，就是这些现象的原因（或效果）（p.390）。相反，后者（差异性方法）考察的则是即便在其他所有情况下被研究的现象均相同，是否还缺少某一个原因或效果使这些现象表现出差异：

> 如果被调查现象的一个实例在一个情况下发生而在另一个情况下没有发生，而除此之外其他都相同，那么这个使两个被调查对象表现出差异的唯一情况就是这些现象的结果、原因或是原因不可或缺的一部分。（p.391）

两种方法都关注案例的系统匹配和比对，以消除其他可能性来确立共同的因果关系；两种方法都存在一定的极端问题，因为它们都试图通过控制所有其他的可能性和整体的环境来确立单一的共同原因或者原因缺乏。

Mill 设计了一种复合方法，称之为"一致性和差异性方法的联合方法"或者"差异的间接方法"，它是一致性方法的双倍应用：

> 如果被研究现象发生的两个或多个实例只有某一个共同情况，然而现象没有发生的两个或多个实例除了缺乏该共同情况，没有其他共同项，那么这个使两个集合的案例表现出差异的唯一情况就是这些现象的结果、原因，或是原因或现象不可或缺的一部分。（p.396）

但正如 Mill 自己所说的，这种"准实验"设计与纯粹的差异性方法相比还是缺乏说服力的。

Mill 的"真知"暗含着相当严格的"实证主义"假设，涉及几乎所有研究领域中有关因果关系和高效度理论发展的方面。总体而言，即使是在"硬"科学研究领域，这种相对机械和决定式的因果关系也很少能被建立起来。因此，除非真正相关的要素都被包含了，否则仅靠上述方法本身很难有新的发现。类似地，上述方法也不会**证明**任何因果关系，因为通常研究者不可能检验一个明确和完整（事先预测的）的、充分控制了其他所有因素的关系模型（至少是在社会科学中）[2]。但是，这些方法是我们在"真实"世界中排除不相关要素和接近因果关系过程中的重要一环。在这个意义上,这些方法回应了 Popper(1959)著名的"证伪"原则;或者用那个时代另一部经典著作的表达方式来讲,Mill 的方法:

> 在获得真理的过程中它无疑是有价值的;在排除虚无假设的过程中,这种方法能够缩小找到真实假设的范围。而且,即使这种方法不能够排除所有的无关条件,它也可以让我们在一定程度上接近并发现某个现象的**"发生条件"**,这样我们就能说某个特定假设比其竞争性假设在逻辑上更可取。(Cohen & Nagel, 1934, p. 267)

QCA 方法中的不同技术恰恰就是要找到和减少这些"发生条件"。本书会在后续章节中描述并举例说明,这些技术对于减少社会科学研究中经常遇到的复杂性问题十分重要。正如 Mill(1967 [1843])自己所述:

> ……多样化原因的现象无处不在,而且大多数情况下其结果不可避免地相互交错。更有甚者,大多数政治学的调查是关于某个现象结果的综合性描述,如公众财富、公共安全、社会道德等。这种结果很容易被人类社会中的种种事实或事件直接或间接地**放大**或**缩小**。(p. 452;黑体部分是原文内容)

1.1.2 "小样本"和"宏观比较"分析及其拓展

从 20 世纪 80 年代末 90 年代初开始,QCA 方法被广泛地应用于政治学(比较政治学)和历史社会学(例如对福利国家的研究),并在其中得到发展。因此,自然地,QCA 方法最初是作为一种"宏观比较"的分析方法在社会科学中被广泛接受的:因为这些学科要对社会、经济体、州或是其他复杂的社会和文化形态等"宏观"现象进行实证研究(Berg-Schlosser & Quenter, 1996)。

但是,在当今世界范围内,即便是考虑相关的历史情况,上述现象样本的最大数值也非常有限,例如当今世界只有大约 200 个独立国家,美国只有 50 个州,欧盟只有 27 个成员国。事实上,对于很多有意义的宏观比较分析而言,其包含有效和可比较数据的样本数量则更为有限,例如,部分经济合作与发展组织(OECD)国家、撒哈拉沙漠以南的地区或是一部分已经收到结构性经济发展基金的欧洲国家和地区。这也解释了为什么 QCA 方法仍然被视为一种"小样本"研究的方法。除此之外,这类研究还存在典型的"小样本 – 多变量"困境(请参见,例如 Lijphart, 1971, 1975；本书第 2 章会阐述如何解决这种困境）。

用更一般的表述方式，我们将 QCA 技术置于一个由变量数量和案例数量构成的两维度矩阵中，并和其互补或相近的分析方法进行对比（如图 1-1 所示）。

		案例数（C）			
变量数(V)		1	2	小 (l)	大 (m)	(n)
	大 (j) (k)					世界系统 $C_n V_k$
	小 (i)	描述 $C_1 V_j$	配对比较 $C_2 V_j$	比较法 $C_1 V_j$	统计法 $C_m V_j$	
	2			双变量描述性分类		
	1	世界系统 $C_1 V_1$		分类		

图 1-1 比较分析：一个分类法

资料来源：Adapted from "Die Vergleichende Methode in der Politikwissenschaft," by F. H. Aarebrot and P. H. Bakka, in *Vergleichende Politikwissenschaft: Ein Einführendes Studienhandbuch*（4th ed.），p. 65, by D. Berg-Schlosser and F. Müller-Rommel（Eds.），2003, Wiesbaden, Germany: VS-Verlag.

可见，QCA 技术（QCA 狭义上的"比较方法"）应该与"统计方法"区分开来，因为后者是基于大样本、最大程度的随机过程以及相对少数变量的方法。尽管两类方法各有优点和局限性（详细论述请参见 Brady & Collier, 2004；King, Keohane, & Verba, 1994），但是 QCA 技术并不仅仅是基于大样本定量研究或是简单地增加样本量的思想，相反，正如本章后面所论述的，QCA 技术具有其自身的独特性。

随着 QCA 技术及其应用的发展，有必要对上述 QCA 技术"小样本"和"宏观比较"的定位进行进一步剖析，至少表现为以下两方面。一方面，从技术角度讲，现在"小样本"通常意味着非常少的样本量，比如介于 2 个（这种情况是"非常小样本"，但是也可以进行二元比较）到 10 或 15 个案例之间。超过这个范围，比如 10、15、50 或 100 个样本的时候，研究者就会发现其面临一个"中等样本"的情况——对于大多数定量（统计）分析要求而言仍然是很小的样本量。而且，正如本书后面章节所论述的，QCA 技术同样已经在"大样本"的研究设计中被广泛应用了。另一方面，在诸如组织社会学、管理研究和教育学研究等领域，越来越多的学者已经开始在其他层面应用 QCA 技术，尤其表现在对"中观"层面（组织层面、社会网络和集体行为者层面等）的研究上，近来甚至表现在对微观层面（小团队或个人层面）的研究上。

1.2 QCA方法的核心特征与假设

从某种意义上讲，QCA技术力求整合"定性"（案例导向）和"定量"（变量导向）两种分析方法的长处。这也确实是QCA技术在最初（开始称为QCA而现在称为csQCA）向人们所传达的雄心壮志：20世纪80年代末，人们发展出的QCA技术将会成为一种"综合性策略"，能够"整合案例导向的方法与变量导向方法的优点"（Ragin, 1987, p. 84）。事实上，正如本章下面会解释到的，尽管csQCA技术与其他QCA技术确实也整合了上述两种方法的特点（Rihoux, 2003, 2006, 2008a, 2008b），但是从整体上看，这些技术可以被明确定位为"案例导向"的方法（Rihoux & Lobe, 2009）。借助形式分析工具和对案例的明确定义，我们可以使用QCA技术对不同的案例进行系统比较，这里就涉及组态的思想了。

1.2.1 案例与理论

组态比较分析技术（configurational comparative analysis, CCA）是案例导向的，这是因为其通过"组态"方式分析和处理数量有限的复杂案例。这就意味着，每一个案例都被认为是一系列属性所构成的复杂组合，人们在分析中不应该忽略或丢掉某个独特的"整体"——这是一种**整体性**的分析视角。这种技术下所分析和处理的案例是（或者说应该是）闻名和众所周知的，而不像微观的大样本问卷研究那样是无名的，这样做会带来极大的好处而不是坏处：学者们可以回溯案例，或是咨询历史学家、专家和其他人来进一步阐明案例的独特之处或改进相关的数据。

在组态比较分析中，研究者在案例与相关理论之间进行对话。事实上，研究中的变量（条件或结果）必须基于理论来选择，这是QCA方法演绎式的一面。然而，QCA技术可以以更为归纳式的方式开展：从案例中获取洞见以识别出需要考察的关键"成分"（Rihoux, 2003, 2006；Rihoux & Lobe, 2009）。进一步，QCA技术的一个重要的丰富性表现是它有一套形式语言（布尔或集合理论体系；见第3~5章），能够非常容易地转化为理论语言（反之亦然）。事实上，理论语言本质上就是一类集合论（Ragin, 2000, 2008），因而QCA技术可以很好地与理论进行对话（Befani, Ledermann, & Sager, 2006）。

从理论角度上看，QCA 的理论应该被定位为社会科学研究中较为一般的"中观理论"范畴，因此应该与 Habermas、Bourdieu、Luhmann 或 Giddens 等学者"宏大"和具有普适性的社会学理论（Merton, 1968；Mjøset, 2001）进行区分——后者具有高度思想性而且并不是用来进行实证检验的。[3] 同样从这个意义上讲，在强调历史差异、定性和实证主义的"扎根"方法中，QCA 技术是更为中观和情境敏感的理论（Glaser & Strauss, 1967；discussed by Mjøset, 2003）。

从这个角度看，QCA 技术可以作为基础并拓展应用到更高要求的分析过程中。例如，在系统的历史比较研究中，考虑时间维度和不同"路径""关键节点"和整体动态性（请参见 Pierson, 2004）。类似地，QCA 方法也可以应用于不同层面的分析中。例如，在实证民主理论中研究社会断层与政党体系的关联，可能会整合中观和宏观层面的分析技术。此外，QCA 方法识别出的独特"发生条件"也可以被整合到具有更一般性的社会解释理论中，后者在 Coleman（1990）的"浴缸"模型中被提出并由 Esser（1993）做了进一步阐述。本质上，Coleman 已经形式化论及特定社会中的宏观与微观现象变化之间的联系：宏观或中观层面的集体性社会变革，实际上以其构成的基本单元（即微观层面）的变革为基础。用这种方式，社会结构和行动者相关的议题可以被整合在一个更为一般性的历史或"中观理论建构"视角之下。

实际操作中，理论在 QCA 技术分析的多个关键步骤中扮演着重要角色。首先，分析的"上游"环节中，学者在建立模型时，理论可以帮助其预设哪些条件需要被纳入模型，也可以帮助他将这些条件操作化（例如如何测量这些条件、应该使用什么样的阈值等）。理论也可以用来指导如何选择案例——能够试着在选样中既包括重要案例或典型案例，也包括其对立的案例。实际上，QCA 方法能够在不排除"例外情况"或"异常值"的情况下给出解释。相反，那些不符合规律的案例通常会对我们理解某个特殊机制有所启示。

其次，在分析中，研究者对实证研究对象具有一定的情境知识会有助于整个研究过程的开展。与此相同，理论也可以帮助研究者决定很多 QCA 实践操作的问题：比如变量的操作化和所谓的矛盾组态（简单来说，就是在**条件**变量上取值相同但**结果**不同的案例，关于这一点会在第 3 章进行详细讨论）问题的处理方法。理论在 QCA 分析的另一个关键步骤中也很重要：指导是否要包含未观察到的案例，即处理所谓的"逻辑余项"问题。最后，也是很重要的一点，在分析后的"下游"环节，理论可以帮助研究者分类整理不同的解，并且在选择特定解的时候提供依据（否则所有的解在逻辑上都是等价的，即等价简约解）。

1.2.2 因果关系、复杂性与简约性

QCA 技术关注跨案例的"并发因果关系"。这意味着要素的不同组合可能产生同样的结果，例如，不同的民主化"路径"（例如，Berg-Schlosser, 1998；Collier, 1999）或是不同的社会力量都可能导致西欧地区福利国家的出现（例如，Alber, 1982；Esping-Andersen, 1990）。更准确地讲，QCA 技术发展了新的因果关系概念，并为其复杂性留下了空间，称为"多重并发因果关系"。

| 专栏 1-1 |

多重并发因果关系简介

多重并发因果关系是指：

1. 最常见的是，多个相关条件的组合引起结果（AB → Y）
2. 多个不同的条件组合可能产生同样的结果（AB + CD → Y，"+"表示布尔"逻辑或"[4]）
3. 不同情境下，当特定结果出现时，某个条件可能出现也可能不出现（AB → Y，同样可能是 aC → Y）。在这个例子中，[A] 与 [B] 组合会使某个结果出现，[5] 但同样地，缺少 A 的 [a] 与 [C] 条件组合也能够使该结果出现

换句话讲，不同的因果"路径"（每条路径相关但又相互区别）都可能引起相同的结果（De Meur & Rihoux, 2002）。"多重"是指路径的数量，而"并发"则意味着每条路径都是由不同条件的组合所构成的。所以，多重并发因果关系具有**等效性**（equifinality）的概念内涵，简单讲就是不同因果路径会引起相同的结果。值得注意的是，这与主流统计技术的核心假设完全相反，例如，可加性假设——不论其他相关条件的取值是什么，某个要素在不同案例间对结果都具有相同的边际递增效应（Schneider & Wagemann, 2007）。

因为 QCA 方法认为因果关系是依赖特定情境和组态的，所以 QCA 方法否定任何形式的恒定因果关系（Ragin, 1987），这一点与 J. S. Mill 的早期思想一致。因

此，应用 QCA 方法最基本的原则，就是研究者不应该像主流统计方法那样，急着发展出与数据拟合最好的单一因果模型，而是应该在多个可比较案例之间确定不同因果模型的数量和特征（Ragin, 1987）。

可见，QCA 技术在所有样本点之间进行同时计算，这一点超出了平均数、相关分析和回归分析等技术的范畴——这些分析技术通过平均的方法，排除了案例的独特性并且忽略了"异常值"（见 Berg-Schlosser & Cronqvist, 2005；Berg-Schlosser & Quenter, 1996；Ragin, 2006a）[6]。实际上，在 QCA 方法中，如果某个条件的组合仅仅"解释"了一个案例，也不能先验地认为这个组合要比能"解释"更多案例的（比如 10 或 15 个）组合不切题或不相关——因为在 QCA 技术的大多数应用中所有案例都同等重要。从这个意义上讲，QCA 方法与简单的概率性因果推断有着本质区别（De Meur & Rihoux, 2002）；基于其案例导向的特征，QCA 技术更趋向于关注因果关系的多样性（Ragin, 2006a）。

因此，通过放松若干假设，QCA 方法拓展了因果关系的分析框架。首先，"可加性"的假设被打破了。这意味着"单个原因对结果有其各自的和独立的影响"的思想不成立，并且被"并发因果关系"的假设代替——多个原因同时出现（或者以某种方式整合）并构成某个结果的"原因组合"。其次，一个给定的原因组合可能并不是产生某个特定结果的唯一路径，其他组合可能也会产生同样的结果。再次，因果效应不再具有一致性；相反，一个给定的原因与某些条件组合时可能对结果产生正向影响，而与其他条件组合时则可能产生负向影响。最后，不再假定因果关系的对称性，而是假定原因的非对称性——某个结果的出现与否可能需要不同的"原因组合"来分别解释。

| 专栏 1-2 |

QCA 方法中的因果关系：主流统计方法中被打破的假设

请谨记，QCA 方法打破了主流统计方法中的部分核心假设（这些假设是大多数统计技术的基础）。在 QCA 方法中：

1. 不存在恒定不变的因果关系
2. 因果效应的一致性假设被打破
3. 分析单位不具备同质性

> 4. 可加性假设被打破
> 5. 不再假定因果关系的对称性
>
> 值得注意的是，主流统计方法中的其他核心假设，例如线性假设等，在 QCA 方法中也不成立。

当然，QCA 技术也不能保证研究者最终能够找到特定现象的"真实"原因，因为因果关系的问题远比现象本身复杂得多（请参见 Abell, 2004；Gerring, 2005；Mahoney, 2004）。而且，任何实证分析（QCA 或其他方法）结果都完全取决于选择什么样的"材料"纳入分析——包括被操作化的条件变量和对案例的选择。然而，如果研究者试图用多个竞争性理论来解释同样的结果，运用 QCA 技术可以很快排除一部分理论——这些理论不能在案例之间正确区分某些原因是否有特定结果。这种情况可以由所谓的矛盾组态来表示（详见第 3 章）。

在剩下的理论中，最能够满足"简约性原则"（Occam 的"剃刀"效应）的理论被研究者最终确定下来。经过多个世纪相继地修正和完善，"简约性原则"用常识性语言来说，就是"如果我们可以简化，那为什么要把事情弄得复杂呢"，或者说，如爱因斯坦的名言：人们应该把事情说得"尽可能简单，但不要更简单"。总之，QCA 技术力求得到人们所感兴趣现象的某种形式的"简短"（简约性）解释，而同时为其保留适当程度的因果复杂性。

自然地，寻求因果规律，就意味着接受了人类和社会现象确实存在可能的因果规律假设——即使这些规律是很粗糙和牵强的（Ragin, 1987, p. 19；Skocpol, 1984, pp. 374–375；Zelditch, 1971）。例如专栏 1-3 所述，QCA 方法中的两个关键规律被称为"必要性"（"必要条件 [组合]"）和"充分性"（"充分条件 [组合]"）。实际上，任何实证科学（即使是在"硬"科学中）都要基于这两个基本假定，而其相反假定（人类和社会现象处于"非结构混乱"的状态）则不会驱使学者去寻求解释及其意义。

| 专栏 1-3 |

必要性和充分性[7]

注意，**必要性**与**充分性**等核心概念与多重并发因果关系的思想是高度一致的。

事实上，某个结果的特定的原因路径，通常是这个结果**充分性**（充分条件**组合**或是多个条件"交集"）的一部分。但是，这个路径通常并不总是必要的，因为其他路径（含有不同条件，至少一部分条件是不同的）很可能也会产生同样的结果。我们用引言中的例子继续来考察三个可能导致"建立民主国家"这一结果的条件：

- 条件 A：有正规的差额选举
- 条件 B：保障全面的公民自由
- 条件 C：确保政策制定者对于军队领导的独立性

在这个例子中，有两个路径可以导致民主国家的出现：

- 路径 1：条件 A 和 B 组合
- 路径 2：条件 A 和 C 组合

这可以用下面的方式来表达：

- 路径 1 是第一个能够产生研究结果的**充分条件组合**
- 路径 2 是第二个能够产生研究结果的**充分条件组合**

单独看，上面两个路径都不是充分必要条件（因为总有另外的路径可以解释该结果）。最后要注意的是，有一个条件（条件 A：有正规的差额选举）在两个路径中都出现了。因此，我们可以说：

- 条件 A 是结果的必要条件（因为结果发生时，这个条件总是出现）；
- 但是，A 并不是充分条件——因为仅有条件 A 并不能产生该结果，而是需要与条件 B 或 C 相组合才行。

1.2.3 适度的普适性

普适性在所有实证科学中都是很重要的一部分。科学研究的目的并不仅限于对于某个现象的详尽描述，在研究过程中寻求"明确联系"（explicit connections（Ragin & Rihoux, 2004a））或"特殊联系"（specific connections（详见 Rihoux, 2008b））也是很重要的。"明确联系"用于形式化描述数据中可观察的规律，这给进一步分析提供契机，因为"明确联系"对"解释"给出了深入剖析——描述事物背后的内在机制。"明确联系"也具有预测作用，可以判定新的还没有被观测到的行为，因此为进一步的模型检验提供机会。

在寻求科学解释的过程中，如果没有普适性，那么科学研究仅仅就是同义反复和简单的描述而已。这并不是说解释性和"深入"描述性的工作没有价值——实际上，这类工作可以为了解现象、明确其内在机制以及对复杂案例深入理解提供很有价值的洞见（Gerring, 2006；Ragin & Becker, 1992），但是产生新的猜想并使用新数据进行拟合也同样重要。研究的普适性和稳健性在很大程度上依赖于研究者所使用的实证数据库的质量，这类数据库的形式要求研究者经过漫长时间的辛苦工作，包括试错、提出新问题和持续地测评过程。这与一般观点相反：重新调整研究过程不应该被视为对数据投机取巧的操纵行为，而是应该被视为研究者发展出新理论的必要步骤。正如本章下面会讨论的，这也正是为什么说 QCA 技术在本质上具有迭代性。

评价研究质量的一个很好的指标是考察其解释新案例的能力。从这方面讲，我们要谨记，理论应该避免在解释个别现象时（即避免对单个案例进行个体化"解释"）实现最大程度的稳健性。只有普适性才能给出更简明的解释，如上文例子中条件 A 被确定为一个关键的条件（必要条件），这一点再次强调了简约性的思想。

但是，追求普适性的成功概率一定在最初的"同质性空间"（包含实证数据库）内。并没有任何证据证明，没有纳入分析的条件就对分析结果产生影响，因此恰当的 QCA 分析应该不局限于简单描述，而是追求"适度的普适性"：QCA 分析结果可能用于支持"有限历史的普适性"观点（Ragin, 1987, p. 31）。特别地，从对多个可比案例的系统比较中，研究者可以形成供后续使用的命题，恰当调整这些命题，可以用于分析其他类似的案例——这些案例与 QCA 分析中的案例有合理数量的相似特征。值得注意的是，QCA 方法中的普适性观点要比统计推断中的普适性观点保守得多，后者是非常高程度的普适性观点（例如从一个具有 1000 个个体的样本推广到百万级别的总体）。

1.2.4 数据、可复制性和透明性

如上所述，QCA 技术要求把每个案例分解为一系列特征：一定数量的条件变量和结果变量。以运动员为例，如果结果变量是运动员掷铁饼超过 60 米的能力，那么部分条件变量可能就是运动员的身高（高 vs. 矮）、速度（快 vs. 慢）和肌肉厚度（厚 vs. 薄）等。我们可以测量每一个"案例"（运动员）的特征："案例 1"可能是个子高、速度快并且肌肉强壮；"案例 2"可能是个子矮、速度慢而肌肉厚度薄，如此类推。这一点从统计分析角度来看，意味着 QCA 技术能够让研究者发展出一种**分析性**策略，但这种变量分解的方法并不会影响单个案例的整体性。这里的主要目的是兼顾定量（定义关键变量）和定性（保持**整体性**视角）研究方法的优势。

这样，研究者就可以将每个案例作为"整体单元"进行比较——每个案例被定义为一系列特征的组合（引言中所定义的"**组态**"概念）。

上述分析过程中，QCA 技术可以使研究者综合考虑"定性"和"定量"的现象。当初 Ragin 等学者发展出第一代 QCA 技术（csQCA）时，使用了"定性"的标签来界定那些以类别区分而非程度变化的现象，同时他们强调要重点考虑某些属性特定和复杂的组合或组态（Ragin, Berg-Schlosser, & De Meur, 1996, p. 749）。我们应该在此说明，使用 QCA 方法完全可以处理"主观"或"定性"数据，而实际操作时唯一的要求是将其转化为类别或数字。以政党选举为例，其中一个条件被定义为"对政党激进分子赢得选举的感知"。很显然，这种数据本质上是非常主观的（这种感知可以基于与党内激进人员的访谈、对党内媒体"基调"的评价、对选举后党代表大会氛围的感受、所使用的不同测量方法等）。对任何一个给定的政党来说，研究者可以在这个条件变量上赋值为"1"（"是或基本上是"）或"0"（"否或几乎不是"）。

但是，csQCA 与其他 QCA 技术一样，不仅能解释**类别性**差异的现象（案例间是质的差别），也可以分析"多"或"少"等**程度性**的问题——表现和解释相似（或不相似）程度的差异（案例间是量的差别）。例如，"富裕"和"贫穷"的变量可以基于个人年收入数据的测量，这就是对贫富程度的一个典型的"定量"测量。但是，用另一个方法来分析，比如根据联合国和国际经济与合作发展组织的部分标准，我们也可以将差异分析的焦点放在人们是"贫穷"或"不贫穷"两个质的差别方面。一般地，我们可以设定一个年收入额标准（比如像德国这样的国家，低于月收入 1000 欧元），低于这个标准则被认为是"贫穷"。这恰恰就是基础二分法 csQCA 技术的数据转换过程：分析中，运用特定的情境知识将量化（数值型）数据转换为二分变量（仍然是数值型，但被分割得更具质性的差别）。通过将最初很精细（量化）的数据进行二分化，研究者可以识别出特定现象背后更为基础性的、根本和本质的特征。

这个过程中，与定量分析（主要是统计方法）类似，QCA 技术提供了**形式化和可复制性**的分析工具。形式化是指 QCA 技术建立在一套独特的语言体系（布尔代数和集合论）之上——这套语言体系具有明确规则和定义良好的方法，并可以将这些规则转换为逻辑（形式运算和算法，见第 3～5 章）。正因为这些形式规则是固定的，所以其具备可复制性的特征。简单讲，这意味着其他研究者也可以使用相同的方法来分析同样的数据库，得到相同的结果（King et al., 1994, p. 26）。这一点也是 QCA 技术与其他大多数不那么形式化的定性分析方法相比最大的优势。我们可以说，在某个角度上看，这种可复制性为 QCA 方法提供了更为'科学'的特征——消除了分析过程中的模糊性和主观解释性（例如，在技术方面，数学运算是具有普适性的）。

QCA 技术的另一个优点是**透明性**。这要求学者在分析的多个环节中都以"透明"的方式做出选择，包括变量选择、处理、分析工具选择和分析过程干预等。在这个过程中，研究者要定期回到原始案例中查看其丰富和独特的内容。这种反复"与案例对话"并结合透明性的选择，无疑是 QCA 的技术的一大优点。使这种透明性得以实现的，是人们日常所使用的 QCA 软件背后的一套形式化语言体系。正是这个原因，QCA 方法也能够被非专业人士轻易掌握。

在大多数统计分析工具中，研究者只要将数据输入软件中并得到"结果"即可。相反，QCA 技术打开了形式化分析的"黑箱"——因为 QCA 技术要求研究者既做出有意识的选择，也对其做出解释。使用 QCA 方法，研究者本人必须要参与到分析过程中，而并不仅仅是机械式操作或"按按钮"。毫无疑问，这个要求也应该被应用在其他的统计方法中。QCA 方法的不同之处就在于，它的使用者更具主动性、能够更好地把握操作过程[8]、在分析中做出更多决定并且能够更频繁地"回到原始案例中"（基于迭代思想）。研究者可能对这些特征感到不安，但是这种不安是有益的：可以使研究者在分析中抱有更多批判性思维，并且为了证实或证伪的目的更多地向其他人展示自己的研究（Popper, 1963）。

1.3 QCA 方法的五类应用

QCA 技术至少可以应用在五个不同的方面。根据具体研究中的不同需要，研究者可以分别使用 QCA 方法的不同技术。这里我们只考虑三个版本的 QCA 技术（csQCA、mvQCA 和 fsQCA），而 MSDO 和 MDSO 这两种技术则针对一类特殊分析。

| 专栏 1-4 |

QCA 方法的五类应用

1. 汇总数据
2. 检查数据的一致性
3. 检验假设或已有理论
4. 快速检验猜想
5. 发展新的理论论断

第一，QCA 技术可以以非常直接的方式应用：简单**总结**数据，用更精炼的方式呈现数据并且对实证现象进行更具综合性的描述。可见，这些纯粹是 QCA 方法的描述性应用。更具体地说，这些描述性的数据分析可以直接用软件生成综合性表格来展示：不同案例是如何聚类在一起的，即所谓的真值表（详见第 3～5 章）。通过这种方法，研究者可能发现不同案例的相似之处，而初看之下，这些相似点却是不同的。所以说，QCA 技术在数据探索方面也是一个非常好的工具。

第二，研究者可以应用 QCA 方法来**检验数据的一致性**。研究者通常可能在分析中发现矛盾组态——前因条件相同但结果不同的案例。软件生成的真值表中会很明确地报告矛盾组态的结果，但是发现矛盾组态并不一定意味着研究失败了。相反，矛盾组态可以给研究者提供关于样本案例的一系列信息。通过寻求这些矛盾组态的解，研究者可以获得相关案例更详细的信息和知识（通过与案例"对话"），也可以发展出更为系统和整体性的证据。

第三，QCA 方法还可以用来**检验假设或已有理论**。更准确地讲，QCA 技术可以用来证实或证伪理论和假设。在以这种方式应用 QCA 技术的时候，研究者通过定义一系列可能产生某个结果的条件，尽可能详细地对理论和假设进行操作。QCA 技术在这方面是很强大的分析工具，因为其可以同时对理论或假设进行系统和实证的检验。如果研究者在 QCA 分析中发现大量的矛盾组态，那么他就可以进行理论或假设的证伪了（波普尔视角下非常重要的科学进步，见上文）。此外，通过考量与理论证伪与证实相关案例的确切数量，QCA 方法还可以帮助学者改善假设检验过程。

第四，与上一点密切相关，QCA 技术能够**快速检验研究者的猜想**——没有预先的理论或模型作为前提。这也是使用 QCA 技术进行数据开发的另一种方式。例如，研究者可以设定一种表达方式（一个公式）表现一个特定猜想，进而检验一个临时性理论假设或一个理论的一部分观点。这样就会产生一个真值表，能够让研究者检验他的推断和猜想是否准确——能否被数据证实或是证伪。

第五，同样重要的是，QCA 技术也能够以假设的形式来**发展新理论论断**。通过建立不含矛盾组态的真值表，研究者能够得到一个简化表达（称为"最小公式"）。然后，研究者可以通过"与案例对话"来发展新的理论论断。通过这种方式，QCA 技术能够以更基础性的方式在研究中运用。

有一项特殊技术与上述 QCA 方法的第五个应用尤为相关，包括手动矫正软件所生成的简化表达公式（真值表分析的结果）。更准确地说，研究者可以将这些结果视为传统代数表达式（分析结果的布尔和）和特定的要素——在研究中突出这些要素的共同条件，或是重新以其他代数方法组合这些条件，使其能够尽可能直接地以理论和实际感兴趣的方式被表达出来。然而，QCA 技术本身并不能发展出新理论——其所能做的是帮助研究者形成一些新洞见，而这些新洞见在后续研究中可以作为理论进一步发展或是重新检验已有理论的基础。只有回到原始案例中，研究者才有可能判定他强调某个条件是否是有道理的。

要 点

- QCA 方法的逻辑基础可以回溯到 J. S. Mill 的早期研究工作中，尤其是其"真知"的思想。
- QCA 方法最初是用于"小样本"（少量案例）和宏观层面的研究的，但是 QCA 方法的应用范畴已经拓展到了"中等样本量"和"大样本"研究以及更为中观和微观层面的研究中。
- QCA 技术具备了定性和定量分析技术的双重优点，而其自身定位更偏向于是一类"案例导向"的分析技术。
- QCA 方法表达了一个独特的因果关系概念：多重并发因果关系。这种因果关系是非线性的、具有不可相加性、非概率性——否定任何形式的恒定因果关系，并且强调等效性特征（不同路径可以产生相同结果）、条件的复杂组合以及多样性特征。
- 应用 QCA 方法可以产生普适性的结论，但只是"中等"程度的普适性。
- QCA 技术具有分析性、透明性、可复制性，并且能够处理多种类型的数据——从更为量化（数值型）到更为定性或主观的数据。这要求学者在案

- QCA 技术可以应用在几个不同的方面。

    关键补充读物

    Goertz（2006b），Mill（1843），Popper（1963），Ragin（1987，2000，2003，2006a）.

注释

1. 请参见 Caramani（2008）的补充性观点。

2. 这也是"有限多样性"问题所致。

3. 一点说明：学者可能尝试实证和系统检验这些宏大理论中的一部分命题，比如 Andersen（2005）成功检验了 Luhmann 的系统理论。Bourdieu 的一些研究也是基于他自己宏大理论中部分可以实证检验的命题，但是也只有很少一部分的他的"信徒"沿着这条路径进行后续研究。

4. 请参见第 3 章专栏 3-1：布尔代数的主要规范和操作。

5. 出处同上。

6. 可以公平地说，大部分主流统计分析都无法处理因果的复杂性问题，但是已有统计学文献也提出了一些处理"非对称因果关系"、必要条件和充分条件等问题的方法和建议（请参见 Schneider 和 Wagemann，2007）。

7. Lasse Cronqvist 提出了示例，并由 Benoît Rihoux 进一步详细阐述。详尽讨论请参见 Goertz, 2006b, Schneider & Wagemann, 2007；Wagemann & Schneider, 2007。

8. 这些逻辑算法及其背后假设要比统计运算简单得多，只有很少的用户能理解统计运算过程背后深奥的机制和假设。

第 2 章

比较研究设计：案例和变量选择

Dirk Berg-Schlosser 和 Gisèle De Meur

本章目标

阅读本章之后，你应该能够：

- 明确界定你所选案例的调查范围，并在感兴趣的结果中定义一个核心关注点
- 选择最适合实际需求的研究设计类型：例如"最大相似"的系统设计、"最大差异"的系统设计，或者这两种系统设计的综合
- 在方法论和实践的基础上，对纳入分析的案例数量做出明智的选择
- 模型构建，亦即根据案例知识和理论设计纳入模型的潜在条件
- 掌握 MSDO / MDSO 的主要功能和步骤，MSDO / MDSO 是一个形式化程序，它的特殊功能是：当备选条件太多以至于无法运用 QCA 方法时，可用来减少候选条件数量

每个实证领域的研究都可以通过对案例（"单位"[1]）的分析、案例的特征（"变量"）以及案例的观察**次数**（"调查"）来阐述（King, Keohane, & Verba, 1994, pp.51 ff.）。我们特别关注前面两个视角：案例和变量。对许多研究来说，检验时间变化下的结果差异是十分必要的，并且这种纵向研究可以使用定量（例如 Petersen, 1993）和定性（例如 Griffin, 1993; Heise, 1989）方法进行。然而，这种类型的研究存在自身特定的问题，这些问题暂时还没有得到解决，但这不是本章讨论的研究设计和技术方法关注的重点。

案例导向研究下的小样本和中等样本案例分析情境是本章关注的重点，案例选择和变量选择对于这种研究情境的深入分析至关重要。案例

选择和变量选择都应该有明确的理论基础，然而，由于案例研究需要从相对较低的理论建构开始，因此案例选择和变量选择在本质上（至少在研究初始）也可能是探索性的（"分析式归纳"，Blalock, 1984）。只有在研究后期，才可能比较明确地解释案例选择和变量选择的范围并进行系统检验。不管怎样，在正式实施 QCA 分析（通过 csQCA、mvQCA、fsQCA）之前，制订具体的比较研究设计方案是至关重要的。当然，开发这种研究设计还涉及许多其他方面，而不仅是案例选择和变量选择这么简单，但这两个环节在比较研究设计中特别重要。因此，需要我们首先聚焦于案例选择和变量选择的具体操作上。

2.1 案例选择

2.1.1 结果和同质性区域

在针对一个**同质性区域**进行调查之前，首先必须定义一个"调查范围"以确定案例选择的界限。所选择的案例必须具有足够的相似性，在特定的维度上具有可比性，就像西方谚语中所说的不应该比较"苹果和橘子"的意义一样。基于这样的观点，我们感兴趣的研究主题和问题（在 QCA 中表示为"结果"）首先必须是有研究意义的。因此，假定在其他维度上具有一些共同的属性明晰了（例如，它们都生长在树上，它们都适合于人类消费），我们就可以从糖或水含量方面对这些水果进行比较，或者比较它们的营养价值。因此，在案例调查开始时选择案例必然存在一个明确或隐含的假设，即所选择的案例事实上存在某种程度的**相似性**，因而能够进行比较。换句话说，就是案例间必须共有足够的**背景或者特征**，这些背景和特征在具体分析中被作为"常量"。因此，在小规模和中等规模的比较研究分析中选择案例时，首先需要考虑的是案例结果。

| 专栏 2-1 |

本书全文中使用的经验实例："战争期间项目"

从这里开始，一直到本章以及之后的三章（第 3～5 章），我们将使用一个在欧洲战争时期（"战争期间项目"，Berg-Schlosser & Mitchell, 2000, 2003），关于民主国家的生存或民主衰减的大规模国际研究项目作为"现实生活"的例子。

在"战争期间项目"中，关于欧洲内战期间民主政权的**衰减、生存**（这一研究小组试图解释的结果），研究小组预先假定了研究案例已经存在某种民主形式。此外，他们在案例选择的时间和空间上的一些限定也增强了案例的同质性，以及由此所选案例的可比性。例如，某种殖民形态，或者其他形式的外部统治乃至宗教文化影响，都可能是选择特定案例群体的有用标准。案例选择中要记住的一个关键点是，对感兴趣结果的清晰界定必须在 QCA 分析的早期阶段就明确阐述，因为它是选择案例的前提条件。

案例选择考虑的第二个因素主要是所选择案例的**多样化**程度，核心标准就是在最少数量的案例中实现最大程度的案例间异质性。例如，在"战争期间项目"中，民主幸存和民主衰减的国家案例都应该在选择的案例中出现，而在民主衰减的国家中，可以考虑一些更细致的变异，例如法西斯主义导致的民主衰减与一般专制导致的民主衰减。通常，在案例选择中同时包含具有**"负面"**和**"正面"**结果的案例是非常必要的。

2.1.2 "最大相似"与"最大差异"的系统设计

在研究中，一旦案例调查的范围和有趣的结果被明确地定义，两个截然相对的研究设计策略就均有可能实现。**一个是"最大相似"的系统设计，另一个是"最大差异"的系统设计。**

Przeworski 和 Teune（1970）已经对这两种研究设计方案进行了非常系统、完善的阐述，他们使用专业术语"系统"来指代一个复杂的案例。"最大相似"的系统设计基于如下理念：许多理论上的显著差异将在相似的系统间出现，并且这些差异可以用于"解释"。在研究过程中尽可能地对这些相似案例进行配对，则大多数变量可以被"控制"住。Mill 提出的（1967 [1843]）"间接差分法"，即不同结果可能是由于余下的那些因素导致的（这些要素区分了不同的案例），现在已成为可能。即便只有一个剩余因素可以归因于结果，至少许多其他因素已经被排除了，剩余的因素也可以通过理论指导的定性方式进行更仔细的检查。因此，可以显著提高观察关系的"内部有效性"（参见 Cook & Campbell, 1979）。

与之相反的策略是"最大差异"系统设计，"在样本系统中寻求最大异质性，这种思路的逻辑基础是，尽管系统间有差异，但只有少数的变量或关系才是导致总体差异性的主要原因"（Przeworski & Teune, p. 39）。因此，这种案例间的"对比"

消除了观察范围内所有与同一结果无关的影响因素。这样，一旦考虑了选择的同质性区域，更"普遍"的解释也就被寻找到了。因此，在某种程度上，一些假设的因果关系（必须在解构层面而不是在系统层面）的"外部有效性"可以延伸，并且这种因果关系应用的范围也能够被识别，包括在时间和空间的局限。

这两个系统设计可以通过简单的可视化方式展现出来，即通过系统之间案例的系统匹配和对比的交集来实现。图 2-1 右部和左部分别表示 MSDO（"最大相似"，结果不同）和 MDSO（"最大差异"，结果相同）的对比要点。在该图中，每个圆圈表示一个案例，交集表示它们的共同点。在一个包含三个案例的例子中，在某一"最大相似"但结果不同（即 MSDO）的情形下，案例的共性由白色区域指示，而阴影区域表示其剩余的独特性，这可能就是产生不同结果的原因。相反，对于"最大差异"但结果相同（即 MDSO）来说，白色区域表示它们的特定条件，而两个或三个案例的阴影区域表示它们的共同性，这里可能是寻找导致相同结果的原因的地方。

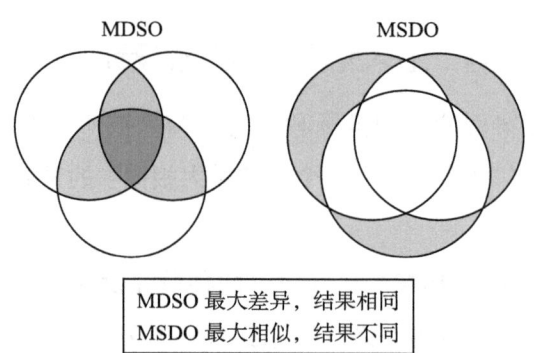

MDSO 最大差异，结果相同
MSDO 最大相似，结果不同

图 2-1 最不同和最相似的系统设计

然而，到目前为止，这种研究设计并没有完全应用于实际研究中，并且 Przeworski 和 Teune 也没有给出任何具体的案例选择程序。另外，需要注意的是，只有将案例的特定结果与这些研究设计联系起来，才能够采用 Mill 提出的"准实验"方法。在这方面，MSDO 设计（"最大相似"，结果不同）主要适用于案例数量非常小的研究情况，其中能够配对比较的案例非常少（通常只有三或四个），从而可为探索性研究目的缩小"条件"，目的在于识别相应结果的可能原因。相反，MDSO 技术（"最大差异"，结果相同）可以覆盖一个案例数量相对可观但仍然有限的情况，如以 15～25 为一个数量级，如欧盟成员国或类似可充分比较的案例组。这种研究设计使得研究者可以在一个较大总体中检验假设，从而体现"外部有效性",以及检验"中程理论"。[2]

2.1.3 案例选择的进一步指南

本书提到的"案例导向"的小数量和中等数量案例研究和通常的大样本统计"变量导向"研究之间的一个重要区别在于,案例选择本身是一个由潜在研究问题以及由此形成的初步假设所指导的过程。因此,案例选择过程类似于统计学研究中的变量选择和模型设定,需要实验和迭代。因此,在小样本、中等样本研究情况下,案例选择不能简单地采用机械程序,如随机抽样。即使考虑了以下两个一般标准(**案例总体的充分同质性和案例总体内的最大异质性**),每个案例的纳入也都应该有理论基础的支持(Mahoney & Goertz, 2004; Ragin, 1994)。这也意味着拟分析的案例数量往往不能预先设定,新的案例可能会被添加或剔除,因为当研究过程出现新的假设时,可能有更加相似的案例来证明解释或相反的案例来证伪假设。例如,在"战争期间项目"中,Estonia 的案例在稍后阶段被增加到案例库中,因为导致芬兰民主生存的具体条件与其他相似案例中民主衰减的条件出现了矛盾(De Meur & Berg-Schlosser, 1996)。

案例选择的过程通常需要满足特定学科的约束条件。在某些学科中,例如在政治学中,宏观层面的可能分析单元(例如国家及其政治系统、城市、政策)大多是在制度上"给定"的。这些分析单元可以选择也可以不选择纳入研究。在其他学科中,例如社会人类学,某些族群或较小的分析单元如氏族可以被认为是非常相关的,但其社会边界具有流动性,因此精确描述纳入研究的案例总体则更加困难。同样,在社会学中,取决于研究问题,分析单元诸如家庭、学校班级以及利益群体等是可以考虑的,相关的案例总体可能会带来一些问题,因此必须对特定的选择做出明确阐述(参见 Ragin, 2004)。

此外,对案例种类和数量的选择也需要考虑研究的实际情况。例如,研究者对案例的熟悉程度、研究者的语言技能、数据的可获得性,以及与其他案例研究专家合作的可能性,最后还要考虑资金是否充足的问题。这些虽然不会对研究造成致命影响,但也非常重要,能够促使研究者发展出一定程度的与每个被考虑案例间的"亲密度"(Ragin, 1994)。换句话说,就是研究者需要掌握足够的"案例知识",才能进行下一步的 QCA 操作。当然,与案例知识一样重要的仍然是初始研究问题和后续基于理论指导的案例选择。[3]

> **专栏 2-2**
>
> **"良好实践"（1）：小样本和中等样本研究中的案例选择**
>
> - 确保所有案例共有充足的背景特征。
> - 确保对试图"解释"的结果具有非常清晰的定义。
> - 一般来说，研究中最好有包含"正面"结果和"负面"结果的案例。
> - 不要假定"案例总体或者样本是给定的"，应该允许在研究过程中增加案例或删除案例。
> - 如果你实施一个小样本或中等样本的研究设计：当你思考可以驾驭案例的数量时，问问你自己是否能够对**每一个案例**有足够的熟悉程度（实证上的"亲密度"）。
> - 如果进行大样本研究设计，请确保对案例的**种类或类别**有充分的了解。

2.2 条件的选择

同样地，条件的选择也必须遵循相关理论的标准。然而，由于可选择的潜在条件非常丰富，使得我们在选择条件时处于尴尬的境地。考虑到社会及行为科学中的大多数经验问题都有多种理论可以解释，特别是许多相互竞争理论的存在，使得许多可选择的条件常常无法预先排除。如果我们试图在研究中获得超越"一般"的解释，探索多样性（即"变异发现"，参见 Tilly, 1984）或者解决"多重并发因果关系"，这种条件选择的困难程度就会增加。在理想的情况下，研究者应该尽量将研究主题缩小到少数核心理论上，但即便如此，能够对那些研究者感兴趣的结果进行解释的竞争性理论的数量仍然很大。如果有太多理论与研究相关，研究人员应该如何选择更少的一组条件呢？下面，我们讨论四个具体的策略。

限制条件数量的**第一个常规策略**是用严格的"波普尔"证伪方法来检验对结果产生影响的所有相关假设。例如，可以用这种方法来检验一个众所周知的论题：一个国家越富裕，其维持民主的机会就越大（Lipset, 1960, p. 31）。在当今世界，这一假设已经被 70% 具有相对完善和稳定的民主国家证实。然而，这一假设并没有考虑博茨瓦纳（Botswana）、印度（India）、巴布亚新几内亚（Papua New Guinea）等具有相对稳定民主体制的贫穷国家，也不包括像 Weimar Germany（魏玛共和国）这样相对富裕但并不民主的国家城市。事实上，在"战争期间项目"中，这一假设在 18 个欧洲国家的检验中，只有 10 个国家的检验结果是与假设相一致的（Berg-Schlosser & De Meur, 1994）。

接下来是第二个补充性策略，即如果要达到比含混不清的"概率"更严格的认识论标准，则必须更加准确地改进或者明确前面的研究假设。一种方法是检验"并发假设"，其中，条件选择要以组合解释为指导依据（参见 Amenta & Poulsen, 1994）。采用这种组合方式，一些特定的条件组合，例如有利于贫穷国家发展民主的条件组合或者不利于富裕国家发展民主的条件组合，都能够被识别和验证。

第三个策略是为了进一步扩大研究视野，研究者采用"理论视角"的方法，即从实证研究文献中的主要理论视角出发，推导出一个混合的条件组合库。这种方法可能在处理社会科学相关实证研究中的复杂问题时是最常见的。首先，研究人员对所研究领域的前沿进行全方位的回顾。其次，构建出一个具体的研究设计，这个研究设计能够将尽可能广范围内的条件组合考虑在内。同时，研究者还要形成一种能够裁决相互竞争性解释的方法，并且这种方法要能够处理特定条件之间的"交互效应"。以本书前述实证民主理论为例，Dahl（1971；1989）和 Lipset（1994）都在他们所做的工作和相关概述中讨论了有利于当今世界构建稳定民主体制的广泛因素。然而，这些研究者并没有考虑这些因素所占的权重以及彼此间可能的交互效应。

但是，即使通过上述如此广泛的理论回顾和梳理，也很难覆盖所有可能的相关条件或条件的所有相关交互效应。因此，研究人员一般会采用**第四种被称为"全面"（comprehensive）的策略**，即依据**所有**现有理论、假设和解释机制的策略。虽然，这一提法中的覆盖**"所有"**从来都不可能被完全满足，但它已指出了研究中与变量有关的潜在复杂性——"变量多，案例少"的困境（参见下文"有限多样性问题"）。再回到"战争期间项目"的例子，因为该项目的研究主要是基于政治学和社会学文献，所以如此综合的研究设计显然需要通过帕森斯（Parsonsian）或者伊斯顿（Eastonian）模型这种广泛的系统模型来构建，这种模型潜在地包括了所有相关方面及其交互效应。这种模型的不同子系统或分类可以使用理论和历史上已有的条件来"填充"（正如策略三"理论视角"方法那样）。然而，即使是最全面的方法，也不能保证所有相关因素及其交互效应都能够被纳入考虑范围。

例如，在"战争期间项目"中，作者基于 Easton（1965）研究中相对较为综合的系统模型，区分了 7 种主要条件类别：① 一般的历史和地缘政治背景条件；② 社会经济发展水平；③ 社会分歧结构；④ 政治文化传统；⑤ 中间结构（intermediary structures）、主要利益集团、党派；⑥ 中央政治制度和行政机构的制度化构建；⑦ 外部（国际）因素。在每一个条件类别中，又有几个具体条件被识别出来，这取决于条件类别内部实证民主理论的研究成果（具体可参见 Berg-Schlosser & Mitchell, 2000；2003）。除了这些"系统派生的"条件之外，还包括另外两类条件：其中一类条件是测量一些国家的社会和政治动荡（例如形成新的国家、建立新的民主政权、1929 年后的经济大萧条）的危机效应；另一类则是与具体行动者关联的条件（主要是由领导人物或集体行动者所施加的干预行为，例如军队）。我们显然不可能在一个模型中处理如此多的条件（61 个"系统派生"条件加上 4 个导致危机发生的条件和 8 个行动者相关条件），特别是在小样本研究情境下，更不可能。

在这种条件选择过程中，努力把条件数量保持在非常小的范围内是非常重要的，特别是在小样本研究设计中。[4] 这里的关键问题不是条件的绝对数量，而是条件数量和案例数量之间的比率。例如，在二进制条件中（二分变量：只有"0"或"1"值），随着条件数量的增加，这些变量的可能组合的数量将以指数形式增加（De Meur & Rihoux, 2002；Ragin, 1987）。如果只有 2 个条件，则只有 4 个组合，但是随着条件数量的迅速上升：3 个条件则有 8 个组合（即 2^3），6 个条件则有 64 个组合（即 2^6），9 个条件则是 512 个组合（即 2^9），等等。

因此，可能的条件逻辑组合数量可以很快超过案例数量，并且由观察所获得的条件组合将仅占据潜在"逻辑空间"的极小一部分（本文将利用维恩图进一步展示，参见第 3 章图 3-2 和图 3-3）。这就是**有限多样性问题**：观测到的数据远远小于条件组合所描绘的潜在属性范围。在这种情况下，如果我们继续使用这些数据来执行 QCA 运算，将会对每一个个案进行个体化解释。在极端情况下，得到的结果只是对每个案例的描述，而不是真正意义上的理论解释。因此，最好是选择有限数量的潜在条件。这进一步支持了简约条件的常规论点：解释一个我们感兴趣的研究现象的"原因"越少，就越接近反映因果机制的"核心"因素；而且，我们越是更好地识别出基本原因，越是能够更容易地在其他案例上检验发现的结果——无论最终是证实还是证伪。正是这种结果的"可证伪性"保证了这种研究方法的科学性（Popper, 1963）。

对结果产生影响的可能因素组合的初始复杂性也可以通过一系列分步的多种方法程序来简化。例如，在"战争期间项目"中，对七个主要的条件类别分别使用 csQCA 进行检验，同时可以运用其他结果导向的分析技术如判别分析（统计技术）进行分析，以确定强的变量关系。然后，仅保留所有类别中显示强关系的条件，并再次进行检验，从而获得一些特定的因素组合。其他分析方法如验证性因素分析，也可以用于处理同一维度的负载条件，例如城市化、工业化和识字率可以合并为"现代化"这一单一条件。其他相关因素也可以通过这种逻辑程序进行组合，例如将大地主和农村无产阶级的存在作为封建或准封建土地模式的共同因子。这样，61 个原始条件就可以减少为八个"超级条件"，这也对应于实证民主理论中的主要原则，从而使得条件数量与所分析的案例数量之间的关系达到一个更好的状态（De Meur & Berg-Schlosser, 1996）。

专栏 2-3

"良好实践"（2）：小样本和中等样本研究设计中的条件选择

- 不要将不同案例间不变的条件纳入研究。换句话说，就是"变量必须是变化的"，否则它将是一个常数。
- 保持条件数量相对较少。条件数量太多会导致案例的"个体化"，不利于获得能够对跨案例进行规律性、综合性解释的结果。
- 总的来说，案例数量和条件数量之间必须达到良好的平衡。理想的平衡状态没有绝对的数值范围，大多数情况下是通过反复试错得出的。在中等样本的分析（例如，10~40 个案例）中，通常是选择 4~6 或 4~7 个解释条件。
- 针对每个条件形成一个它与结果的明确假设；如果可能，用必要性和/或充分性的陈述形式来提出相关假设。

2.3 MSDO / MDSO：匹配案例和条件的系统程序

确定在特定研究情况下，哪些是"最大相似"或"最大差异"的案例，不能仅仅凭借直觉或纯粹方便实用的考虑（例如了解一个国家的历史和语言因而选择其作为案例），而是需要认真解决几个具体问题。这些问题源自于一种必要性，即在条件界定的异质、多维的空间内，测量案例之间时空的相近性或远离性。这种距离测量构成了一个基础，通过它来确定与特定结果有关的"最大差异"和"最大相似"的成对或成组的案例。**两个主要问题是：①在多维空间内测量成对案例距离的多种方法间做选择；②为定义空间的条件赋予相对权重。**通过这种方式，可以在相近性测量中尽可能多地保留数据的复杂性。

本节的目的是简明地阐述一个系统程序来实现这些目标，即 MSDO/MDSO 程序。最终，该程序能够通过对案例进行系统匹配和配对来识别分析中的一些关键条件，这些条件既可用于进一步定性地解释某些案例群，也可被考虑作为一种方法来识别"核心"条件，用于 QCA 的后续分析。MSDO/MDSO 程序主要用于以下研究情境，即条件（"解释因素"）是或者可以是被**分组成类别或者群组**（clusters）的。在条件数量很多时，该程序也特别有用。

专栏 2-4

MSDO / MDSO 程序的主要步骤

关于"战争期间项目"例子的完整细节（有七个条件群组），可以通过附录中的网页找到。另见 De Meur 和 Berg-Schlosser（1994）和 De Meur（1996）对该例子的研究，以及 De Meur、Bursens 和 Gottcheiner（2006）的另一个实证研究。

1. 准备数据：对每个案例中的每个变量（条件和结果）进行二分类赋值。

2. 为每一群组的条件计算成对国家间的"距离矩阵"。使用"布尔距离"来测量距离：两个案例彼此不同的布尔（二分类变量，0 或 1）条件的数量。这使得对这七个距离矩阵中的每一个，都可以识别出**不同结果**国家间的**最小距离**（MSDO），以及**相同结果**国家间的**最大距离**（MDSO）——一些关键的 MSDO 案例和 MDSO 案例就被挑选出来了。

3. 聚合数据矩阵：聚合上述步骤的结果，这时要考虑七个条件群组，从而产生一个全面的距离矩阵。

4. 定义（非）相似性水平：在全面距离矩阵上标注出不同的水平。首先，对每对国家，要识别出使得国家间距离最小（对于结果不同的国家）或距离最大（对于结果相同的国家）的条件群组。这些是"水平为 0"（最强、"最纯粹"）的相似性或非相似性。也可以考虑较低水平的（非）相似性（"水平 1""水平 2"等）。所有条件群组都可以得出不同水平的相似性或非相似性。因此，能够计算低水平的相似性和非相似性，使得研究者可以保留一个广阔的条件"库"，用于接下来的分析。

5. 综合（非）相似性：对所有七个案例群组的信息进行综合分析，以便获得所有案例（非）相似性的完整描绘，包括在 MDSO 域中具有相同结果的案例，以及 MSDO 域中具有不同结果的案例。

6. 产生整体的相似性和非相似性图：对于每个水平的（非）相似性（参见步骤 4），只有那些具有最大（非）相似性的成对案例（具有最多数量的最高水平（非）相似性的条件群组）被保留下来。然后，这些信息被翻译成"相似性图"或"非相似性图"，从而将这种最大（非）相似性的案例群组可视化。这些图最终被合并成聚合图，其中不同水平的（非）相似性被叠加在其上。

7. 系统地匹配和对比案例：在确立了相似性和非相似性的基础上，最后一步，具有相同结果最大差异的案例（MDSO）和具有不同结果最大相似性的案例（MSDO）就可以选择出来了。然后，就可以列出表征剩余（非）相似性的单个条件（在每个条件群组中）。在这些选择的条件中，可以确定产生共同（或差异）结果的原因。

一个实践注释：在这个阶段，这个程序的技术步骤和术语对于没有经过形式化的语言训练的用户来说是比较困难的，如果通过手动来完成也是一项劳动强度很大的工作。这是开发自动运行这些程序的相关软件的目的（参见附录中列出的资源网页）。

上述步骤一经完成，就可以对特定群组的案例（MDSO 或 MSDO 案例）进行再次检验——不论是成对检验还是三对三检验等，以及可以使用定性判断的和"深厚"的案例知识，要非常细致地检查余下的（非）相似性。因此，紧随 MSDO/MDSO 程序之后的一步可以是以下两个方面。一方面，通过更定性的方法和更聚焦的方式重新审视某些关键群组的案例（是 MDSO 还是 MSDO 类型的案例，取决于研究者的目标），因为通过 MSDO/MDSO 程序挑出的关键条件之间的相互作用才是需要进一步解释的。这种源于以往知识的定性分析，可以对这些核心条件如何以及为什么导致（或未导致）对照案例或相似案例中的结果产生一些"因果"洞察。

另一方面，MSDO/MDSO 程序也可以在模型设定的过程使用，也即研究者使用 QCA 进行分析之前。事实上，MSDO/MDSO 识别了一些特别重要的条件，这些条件是将具有类似（或不同）结果的案例聚集在一起（或区分开）的核心。我们以"战争期间项目"的数据为例，选择的这些条件可以用于各种 QCA 检验。

总之，MSDO/MDSO 程序对 Mill 的方法进行了延伸、操作化和应用，包括"并发因果"模式的可能性，以及在"案例导向"方式下，理论和数据之间对话的必要性。它也可以用于产生实质的检验，以及存在多种竞争理论时，用于精炼理论（Berg-Schlosser, 2004）。另外，MSDO/MDSO 程序具有一定的弹性，例如可以设置不同严格程度的（非）相似性标准。这取决于研究者在进一步分析时希望保留多少条件。

要 点

- 研究开始前，必须界定一个足够同质性的调查范围，以便选取案例。
- 必须在研究早期阶段对研究结果做出明确定义，因为这是案件选择必不可少的。
- 在大多数小样本或中等样本的研究设计中，结果具有一定的变化是有意义的，即选择的案例既有"负面"结果，也有"正面"结果。
- 保持合理低数量的条件是十分重要的，因为条件数量越多，出现每个案例"个体化"解释的风险就越大。
- 当有许多"候选"理论时，可以通过不同的互补策略来减少条件的数量。
- MSDO/MDSO 程序（系统地匹配和对比案例）可以用于进一步定性地解释案例群组，也可以作为实施 QCA 分析的先前步骤——识别关键条件。
- MSDO/MDSO 最适用于以下研究情境：条件可以分组成群组。
- MSDO/MDSO 具有一定的弹性空间，特别是在案例间（非）相似性标准的严格度上。

关键补充读物

Berg-Schlosser & De Meur(1997)，De Meur & Berg-Schlosser(1994)，De Meur et al., (2006)，Ebbinghaus(2005)，Mahoney & Goertz(2004)，Przeworski & Teune(1970).

注释

1. 注意"单位"并不总是等同于"案例"的。例如，一个案例（分析单位）可以是一个国家，而该案件中的一个观察单位可以是一个特定地区或一个特定的政治制度，或是在某一特定时间点的国家。

2. 将"最大差异系统设计"应用于"多层次分析"时会有一些不同。例如，将党内系统的"中观"层面与"宏观"整体国家层面联系起来时（相关讨论见 Tiemann, 2003）。

3. 关于小样本和中等样本在研究中案例选择的进一步阐述，参见 Ebbinghaus（2005），Gerring（2006），Mahoney 和 Goertz（2004）。

4. 这种保持模型充分"短"的建议在统计分析中也是有效的，例如 Achen（2005）认为回归分析中应该使用五个或六个自变量。

第3章

清晰集定性比较分析法（csQCA）

Benoît Rihoux 和 Gisèle De Meur

本章目标

阅读本章之后，你应该能够：
- 了解布尔代数的关键操作，并正确地使用该语言的约定
- 将表格数据转换为维恩图，反之亦然；解释维恩图
- 使用软件逐步复制标准 csQCA 过程
- 在此过程中，以知情的方式，二分变量（条件和结果），并在稍后阶段使用适当的策略去解决"矛盾组态"
- 衡量使用"逻辑余项"（非观察案例）的利弊
- 读取和解释 csQCA 过程结尾处所获得的最小公式

    csQCA 是在 20 世纪 80 年代后期由 Charles Ragin 和程序员 Kriss Drass 开发的第一种 QCA 技术。Ragin 的历史社会学领域研究导致他寻找用于处理复杂的二进制数据集的工具，而这种工具在主流统计文献中并不存在。在 Drass 的帮助下，Ragin 调整了自己的研究。20 世纪 50 年代，电气工程师为了简化开关电路，开发了布尔算法，其中最著名的是 Quine（1952）和 McCluskey（1966）。在这些所谓的最小化算法中（见专栏 3-2），Ragin 发现了一种用于识别多重并发因果关系模式的方法，以及一种"以逻辑和整体方式简化复杂数据结构"的工具（Ragin, 1987, p.viii）。

    到目前为止，csQCA 是最被广泛使用的 QCA 技术。在本章中，首先解释布尔代数的几个基本操作，方便读者掌握 csQCA 的具体细节；

其次，使用源于战争期间项目的几个变量（见第 2 章），提出 csQCA 标准应用的连续步骤、仲裁和"良好实践"。

3.1　csQCA 的基础：布尔代数简介

George Boole，19 世纪英国数学家和逻辑学家，是第一个为仅具有两个可能值的变量（如"真"或"假"的命题），开发出适用的代数（Boole, 1847；1998 [1854]）的人。追随一个世纪前 Leibniz 的直觉之后，Boole 成为数学逻辑的发起者，使我们可以"用一种真正的符号计算替代语言推理"（Diagne, 1989, p.8）。这种代数在过去几十年里已经被许多数学家和逻辑学家进一步研究。它基于二进制语言，一直以电子电路、计算机科学和计算机工程的发展为中心，并已被引至许许多多的应用中。其中，绝大多数是在实验和应用科学学科中的应用。这里只介绍一些基本原理和操作（更多细节参见如 Caramani, 2008；De Meur & Rihoux, 2002；Ragin, 1987, p.89–123；Schneider & Wagemann, 2007）。正如任何语言一样，在使用 csQCA 之前，需要了解布尔代数的一些约定。

| 专栏 3-1 |

布尔代数的主要约定和操作

1. 布尔代数的主要**约定**如下：

    - 大写字母表示给定二进制变量的值为 [1]。因此，[A] 被解释为："变量 A 是大、存在、高，……"。
    - 小写字母表示给定二进制变量的值为 [0]。因此，[a] 被解释为："变量 A 是小、不存在、低，……"。
    - 破折号符号 [——] 表示给定二进制变量的"无关"值，意味着它可以存在（1）或不存在（0），也可能是我们不知道的值（例如，因为它是不相关的或数据丢失）。它不是 [1] 和 [0] 之间的中间值。

2. 布尔代数使用几个基本运算符，其中，两个主要的运算符如下：

    - 逻辑"AND"，由 [*]（乘号）符号表示。注意：它也可以表示为一个不存在的空格，如 [A * B] 也可以写成：[AB]。
    - 逻辑"OR"，由 [+]（加号）符号表示。

3. 条件与结果之间的联系：箭头符号 [→][1] 用于表达一组条件与我们试图"解释"的结果之间（通常因果关系）的连接。

使用这种非常基本的语言，可以构造出一个非常长且精致的表达式，以及复杂的运算集。一个被称为**布尔最小化**的关键运算是 csQCA 的核心。

| 专栏 3-2 |

什么是布尔最小化

布尔最小化是将一个长且复杂的表达式"约简"成一个更短、更简洁的表达式。它可以被口头总结如下：如果两个布尔表达式仅在一个因果条件下不同但产生了相同的结果，则可以认为区分这两个表达式的因果条件是不相关的，因而可以去掉这个条件，以创建更简单的组合表达（Ragin，1987, p.93）。让我们使用一个非常简单的例子。考虑下面的布尔表达式，有三个条件变量（R、B 和 I）和一个结果变量（O）

$$R*B*I + R*B*i \rightarrow O \qquad (3-1)$$

该表达式可以读作：[R 存在与 B 存在和 I 存在的组合] OR [R 存在与 B 存在以及 I 不存在的组合] 导致结果 O 的存在。

注意，无论条件 [I] 采用哪个值（0 或 1），结果 [O] 的值都是相同的。这意味着，在语言推理中，条件 [I] 是多余的，它可以被从初始表达式中删除。如果我们去除条件 [I]，将留下一个更短、更简化的表达式（它被称为质蕴含项（prime implicant））

$$R*B \rightarrow O \qquad (3-2)$$

它可以读作：R 存在，加上 B 存在，导致结果 O 的存在。这种约简的表达符合简约原则。我们已经能够以更简约的方式解释 O 存在现象，但仍然留下复杂的空间，因为对于 O 存在，必须出现 R 存在和 B 存在的组合。

换句话说，这将再次与必要性和充分性联系起来：R 存在对于结果是必要的（但不是充分的）；同样，B 存在对于结果是必要的（但不是充分的）。因为这两个条件都不足以满足结果，所以它们必须组合（或"相交"，通过布尔乘法，见专栏 3-1），并且它们可能[2] 共同形成导致结果的必要条件和充分条件的组合。

我们可以从更直观的方式掌握布尔最小化。再次考虑相同的例子，为 3 个条件分别提供更明确的标签：R 代表"RIGHT"，B 代表"BELOW"，I 代表"INSIDE"。由于这些是二进制条件，每个标签将全部案例分为两个部分：满足条件的（值 1）和不满足条件的（值 0）。所以，我们有 3 个条件：

- RIGHT（值 1）对 not-right（值 0）
- BELOW（值 1）对 not-below（值 0）
- INSIDE（值 1）对 not-inside（值 0）

因为每个条件将全域分为两部分，3 个条件的集合将总体分为 2 * 2 * 2 = 8 个区域，每个区域被称为"基本区域"。在每个区域内，每一个案例的条件值相同。让我们还假设我们知道这 8 个区域中每一个结果变量的值。数据首先以表格格式呈现（见表 3-1）。

表 3-1 原始数据表（3 个条件示例）

caseid	Right	Below	Inside	Outcome
case1	0	0	0	0
case2	1	0	0	0
case3	0	0	1	0
case4	1	0	1	0
case5	0	1	0	0
case6	0	1	1	0
case7	1	1	1	1
case8	1	1	0	1

表 3-1 第 1 列包含从"case1"到"case8"的案例标签（"caseid"）。接下来 3 列包含二进制 RIGHT、BELOW 和 INSIDE 条件的所有逻辑上可能的组合（共 8 个，即 2^3）。最后，第 5 列包含 8 种组合中每一种 OUTCOME 值。其中，前 6 个案例显示结果为 [0]（布尔符号：[outcome]），而最后两个显示结果为 [1]（布尔符号：[OUTCOME]）。专栏 3-2 中最小化的布尔表达式（参见专栏 3-2 中的式（3-1）和式（3-2））仅仅是对应转换表 3-1 的两个底行。

同样的数据可以用**维恩图**可视化的方式表达。从视觉上可以看出，每个条件将全部案例划分为两个部分（如图 3-1 所示），使 8 个基本区域可视化。

在图 3-1 中：

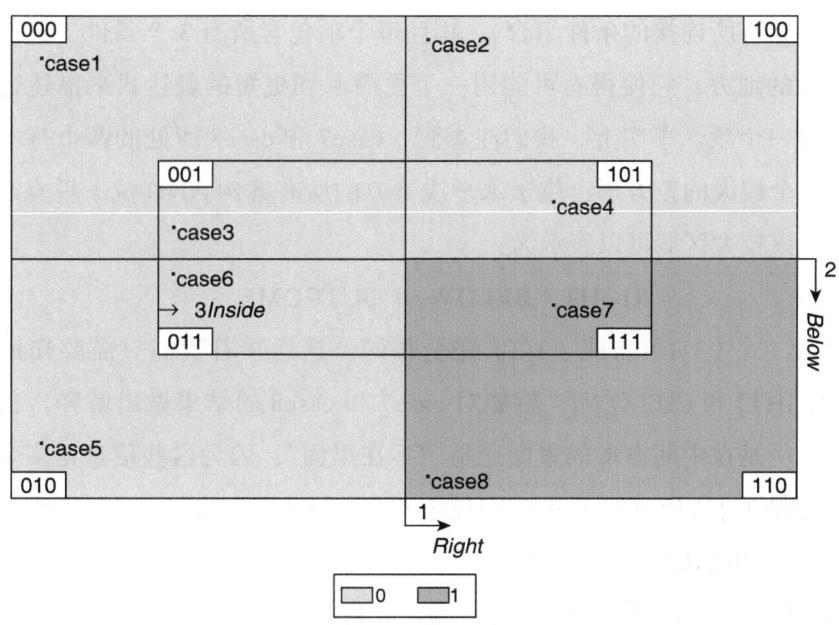

图 3-1 对应于表 3-1 的维恩图（3 个条件变量）

注：维恩图由"visualizer"工具 TOSMANA 1.3.0.0 软件生成。

- 条件 [RIGHT] 垂直切割空间：垂直线右侧所有案例的该条件值为 1，而在该线左侧（"not right"）所有案例的该条件值为 0。
- 条件 [BELOW] 水平裁剪空间：在水平线以下所有案例的该条件值为 1，而在水平线以上（"not below"）所有案例的该条件值为 0。
- 最后，条件 [INSIDE] 将空间剪切成中间正方形的内部或外部：正方形内所有案例的该条件值为 1，而正方形外所有案例的该条件值为 0。

此维恩图还包含每个案例所在位置的信息，这个简单例子中的每个基本区域均被单个案例占据。此外，该图包含有关结果变量值的信息。让我们只考虑值为 1 的结果，它对应于图 3-1 右下方的暗色区域，实际上对应于 case7 和 case8（表 3-1 的最后两行）。该阴影区域可以用布尔符号表示

$$\text{RIGHT} * \text{BELOW} * \text{INSIDE} + \text{RIGHT} * \text{BELOW} * \text{inside} \rightarrow \text{OUTCOME} \quad (3\text{-}3)$$

请注意，式（3-3）与式（3-1）完全相同，其内容如下："对于 case7，即 RIGHT 和 BELOW 和 INSIDE 的案例，或者，对于 case8，即 RIGHT 和 BELOW 和 inside 的案例，结果是存在的。"

这是一个长公式，需要描述每个基本区域：它首先描述 case7 位于的基本区域，然后是 case8 的位置。从技术上讲，这个公式包含两个**项**（每个项是由

"AND"运算符所连接的条件组合），并且每个项包含所有 3 个条件。这正是布尔最小化干预的地方：它使得有可能用一个更简单和更短的表达式来描述这两个区域，只包含一个**项**。事实上，我们注意到，case7 和 case8 所处的两个基本区域组合形成了一个较大的正方形：位于水平线下方的所有案例 AND 位于垂直线右侧的所有案例。该较大区域可以表示为：

$$\text{RIGHT} * \text{BELOW} \rightarrow \text{OUTCOME} \qquad (3\text{-}4)$$

请注意，式（3-4）与式（3-2）完全相同。这意味着我们只需要知道两个条件，即 [RIGHT] 和 [BELOW]，就能对 case7 和 case8 的结果做出解释。我们不必知道这些案例是在中间方形的里面还是"不在里面"，因为这些信息是多余的：这两个案例与结果 [1] 所共享的是它们位于"右边 AND 下边"。所以，我们可以简单地删除条件 [INSIDE / not inside]。

正如我们将在后面所看到的，这正是由软件执行的运算，面向更复杂的数据集上、更多条件以及具有"空"的基本区域（没有观察到的案例）。当然，这使得运算更加复杂，因此最好让计算机执行算法（csQCA 软件使用 Quine 最小化算法）。

既然我们已经介绍了布尔语言和运算的基本知识，下面呈现 csQCA 的关键实用步骤。我们将继续采用与第 2 章中相同的例子，源于"战争期间项目"，即 18 个欧洲国家案例。

3.2 步骤 1：构建二分数据表

当然，构建相关的数据表需要前导工作：一个深思熟虑的比较研究设计，特别是严格的案例和变量选择（见第 2 章）。还记得，在这个阶段，对于每个案例，研究人员应该已经获得足够多的实质性知识，以及分析中所包含的最相关变量（特别是条件）的理论知识。

在处理世界不同地区赞成民主政治制度出现和巩固的更一般条件的各种各样的方法中（"战争期间项目"条件的主要类别清单），我们选择了一个解决整体社会经济和"结构"因素的方法。当然，为了更全面地考虑其他因素，如具体的历史和文化条件、中间组织、制度安排和行动者等相关方面，也必须考虑（对于这种更全面设计的应用，参见 Berg-Schlosser，1998）。当然，为了演示，所选择的方法将足够用了。简言之，为了清楚起见，我们需要一个相对简化的理论，这不需要太多的条件。

提醒一句，我们在这里要解释的具体结果是欧洲民主制度在战争期间的生存或衰减。为什么一些民主制度生存下来，而其他民主制度却衰减了？在QCA术语中，这个我们试图解释的变量被称为**结果**。

关于民主社会经济前提条件的最具影响力的研究是S. M. Lipset的《政治人物》（1960），特别是"经济发展与民主"一章。在那里，Lipset（再）提出了一般假设，"一个国家越是美好，它将维持民主的机会越大"。事实上，在Lipset分析的"稳定的欧洲民主国家"中，如比利时、荷兰、瑞典和英国等国家，都有高水平的财富、工业化、教育和城市化。在他（非常广泛）的"不稳定的民主和独裁统治"类别中，如希腊、匈牙利、意大利、波兰、葡萄牙和西班牙等国家，在这些方面的水平较低。但是，他也指出，"德国是一个特例，这个国家日益增长的工业化、城市化、财富和教育支持建立一个民主制度，但其中一系列不良的历史事件阻止民主获得合法性，从而削弱了其抵御危机的能力"。

这种说法当然也适用于奥地利，但Lipset没有调查"不良历史事件"的种类及其具体根源。同样，像捷克斯洛伐克○、芬兰和法国这样的国家（也有更高水平的发展和民主制度，而且就内部因素而言，幸存于20世纪30年代的经济危机）被Lipset划分至同样的"不稳定"组别中，从分析的角度来看没有多大帮助。在以后的几年里，Lipset的工作被一些在概念上和统计学上更为精细的研究跟进同时受到了相当多的批评。然而，当Lipset后来回顾其原始研究时，他仍然发现其基本原理得到了证实（Lipset，1994；另见Diamond，1992）。

对于Lipset讨论的4个主要维度（财富、工业化、教育和城市化），我们选择了一个主要指标，如表3-2所示，并提供了所考虑的18个案例（国家）中每一个指标的数据。

在这个例子中，我们有18个案例（每个案例占表3-2中的一行）。

结果变量（SURVIVAL）已经做了二分处理：结果值[0]代表"民主衰减"（10例）和结果值[1]代表"民主生存"（其他8例）。

然而，在QCA术语中假定"解释"结果的4个变量被称为**条件**[3]，它们是连续（间隔层次）变量。为了在csQCA中使用，必须根据相关阈值二分那些原始条件。

为了二分条件，最好使用经验（基于案例）和理论知识（见下面的"良好实

○ 捷克斯洛伐克于1993年1月1日起正式解体，分为捷克和斯洛伐克两个国家。

践",专栏 3-3)。

表 3-2 Lipset 的指标和原始数据(4 个条件)

CASEID	GNPCAP	URBANIZA	LITERACY	INDLAB	SURVIVAL
AUS	720	33.4	98	33.4	0
BEL	1 098	60.5	94.4	48.9	1
CZE	586	69	95.9	37.4	1
EST	468	28.5	95	14	0
FIN	590	22	99.1	22	1
FRA	983	21.2	96.2	34.8	1
GER	795	56.5	98	40.4	0
GRE	390	31.1	59.2	28.1	0
HUN	424	36.3	85	21.6	0
IRE	662	25	95	14.5	1
ITA	517	31.4	72.1	29.6	0
NET	1 008	78.8	99.9	39.3	1
POL	350	37	76.9	11.2	0
POR	320	15.3	38	23.1	0
ROM	331	21.9	61.8	12.2	0
SPA	367	43	55.6	25.5	0
SWE	897	34	99.9	32.3	1
UK	1 038	74	99.9	49.9	1

注:**条件标签**(本书余下章节出现的"条件标签"同下列内容)。

  CASEID:案例识别(国名)缩写:AUS 奥地利;BEL 比利时;CZE 捷克斯洛伐克;EST 爱沙尼亚;FIN 芬兰;FRA 法国;GER 德国;GRE 希腊;HUN 匈牙利;IRE 爱尔兰;ITA 意大利;NET 荷兰;POL 波兰;POR 葡萄牙;ROM 罗马尼亚;SPA 西班牙;SWE 瑞典;UK 英国

  GNPCAP:人均国民生产总值(约 1930 年)

  URBANIZA:城市化(居民人口数量在 20 000 以上的城镇)

  LITERACY:识字率

  INDLAB:工业劳动力(包括采矿)

资料来源:Berg-Schlosser & Mitchell, 2000, 2003。

| 专栏 3-3 |

"良好实践"(3):如何以有意义的方式二分条件

- 调整阈值时始终透明。
- 最好在实质性和/或理论的基础上证明阈值。
- 如果这是不可能的,使用技术标准(例如,考虑按照连续集分布案例)。万不得已时,可以使用更多的机械分界点,例如平均值或中值,但是应该考虑到这种案例分布是否有意义。[4]

> - 避免人为切割、分割非常相似值的案例。
> - 也可以使用更复杂的技术方法,例如聚类技术,但是你应该评估聚类在什么程度上产生理论或经验意义。
> - 无论使用哪种技术或推理来二分条件,应确保在正确的"方向"上对条件编码,以便它们的存在(值 [1]),在理论上预期与积极结果相关联(结果值 [1])。

在这个例子中,我们选择将二分阈值设置如下:[5]

- [GNPCAP]——人均国民生产总值(约 1930 年):如果低于 600 美元,为 0;高于则为 1。
- [URBANIZA]——城市化(居民人口数量在 20 000 以上的城镇):如果低于 50,为 0;高于则为 1。
- [LITERACY]——识字率:如果低于 75%,为 0;高于则为 1。
- [INDLAB]——工业劳动力(包括采矿):如果活跃人口低于 30%,则为 0;高于则为 1。

因此,我们获得了一个二分数据表(如表 3-3 所示)。在合理使用 csQCA 之前,以非形式化的方式直观研究此表。通过观察最极端的案例,我们可以很容易地看到,一些案例非常清楚地证实了 Lipset 的理论。

表 3-3　Lipset 的指标、二分数据(4 个条件)

CASEID	GNPCAP	URBANIZA	LITERACY	INDLAB	SURVIVAL
AUS	1	0	1	1	0
BEL	1	1	1	1	1
CZE	0	1	1	1	1
EST	0	0	1	0	0
FIN	0	0	1	0	1
FRA	1	0	1	1	1
GER	1	1	1	1	0
GRE	0	0	0	0	0
HUN	0	0	1	0	0
IRE	1	0	1	0	1
ITA	0	0	0	0	0
NET	1	1	1	1	1
POL	0	0	1	0	0
POR	0	0	0	0	0

CASEID	GNPCAP	URBANIZA	LITERACY	INDLAB	SURVIVAL
ROM	0	0	0	0	0
SPA	0	0	0	0	0
SWE	1	0	1	1	1
UK	1	1	1	1	1

(续)

例如，表 3-3 中，比利时（BEL，第 2 行）是一个"完美的幸存者案例"，证实了 Lipset 的理论：4 个值为 [1] 的条件导致结果 [SURVIVAL] 的值为 [1]。相反，葡萄牙（POR，第 14 行）是一个"完美分解的案例"，证实了 Lipset 的理论：所有 4 个条件的 [0] 值导致 [0] 结果值 [survival]。然而，对于许多其他情况，图看起来更复杂。

3.3 步骤 2：构造"真值表"

第一步，我们需要恰当的 csQCA（依据特定的软件处理[6]）对应于原始数据表的首次"合成"。其结果称为**真值表**，是一个**组态表**。记住，一种**组态**，简单地说，是与给定结果相关的给定条件组合，存在 5 种类型的组态，每种组态可以对应零个、一个或多于一个案例。

| 专栏 3-4 |

五种组态类型

- 具有 [1] 结果的组态（在所观察的案例中），也称为"1 组态"。
- 具有 [0] 结果的组态（在所观察的案例中），也称为"0 组态"。
- 具有"–"（"无关"）结果的组态（在所观察的案例中），也称为"无关组态"。这意味着结果是不确定的。这需要避免，因为假定研究者是对解释横跨精选案例的一个具体结果感兴趣[7]。
- 具有《C》（"矛盾"）结果的组态，被称为**矛盾组态**。这样的组态导致对于一些观察到的案例结果为《0》，而对于其他观察到的案例结果为《1》。这是一个逻辑矛盾，必须在进一步使用 csQCA 之前解决。
- 最后，具有"L"或"R"（"逻辑余项"）结果的组态，这些是在经验案例中没有观察到的但逻辑上可能存在的条件组合。

表 3-4 显示了对应于表 3-3 中二分数据的真值表。

表 3-4 布尔组态的真值表

CASEID	GNPCAP	URBANIZA	LITERACY	INDLAB	SURVIVAL
SWE, FRA, AUS	1	0	1	1	C
FIN, HUN, POL, EST	0	0	1	0	C
BEL, NET, UK, GER	1	1	1	1	C
CZE	0	1	1	1	1
ITA, ROM, POR, SPA, GRE	0	0	0	0	0
IRE	1	0	1	0	1

专栏 3-5

"良好实践"（4）：评估真值表质量的检查内容

- 再次检查是否存在具有"积极"结果的案例和具有"否定"结果的案例（参见专栏 2-2，案例选择的"良好实践"）。
- 检查是否存在有悖常理的组态。在这个例子中，或许是这样的组态：所有条件值为 [0] 导致结果为 [1]，或者所有条件值为 [1] 导致结果为 [0] 的组态。
- 检查交叉条件的多样性，特别是确保一些条件不会在所有案例中显示完全相同的值。如果显示值相同，问问自己这些条件是否彼此太"接近"（如果它们是，这些条件可以合并）。
- 检查每个条件是否有足够的变化（一般规则：至少是每个值的 1/3）（另见专栏 2-3，"良好实践"（2））。

如果这些标准其中之一没有获得满足，请重新考虑你对案例和/或条件的选择，或者你定义和操作结果的可能方式。

在这个阶段，检查每个条件对结果的必要性和充分性也是有用的。

该真值表（表 3-4）仅显示了与 18 个**被观察案例**相对应的组态。这已经允许我们通过将 18 个案例转换成六个组态来大幅度地"合成"证据。我们的发现如下：

- 两种不同组态的结果为 [1]，分别对应于捷克斯洛伐克和爱尔兰。
- 一种组态的结果为 [0]，对应于五个案例（意大利、罗马尼亚、葡萄牙、西班牙和希腊）。它完全符合 Lipset 的理论，因为所有四个条件的值为 [0] 导致结果为 [0]（民主衰减）。

我们还注意到有三个矛盾组态（表 3-4 中的前三行），在 18 个案例中，对应者不少于 11 例。换句话说，Lipset 的理论（至少以我们已经用过它的方式）不能使我们解释 18 个案例中的 11 例。第三个矛盾组态特别令人不安：它的所有条件值为 [1]，但一个案例（德国）产生的结果为 [0]，而另外三个案例（比利时、英国和荷兰）产生预期的结果是 [1]。

表 3-4 中的数据可以再次通过维恩图来可视化，比图 3-1 稍微复杂一些，因为它包含四个条件而不是三个（如图 3-2 所示）。

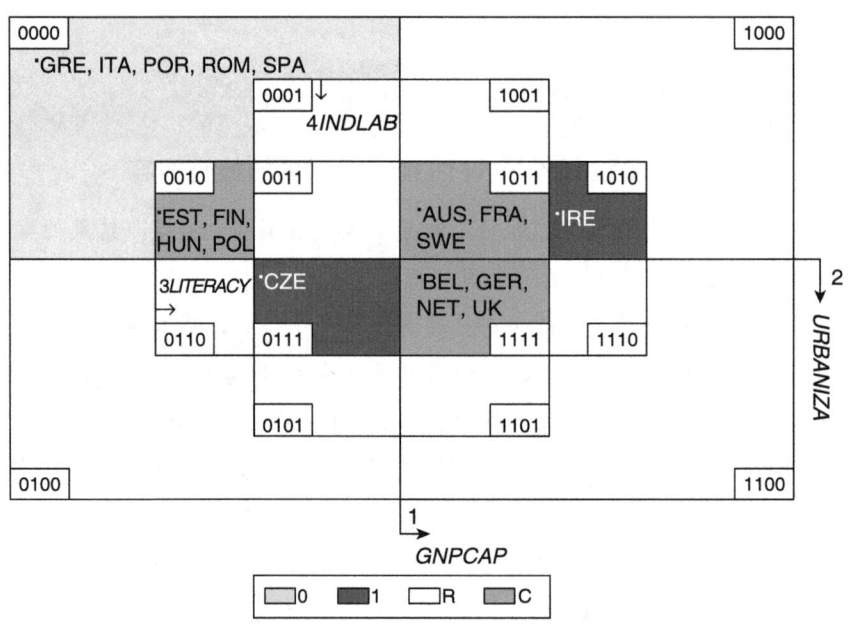

图 3-2　对于表 3-4（4 个条件）的维恩图

注：维恩图由"visualizer"工具 TOSMANA 1.3.0.0 软件生成。

这个维恩图（图 3-2）有 16 个基本区域（组态），也就是 2^4 个区域。它使用与图 3-1 相同的逻辑构造。在这个基于经验的例子中，我们可以观察到四种类型的组态：

- 两种组态具有 [1] 结果，分别涉及捷克斯洛伐克和爱尔兰的案例。
- 一种组态具有 [0] 结果，涵盖意大利、罗马尼亚、葡萄牙、西班牙和希腊。
- 三种矛盾组态，涵盖所有 11 种案例（阴影区域对应于"C"标签）。
- 最后，许多未观察到的"逻辑余项"（"R"）组态，共 10 种。因此，在数据中存在有限的多样性：由于 18 个观察案例仅对应于六种组态，所以剩余的布尔属性空间缺乏案例。正如稍后阶段所示，这些"逻辑余项"组态将成为进一步分析的有用资源。

从纯粹数字角度来观察这种证据的方式将说明模型"实用"于 18 个案例中的 7 个。然而，这不是一个正确的行事方法。记住，QCA 是一种面向案例的方法，每个案例都很重要。从这个角度来看，很多矛盾的发生是一个问题。因此，这些矛盾必须在处理 csQCA 的核心，即布尔最小化之前得到解决。

在这个分析阶段，检查每个条件对结果的必要性和充分性也是有用的。让我们假设模型包含 3 个条件 A、B 和 C。例如，对于条件 A，作为一个必要条件，评估其**一致性**意味着回答以下问题："'条件 A 是结果的一个必要条件'的陈述具有多大程度上的一致性？"在技术上，这可以按照如下方式计算：[条件的值为 [1] AND 结果值为 [1] 的案例数量除以结果值为 [1] 的全部案例数]。更多细节，参见 Goertz（2006a），Ragin（2006b）和 Schneider 和 Wagemann（2007）。

3.4 步骤 3：解决矛盾组态

在 csQCA 过程中检测矛盾组态是完全正常的。这并不意味着研究者失败了。

恰恰相反，矛盾告诉我们有关我们正在学习的案例的一些事。通过寻求解决这些矛盾，研究者将获得对案例更彻底的了解（通过他"与案例的对话"），被迫再次考虑他的理论观点，并且最终获得更一致的数据。记住，QCA 技术最好以迭代的方式使用。因此，解决矛盾只是"思想与证据之间的对话"的迭代过程的一部分（Ragin，1987）。

在可能的范围内，所有这些矛盾应该被解决，或者至少应该努力尽可能减少矛盾（Ragin，Berg-Schlosser，& De Meur，1996，p.758），因为最终涉及矛盾组态的这些案例将从分析中被排除[8]。另外，考虑到 QCA 面向案例的性质，这是有问题的。

| 专栏 3-6 |

"良好实践"（5）：如何解决矛盾组态[9]

基本上存在 8 个策略。在现实研究中，最好至少考虑所有这些策略，并且通常证明，一些策略组合是有用的。

1. 可能是最简单的一个：只需添加一些条件到模型中。事实上，模型越复杂、条件越多，矛盾就越少，因为每个条件的增加构成了案例之间潜在外加的分化来源。当然，这种策略不应该以"刺探"（hope-and-poke）的方式来追求。这应该是谨慎的和理论上的正当。建议逐个添加条件，而不是获取太复杂的模型。否则，你会冒造成更大问题"有限多样性"的危险，因而需要承担对每个具体案例"个别化"解释的风险。这意味着 csQCA 将错过达到某种程度的简约目的。

2. 从模型中删除一个或多个条件，然后用（其他）条件替换它。

3. 重新审视模型所含的各种条件的操作方式。例如，对于给定条件的二分化阈值可能是两种案例之间的矛盾来源。通过调整阈值，可以解决矛盾；或者，矛盾可能是由于数据的质量问题而产生——在这种情况下，可以收集补充或修订数据。这是最劳力密集的选择，但非常需要从面向案例的角度来提倡。

4. 重新考虑结果变量本身。这种策略经常被忽略。如果结果被定义得太宽泛，那么矛盾可能发生是相当合乎逻辑的。例如，在一些探索性 csQCA 分析期间，Rihoux（2001）注意到，他的初始结果变量（一个特定政党的主要组织变化）实际上可以分解为两个相反的子类型：组织适应性和组织激进化。通过将结果集中在组织适应性上，他能够解决许多矛盾组态。

5. 以更定性和"厚实"的方式审查每个具体矛盾组态中所涉及的案例。已经错失了什么？不管是模型，还是条件或结果已经被使用过的方式，什么可以区分那些尚未被考虑的案例？

6. 重新考虑是否所有案例都是同一总体的一部分（参见"案例选择"）。例如，如果它是一个产生矛盾的"边界"案例，也许这种案例应该从分析中被排除。

7. 将所有相互矛盾的组态重新编码，使得结果值为 [0]。Ragin（1987）建议提出这种解将矛盾组态视为"不清楚"，因此决定了较少接受的可最小化组态，以换取案例/结果关系的更一致性。

8. 使用频率标准来"定向"结果。让我们考虑一个涉及九个案例的矛盾组态。如果，例如，它导致八个案例的结果为 [1] 和只有一个案例的结果为 [0]，人们可以认为"最经常旅行的路径"胜利——因此结果将被认为是 [1] 值。但是，请注意，从"面向案例"的视角来看，这种更具概率性的策略是有争议的。

当然，策略选择必须在经验基础（基于案例的知识）和/或理论基础上被证明是合理的，而不是一些机会主义"操纵"的结果。

如果这些策略或其组合中没有一个能解决矛盾组态，则必须将一些案例从关键最小化过程中移除。在这种情况下，基本上有四个选项。

- 依然选择并继续使用 csQCA，即使仍有一个或多个矛盾组态。那么，存在两个子选项：从数据表中删除涉及矛盾的案例或将它们保留在数据表中[10]。然后，可以单独解释仍然涉及矛盾组态的那些案例（除了 csQCA 程序的正确性），使用更具有历史质性、具体案例的方法。
- 考虑使用 mvQCA 或 fsQCA（见第 4 章和第 5 章），它们能够处理更细粒度的数据。事实上，csQCA 容易产生矛盾的原因仅仅是二分法强烈地减少了数据的丰富性，因此也掩盖了案例之间的潜在差异（参见二分法的"成本"和"收益"）。
- 考虑转向其他定量或定性技术。我们建议至少首先尝试 mvQCA 和 / 或 fsQCA（或并行，所以你可以权衡 QCA 技术与其他技术的优势和局限性），因为这两个其他 QCA 技术将允许保持一些关键 QCA 方法的优势（分析和面向案例等，参见第 1 章）。
- 或者，如果你使用 csQCA 进行理论测试，那就此止步并愉快结束，csQCA 允许你歪曲理论。

从技术上讲，如果决定进行 csQCA，则有必要产生一个修订的二分数据表，从而使软件能够产生一个修订的真值表。在现实研究中，经验表明，为了获得无矛盾的真值表，可能需要几次迭代。

对于这个教科书的例子，我们选择务实的方式：在模型中添加第五个条件。

实质上，我们选择在来自 Lipset 理论的四个社会经济条件中增加一个"政治制度"条件。第五个条件是政府稳定（GOVSTAB），阈值设置如下：在调查期间管辖，如果存在十个内阁或更多内阁统治，则得分为 [0]（低稳定性）；如果在同一时期少于十个内阁统治，则评分为 [1]（高稳定性）。

第五个条件的增加在理论上是合乎情理的：对于"民主衰减"的案例，在已经不太有利的社会经济背景下，政府的不稳定进一步削弱了政治制度的强度、机构解决问题的能力以及民主机构的信誉。相反，对于"幸存"，更稳定的政府能够巩固民主体制，提高其应对政治挑战的能力。

因此，我们获得了一个新的原始数据表（如表 3-5 所示），与表 3-2 相比，它有一个经过二分处理的附加列（如表 3-6 所示）。然后，软件会产生一个新的真值表（如表 3-7 所示）。

表 3-5　Lipset 的指标、原始数据以及增加的第五个条件

CASEID	GNPCAP	URBANIZA	LITERACY	INDLAB	GOVSTAB	SURVIVAL
AUS	720	33.4	98	33.4	10	0
BEL	1 098	60.5	94.4	48.9	4	1
CZE	586	69	95.9	37.4	6	1
EST	468	28.5	95	14	6	0
FIN	590	22	99.1	22	9	1
FRA	983	21.2	96.2	34.8	5	1
GER	795	56.5	98	40.4	11	0
GRE	390	31.1	59.2	28.1	10	0
HUN	424	36.3	85	21.6	13	0
IRE	662	25	95	14.5	5	1
ITA	517	31.4	72.1	29.6	9	0
NET	1 008	78.8	99.9	39.3	2	1
POL	350	37	76.9	11.2	21	0
POR	320	15.3	38	23.1	19	0
ROM	331	21.9	61.8	12.2	7	0
SPA	367	43	55.6	25.5	12	0
SWE	897	34	99.9	32.3	6	1
UK	1 038	74	99.9	49.9	4	1

注：条件标签：与表 3-2 相同，加上了第五个条件 GOVSTAB——政府稳定性（期间内阁数量）。
资料来源：与表 3-2 相同。

表 3-6　Lipset 的指标、二分数据以及增加的第五个条件

CASEID	GNPCAP	URBANIZA	LITERACY	INDLAB	GOVSTAB	SURVIVAL
AUS	1	0	1	1	0	0
BEL	1	1	1	1	1	1
CZE	0	1	1	1	1	1
EST	0	0	1	0	1	0
FIN	0	0	1	0	1	1
FRA	1	0	1	1	1	1
GER	1	1	1	1	0	0
GRE	0	0	0	0	0	0
HUN	0	0	1	0	0	0
IRE	1	0	1	0	1	1
ITA	0	0	0	0	1	0
NET	1	1	1	1	1	1
POL	0	0	1	0	0	0

(续)

CASEID	GNPCAP	URBANIZA	LITERACY	INDLAB	GOVSTAB	SURVIVAL
POR	0	0	0	0	0	0
ROM	0	0	0	0	1	0
SPA	0	0	0	0	0	0
SWE	1	0	1	1	1	1
UK	1	1	1	1	1	1

表 3-7 比表 3-4 "更丰富"：通过添加一个条件，组态数从 6 变成 10，所以事实上我们增加了整个案例的多样性。这使我们能够解决大多数矛盾。例如，考虑奥地利、瑞典和法国的 3 个案例，当我们只考虑 4 种 Lipset 条件时（见表 3-4 的第一行），形成了一种矛盾的结构。通过添加 [GOVSTAB] 条件，我们现在可以区分出奥地利（表 3-7 中的第一行），其在 [GOVSTAB] 上的值为 [0]，而瑞典和法国（表 3-7 中的第五行）在 [GOVSTAB] 的值为 [1]。一些其他矛盾已经以相同的方式解决。

表 3-7 布尔组态的真值表（4 + 1 个条件）

CASEID	GNPCAP	URBANIZA	LITERACY	INDLAB	GOVSTAB	SURVIVAL
AUS	1	0	1	1	0	0
BEL, NET, UK	1	1	1	1	1	1
CZE	0	1	1	1	1	1
EST, FIN	0	0	1	0	1	C
FRA, SWE	1	0	1	1	1	1
GER	1	1	1	1	0	0
GRE, POR, SPA	0	0	0	0	0	0
HUN, POL	0	0	1	0	0	0
IRE	1	0	1	0	1	1
ITA, ROM	0	0	0	0	1	0

然而，仍然有一个矛盾组态，包括两个案例：爱沙尼亚和芬兰。即使增加第五个条件，这两个案例在所有条件下仍然具有相同的值，但它们显示不同的结果：爱沙尼亚是一个"衰减"案例（结果为 [0]），而芬兰是一个"幸存"案例（结果为 [1]）。在这种情况下，我们现在设想 3 种可能的选择。第一个是进一步重新审查模型，这可能导致包括第六个条件（专栏 3-6 "良好实践（5）"中的策略 1）。然而，问题是，随着每个条件的添加，模型变得更复杂，并且模糊这本教科书的教学目的。第二种选择是简单地接受这两个案例应该具有的一些具体定性——历史解释，因此它们应该在 csQCA 的下一步中被排除。第三种选择（专栏 3-6 "良好实践（5）"中的策略 3）是重新审查模型中所包括的各种条件如何操

作的方式，特别侧重于芬兰和爱沙尼亚的案例。这样做，我们发现，如果我们将 GNPCAP 条件的阈值从 600 美元移动到 550 美元（实际上，后一个阈值位于数据中的自然"间隙"附近[11]），这允许我们区分芬兰（590 美元）和爱沙尼亚（468 美元）。顺便提一下，注意这个阈值的修改也改变了捷克斯洛伐克的得分（586 美元，值从 [0] 变为 [1]）。更重要的是，它允许我们产生一个无矛盾的真值表[12]，如表 3-8 和表 3-9 所示。

表 3-8 Lipset 的指标、二分数据以及增加的第五个条件（GNPCAP 重新编码）

CASEID	GNPCAP	URBANIZA	LITERACY	INDLAB	GOVSTAB	SURVIVAL
AUS	1	0	1	1	0	0
BEL	1	1	1	1	1	1
CZE	1	1	1	1	1	1
EST	0	0	1	0	1	0
FIN	1	0	1	0	1	1
FRA	1	0	1	1	1	1
GER	1	1	1	1	0	0
GRE	0	0	0	0	0	0
HUN	0	0	1	0	0	0
IRE	1	0	1	0	1	1
ITA	0	0	0	0	1	0
NET	1	1	1	1	1	1
POL	0	0	1	0	0	0
POR	0	0	0	0	0	0
ROM	0	0	0	0	1	0
SPA	0	0	0	0	0	0
SWE	1	0	1	1	1	1
UK	1	1	1	1	1	1

表 3-9 布尔组态的真值表（4 + 1 个条件和 GNPCAP 重新编码）

CASEID	GNPCAP	URBANIZA	LITERACY	INDLAB	GOVSTAB	SURVIVAL
AUS	1	0	1	1	0	0
BEL, CZE, NET, UK	1	1	1	1	1	1
EST	0	0	1	0	1	0
FRA, SWE	1	0	1	1	1	1
GER	1	1	1	1	0	0
GRE, POR, SPA	0	0	0	0	0	0
HUN, POL	0	0	1	0	0	0
FIN, IRE	1	0	1	0	1	1
ITA, ROM	0	0	0	0	1	0

通过维恩图（如图 3-3 所示），也可以更加直观地理解表 3-9。相比以前的四维

维恩图（如图3-2所示），这个五维图形不太容易掌握，但是它建立在同一前提的基础上：每个条件仍然将逻辑空间分成两个相等的部分（16个基本区域）。图中，新的内容是第五个条件（GOVSTAB）的可视化需要两个单独的"片"（两个水平正方形，每个正方形包括八个基本区域，在这个区域中该条件的值为[1]）。还要注意，逻辑属性空间的许多更基本的区域是空的（与前面的四维图相比，如图3-2所示）。这提醒我们：模型中包括的条件越多，观察到的经验多样性越受限制。

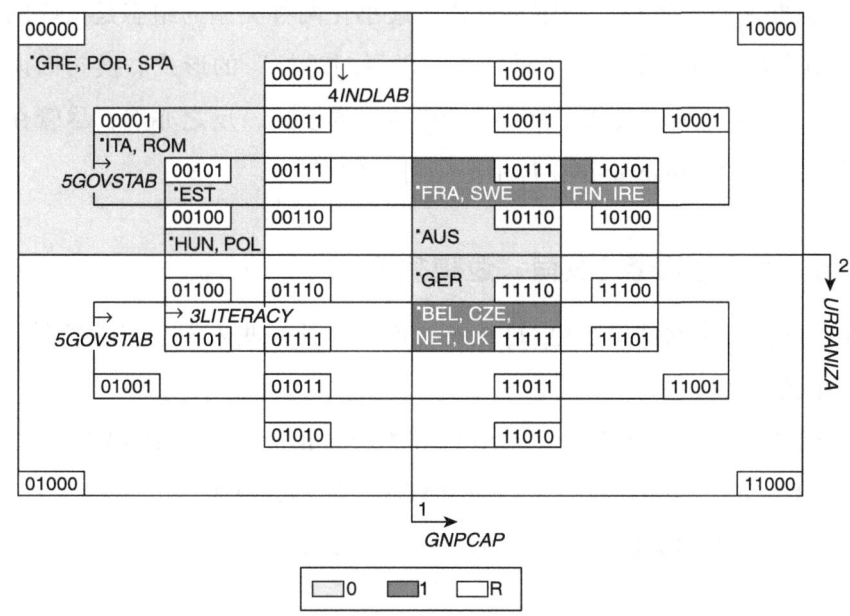

图3-3　维恩图（4＋1个条件和GNPCAP重新编码）

注：维恩图由"visualizer"工具TOSMANA 1.3.0.0软件生成。

实际上，当前经修正的、无矛盾的真值表（如表3-9所示）将芬兰和爱沙尼亚放在两个单独的组态中。更确切地说，爱沙尼亚现在是一个特定的组态，芬兰属于爱尔兰的那种组态。注意，捷克斯洛伐克也已经移动并加入了"完美"幸存组态的案例（所有条件值为[1]，导致结果值为[1]）：比利时、荷兰和英国。

3.5　步骤4：布尔最小化

对于csQCA的这个关键操作，软件使用的材料是具有其九种组态的真值表（如表3-9所示）：具有[1]结果的三种组态（对应于八个案例）和具有[0]结果的六种组态（对应于十个案例）。通过查看表3-9，每种组态显然可以对应一个或多个经验案例（或者没有案例对应——"逻辑余项"组态）。这里所提到的要点是，软件没有识别而在真值表中指定组态的案例。因此，每个组态中的案例数量与最小化处理的过程不相关。然而，在最小化之后，可以将每个案例与获得的最小化公式进行连接。

分别考虑 [1] 组态和 [0] 组态，使用布尔最小化算法软件（参见专栏 3-2）最小化这些组态。因此，必须两次应用最小化过程，首先用于 [1] 组态，其次应用于 [0] 组态。只要两者都进行，顺序不重要。最小化两种类型的组态是重要的，因为我们不期望在社会现象中找到某种完美"因果对称性"的形式。换句话说，我们不应该从 [1] 结果的最小公式中推导出 [0] 结果的公式，反之亦然，尽管在某些情况下通过应用 De Morgan 定律在技术上是可行的[13]。

3.5.1 最小化 [1] 组态（没有"逻辑余项"）

首先，我们要求软件最小化 [1] 组态，而不包括一些未观察到的案例。我们得到以下最小公式。

GNPCAP * LITERACY * INDLAB * GOVSTAB + GNPCAP * urbaniza * LITERACY * GOVSTAB → SURVIVAL （3-5）

(BEL，CZE，NET，UK，FRA，SWE) + (FIN，IRE + FRA，SWE)

这被称为"描述性"公式，因为它不会超过所观察的经验案例。这个公式由**两项**组成，其中每项都是与结果值为 1 相关联的条件组合。遵循布尔符号（参见专栏 3-1），它可以被读成**"结果为 1（民主生存）被观察到："**

- 高人均国民生产总值 [GNPCAP] **AND** 高识字率 [LITERACY] **AND** 高比例的工业劳动力 [INDLAB] **AND** 高政府稳定性 [GOVSTAB] 组合的国家。

OR

- 高人均国民生产总值 [GNPCAP] **AND** 低城市化 [urbaniza] **AND** 高识字率 [LITERACY] **AND** 高政府稳定性 [GOVSTAB] 组合的国家。

最小公式的第一**项**对应 6 个国家：一方面是比利时、捷克斯洛伐克、荷兰和英国（它们具有相同的组态，即所有五个条件），另一方面是法国和瑞典[14]。第二**项**对应 4 个国家：一方面是芬兰和爱尔兰，另一方面是法国和瑞典。注意，关于法国和瑞典，我们有两个部分"同时"的解释。在这种情况下，（通常满足 csQCA），研究者必须使用案例知识做出选择。这是最小公式解释阶段的一部分（见步骤 6）。

这个描述性的最小公式仍然相当复杂，因为每项仍然包括模型的 5 个条件中的 4 个，只实现了小量的简约。然而，公式允许一些初步解释。例如，我们可以解释一个事实，即 [URBANIZA] 条件在比利时、捷克斯洛伐克、荷兰和英国的民主生存中不起作用。

请注意，公式的两项共享了 [GNPCAP * LITERACY * GOVSTAB] 条件组合。因此，可以通过手动修改最小公式（这不是由软件完成）使得该组合更加可视化。我们简单地将公式视为常规代数表达式——乘积的和，并且分解出共同条件。这将产生一个更结构化的公式版本——不是更加简约的版本，因为这个操作没有消除更多的条件。因此，式（3-5）可以被改写成

$$\text{GNPCAP} * \text{LITERACY} * \text{GOVSTAB} * \begin{cases} \text{INDLAB} \\ \text{urbaniza} \end{cases} \rightarrow \text{SURVIVAL} \quad (3\text{-}6)$$

这个改写的公式清楚地表明了所有"幸存"案例（式（3-6）的左边）是共同的。这可能还需要由研究人员解释，因为所有"幸存"案例都共享这 3 种条件的核心组合。改写的公式还显示出了对于两组案例（式（3-6）右边的两个不同"路径"）中每一个案例的具体情况。

3.5.2 最小化 [0] 组态（没有"逻辑余项"）

我们执行完全相同的过程，这次为 [0] 组态，不包括一些未观察到的案例。我们得到以下最小公式

$$\text{gnpcap} * \text{urbaniza} * \text{indlab} \;+\; \begin{array}{l} \text{GNPCAP} * \text{LITERACY} * \\ \text{INDLAB} * \text{govstab} \end{array} \rightarrow \text{survival} \quad (3\text{-}7)$$

(EST + GRE, POR, SPA   +   (AUS + GER)
HUN, POL + ITA, ROM)

这个最小公式也是相当复杂。读取这个公式（遵循上面所解释的相同约定），我们看到 csQCA 为我们提供了获得 [0] 结果的两个"路径"。第一个组合对应于许多案例：爱沙尼亚；希腊、葡萄牙和西班牙；匈牙利和波兰；意大利和罗马尼

亚。这八个衰减的例子都共享 [gnpcap * urbaniza * indlab] 组合，即 3 个条件值为 [0] 的组合，这与理论非常一致。第二个组合是针对奥地利和德国的，注意这个结果可以通过查看维恩图（如图 3-3 所示）来猜测，其中这两个案例"远离"上述 8 个案例。这个公式不能以"简写"的方式改写，因为这**两项**没有什么共同点。

3.6 步骤 5：纳入"逻辑余项"案例

3.6.1 为什么"逻辑余项"是有用的

式（3-5）、式（3-6）、式（3-7）的问题是它们仍然相当复杂：已经实现的约简相当少。为了实现更多的约简，允许软件纳入被称为"逻辑余项"的非观察案例是有必要的。在这个例子中，请记住，存在大量的"逻辑余项"，如在维恩图中所看到的（如图 3-3 所示）。只有小部分逻辑属性空间被经验案例占用：在 32 个潜在组态中（$=2^5$，因为存在 5 个条件），只有 9 个与观察到的案例对应。因此，23 个"逻辑余项"（= 32−9）构成了潜在的案例池，可以使用软件产生更简约的最小公式。

为什么包含"逻辑余项"会产生更简约的最小公式？这可以使用维恩图和 8 个具体案例直观地解释：所有那些结果为 [0] 的案例，也恰好位于维恩图的左侧（爱沙尼亚；希腊、葡萄牙和西班牙；匈牙利和波兰；意大利和罗马尼亚）。

首先，请注意，布尔表达式越简单（"较短"），它覆盖的组态数量就越大：

- 所有 5 个条件的组合仅涵盖一个组态（例如，[00000] 区域，其中包含希腊、葡萄牙和西班牙的案例）。
- 4 个条件的组合涵盖两种组态：如果我们想"覆盖"的不仅有希腊、葡萄牙和西班牙的案例，而且包含右侧附近区域意大利和罗马尼亚的案例（[00001] 区域），我们只需要知道关于 4 个条件的信息。事实上，我们不需要知道 [GOVSTAB] 条件：它在意大利和罗马尼亚案例中的值为 [1]，在希腊、葡萄牙和西班牙案例中的值为 [0]。
- 同样，3 种条件的组合涵盖 4 种组态。
- 两种条件的组合涵盖 8 种组态。
- 仅包含一个条件的语句涵盖 16 种组态，即布尔属性空间的一半。例如，对应于 [GNPCAP] 条件值为 [0] 的区域是维恩图的整个左半部分，对应于 16

种组态（顺便提一句，其中只有 4 种组态包含一些观察到的案例，其中 8 种组态的结果碰巧全部为 [0]）。

遵循这个逻辑，"逻辑余项"的有用性是相当直接的：为了以更简单的方式表达这 8 个案例，可以将它们表示为足够更宽区域的一部分，也包括一些逻辑余项。

因此，我们可以做的是对维恩图左侧的 12 个"逻辑余项"进行"简化假设"：让我们假设，如果它们存在，它们的结果将为 [0]，就像 8 个所观察到的案例一样。如果这个假设是正确的，那么我们已经产生了共享 [0] 结果的更大区域（维恩图的整个左侧，包括 16 种组态），因此 8 个所观察到的案例可以以更约简的方式表达：简单地 [gnpcap]，即 [GNPCAP] 条件值为 [0]。

这正是软件做的：它选择一些"逻辑余项"（只有那些对获得较短的最小公式有用），将它们添加到所观察的案例集合中，并且对这些"逻辑余项"进行"简化假设"。于是，这在最小公式中产生了一个更简单的**项**。

3.6.2 [1] 结果的最小化（使用"逻辑余项"）

再次运行最小化过程，这次允许软件包括一些"逻辑余项"，我们获得以下最小公式

$$\text{GNPCAP} * \text{GOVSTAB} \rightarrow \text{SURVIVAL} \tag{3-8}$$

(BEL, CZE, NET, UK + FIN, IRE + FRA, SWE)

它读作：对于所有这些国家，高人均国内生产总值，加上政府的稳定，导致了战间民主幸存。将此公式与式（3-5）进行比较，我们看到，已经实现了一个更简约的解。这多亏了软件对一些"逻辑余项"所做的简化假设。我们可以从软件中获得这些简化假设的列表，并将其列在分析报告中。在这种情况下，使用其中的 5 个[15]：

1/ GNPCAP{1}URBANIZA{0}LITERACY{0}INDLAB{0}GOVSTAB{1}
2/ GNPCAP{1}URBANIZA{0}LITERACY{0}INDLAB{1}GOVSTAB{1}
3/ GNPCAP{1}URBANIZA{1}LITERACY{0}INDLAB{0}GOVSTAB{1}
4/ GNPCAP{1}URBANIZA{1}LITERACY{0}INDLAB{1}GOVSTAB{1}
5/ GNPCAP{1}URBANIZA{1}LITERACY{1}INDLAB{0}GOVSTAB{1}

这些简化的假设可以用维恩图（通过 TOSMANA 软件）可视化。在图 3-4 中，

最小公式("解")由水平条带表示。该区域对应于观察到的案例显示结果为 [1] 的 3 种组态以及五个"逻辑余项"组态。

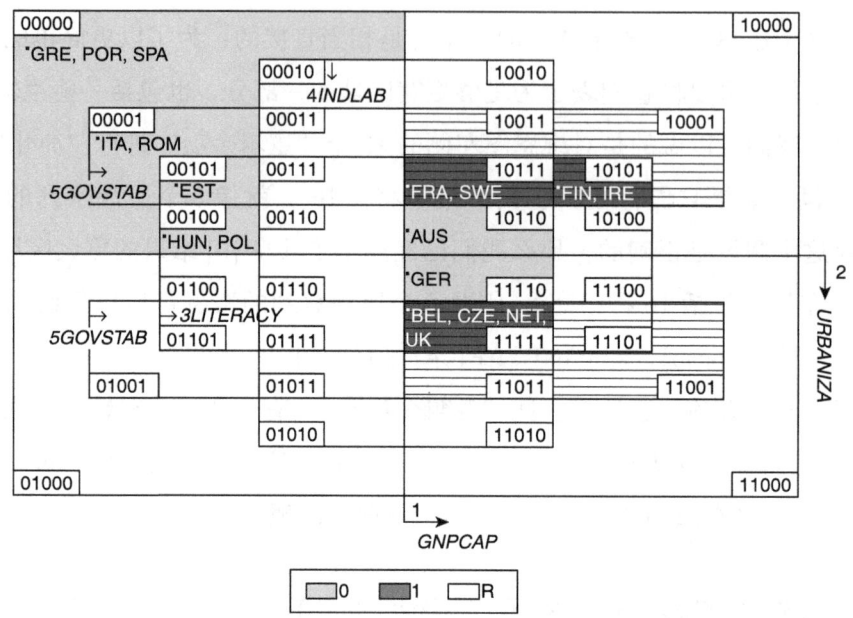

图 3-4　维恩图：结果为 [1] 的解（使用"逻辑余项"）

注：维恩图由"visualizer"工具 TOSMANA 1.3.0.0 软件生成。

3.6.3　[0] 结果的最小化（使用"逻辑余项"）

同样，我们得到如下最小公式

$$
\text{gnpcap} + \text{govstab} \rightarrow \text{survival} \quad (3\text{-}9)
$$
(EST + GRE, POR, SPA + HUN, POL + ITA, ROM) + (AUS + GER + GRE, POR, SPA + HUN, POL)

读作：

- 8 个国家（爱沙尼亚……和罗马尼亚），低人均国民生产总值"解释"。在战争期间的衰减。
- 7 个国家（奥地利……和波兰），政府不稳定"解释"在战争期间的衰减。

因此，存在两个替代路径朝向结果 [0]。请注意，对于 5 个国家（希腊、葡萄牙和西班牙；匈牙利和波兰），两个路径都有效。在这种情况下，研究者必须逐个选择国家，并依赖于案例知识，使得所选路径更有意义。

将此公式与式（3-6）相比较，我们发现，由于软件对某些"逻辑余项"进行了"简化假设"，因此我们已经获得了甚至比式（3-8）更多的约简[16]。我们还可以获得这些简化假设的列表，并将其列在分析报告中。在这种案例中，已经使用了许多假设（总共 18 个）。这可以通过维恩图显示（如图 3-5 所示，与图 3-4 的惯例相同）。

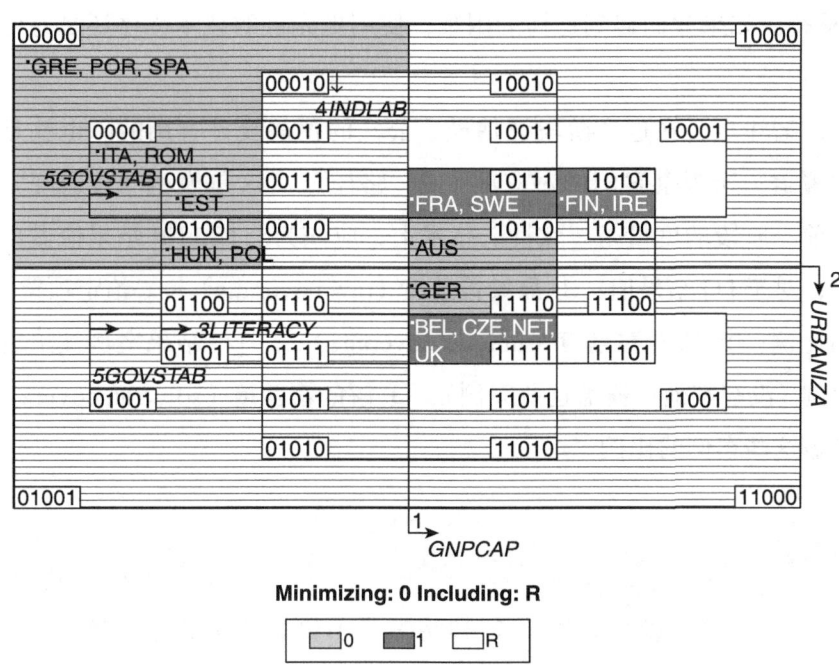

图 3-5　维恩图：结果为 [0] 的解（使用"逻辑余项"）

注：维恩图由"visualizer"工具 TOSMANA 1.3.0.0 软件生成。

检查图 3-4 和图 3-5，显然，[0] 结果（包括 18 个"逻辑余项"）的最小公式和 [1] 结果的最小公式（包括 5 个"逻辑余项"）是彼此完美的**逻辑互补**。换句话说，就是软件已经耗尽所有可用的"逻辑余项"的"空白空间"，以便产生可能的最约简的最小公式。因此，两个最小公式完全填充布尔属性空间，远远超出观察的案例。

"逻辑余项"的这种使用提出一个令人关注的重要技术问题。首先关注的问题：对非观察案例做假设是否完全可以？提出这种辩论的一种方式是质疑这些相对可信的简化假设。Ragin 和 Sonnett（2004；以及参见 Ragin，2008）对 QCA 及其应用批判的评论详细描述了这个问题，我们将在后面的 fsQCA 应用中举例说明。由于版面的原因，我们不能在这里使用这个"战争期间项目"数据充分讨论这个问题。要记住的关键点是，**限制**软件使用"逻辑余项"的选择总是有可能的。

如果我们这样做，我们会获得一些较少的简约最小公式。

其次，问题是：如果软件对于最小化 [1] 组态和 [0] 组态都使用相同的"逻辑余项"将会怎样？如果这样做，它会产生"矛盾的简化假设"，因为假设给定的（非观察的）案例同时具有的 [1] 结果和 [0] 结果是一种逻辑矛盾。很高兴，在这个例子中，情况并非如此。图 3-4 和图 3-5 的比较表明，两个最小公式（具有"逻辑余项"）不重叠。如果我们遇到这样的困难，使用更先进的技术程序还是有可能解决这个问题的。

最后，请注意，在这个阶段评估最小公式的**覆盖度**是有用的。也就是说，最小公式"覆盖"所观察案例的对应项（或"路径"）。这是模型"合适度"的第二个度量，前一阶段的度量是一致性。技术上，应该为 [1] 和 [0] 结果值做出三种测量。例如，对于 [1] 结果值：① **原始覆盖度**（raw coverage）——给定项覆盖 [1] 结果案例的比例；② **唯一覆盖度**（unique coverage）——[1] 结果案例被给定项唯一覆盖的比例（没有其他项覆盖这些案例）；③ **解的覆盖度**（solution coverage）——所有项覆盖这些案例的比例[17]。

| 专栏 3-7 |

"良好实践"（6）：运行和明晰最小化的四个完整程序

使用计算机软件实施最小化程序的检测清单：

- 在包含或不包含"逻辑余项"的情况下实施最小化。这些方法中的每一种都可以产生某些吸引人的信息。
- 因此，必须运行四个完整的最小化程序：

  [1] 组态，没有"逻辑余项"；

  [1] 组态，具有"逻辑余项"；

  [0] 组态，没有"逻辑余项"；

  [0] 组态，具有"逻辑余项"。

- 要求软件列出"简化假设"并在研究报告中显示这些假设。
- 检查可能的"矛盾的简化假设"，并且尽可能解决它们。
- 显示所有最小公式（包括案例标签），如果需要，使用可视显示（例如，维恩图），使最小公式更易于读者理解。
- 如果它对你的解释有用，提取（手动）一些条件的因子，使得最小公式中的

> 关键规律更明显。
> - 评估最小公式的"覆盖度",即最小公式的各项与所观察的案例之间的联系。

3.7 步骤6:解释

记住,作为一种形式数据分析技术,但更重要的是,它是一种"面向案例的"技术,csQCA(形式、计算机运行的部分)以及其他 QCA 技术,其本身不是目的;相反,在中小样本数据研究设计中,它是增强我们案例比较知识的工具。

这意味着程序的最后一步是关键的一步:研究人员解释最小公式。重点可以放在理论或案例上,或将两者都作为重点。这取决于研究目标。显然,这需要使用被认为最相关的最小公式的"返回案例"。在本章中展开的"战争期间项目"实例中,一些基于案例的解释可以来自诸如以下问题:根据最小公式,"故事"背后的事实是什么?高人均国民总产值与政府稳定导致比利时、捷克斯洛伐克、荷兰和英国等国家的民主生存(或没有衰减)?这四个国家的"因果"故事是否相同?它们与其他国家的差异是否也包括在这个同样的最小公式中,如法国和瑞典?作为单一因素,为什么低人均国民生产总值似乎在爱沙尼亚、意大利和罗马尼亚等国家的民主衰减中发挥了更加突出的作用?相反,为什么更直接的"政治"因素(政府不稳定性)是作为希腊、葡萄牙和西班牙等国家民主衰减的唯一关键决定因素出现,尽管这些国家也是相对贫穷的国家(也是低人均国民生产总值)?隐藏在德国和奥地利民主衰减案例背后的"叙事"究竟在多大程度上真的可以比较?等等。

总而言之,csQCA 最小公式允许研究者考虑案例内的故事和案例交叉的模式,回答更聚焦"因果"的问题:有关产生(或不产生)感兴趣的结果的成分和机制。注意,除非个别条件能够被清楚地指出(例如,该条件明显是必要条件或接近充分且必要条件),否则 csQCA 的重要性不是要解释单个条件和结果之间的关系。在解释阶段,不要忽视的事实是,csQCA 最小公式的丰富性恰恰是在条件的组合和"交集"中。在这个关键阶段失去获得一些"组合知识"的机会(Nomiya,2004)将是一种遗憾。注意,这些规则和"良好实践"的解释也适用于 mvQCA 和 fsQCA。

> **要 点**
>
> - csQCA 基于特定语言——布尔代数，它仅使用二进制数据（[0] 或 [1]），并基于几个简单的逻辑运算。对于任何语言，其惯例必须被正确使用。csQCA 是一种形式，非统计的语言。
> - 重要的是遵循一系列步骤，从构建二进制数据表到最终的"最小公式"。
> - 在运行最小化过程之前，此序列中的两个关键挑战是：① 实现每个变量有用和有意义的二分处理；② 获得没有"矛盾组态"的"真值表"。
> - 关键 csQCA 过程是"布尔最小化"。不管是 [1] 结果还是 [0] 结果，也不管是否具有"逻辑余项"（未观察到的情况），必须运行最小化程序。
> - 使用"逻辑余项"以及软件为此做出的"简化假设"，产生了一些主要的技术性困难，但是这些困难可以被解决。
> - 获取最小公式只是 csQCA 的计算机辅助部分的目的，它标志着关键的最后一步的开始：对案例和/或理论引人入胜的解释。这应该侧重于条件的关键组合和结果之间的联系。
>
> **关键补充读物**
>
> Caramani（2008），De Meur & Rihoux（2002），Ragin（1987，2000），Schneider & Wagemann（2007）。

注释

1. 注意，在迄今为止的大多数出版物中，使用的是等号 [=]。根据 Schneider 和 Wagemann（2007）的建议，我们建议使用箭头符号 [→]。关键原因之一是，通过使用该符号，布尔公式不会与标准统计（例如回归）方程混淆。

2. 实际上，在这个例子中，我们无法辨别，因为我们还应该检查导致结果缺失（[0] 值）的条件（组合）。

3. 一个**条件**对应于统计分析中的一个"独立变量"。然而，它不是统计意义上的"独立"变量。恰恰相反，没有条件之间的独立假设，我们期望组合是相关的（见第 1 章）。

4. 更详细的理由，参见 Berg-Schlosser 和 De Meur（1994）。

5. 通常，如果其定位的二分阈值是多数案例位于其中的数据分布区域（这将使显示原始值相当接近的案例获得相反分值 [0 或 1]），不应使用中值或平均值。

6. 实际上，软件（例如，TOSMANA）可以在先前阶段中使用，例如如果使用更多的技术标准，则可用于案例的聚类（二分）。

7. 这也是 QCA 软件进一步处理的问题。每当软件满足"无关"组态时，它将产生**两种不同的组态**：一种具有 [0] 结果，一种具有 [1] 结果。从经验的角度来看，这可能没有意义。在实践中，"无关"结果很少被使用，并且即使这样，它仅用于表示经验不可能的条件组合（例如，怀孕的男性）。

8. 它实际上更复杂，取决于涉及这些矛盾组态的案例是否被（研究者）保留在数据表中。这将对未观察到的"逻辑余项"案例的"储量"的大小有影响，这些案例将由软件在最小化过程中使用（见下面的注释 10）。

9. 后面将进一步讨论（本书第 6 章）。

10. 注意，如果选择包含"逻辑余项"，这两个子选项将对最终结果（最小公式）具有不同的影响。如果涉及矛盾的案例被彻底删除，它们用来占据的逻辑空间将被"开放"，软件将有可能使用这个"自由空间"搜索有用的"逻辑余项"。这很可能生成更短、更简约的最小公式。相反，如果在数据表中保留这些案例，则逻辑空间将被这些案例"占用"，并且潜在的"逻辑余项"的储量将更受约束。这可能会产生较少约简的最小公式。可能最好的选择是第二个——更为谨慎的选项，因为我们不能假设这些矛盾案例占用的逻辑空间是"空的经验空间"。

11. 这可以使用 TOSMANA 中的"thresholdssetter"函数可视化。

12. 这个关键建议是由 Svend-Erik Skaaning 做出的。

13. 由于许多原因，其中之一是社会现象显示有限的多样性（更详细的讨论，参见 De Meur & Rihoux，2002）。然而，在一些非常具体的情况下，De Morgan 定律能够被有意义地应用（参见 Wagemann & Schneider，2007, p.26）。

14. 在 TOSMANA 输出中，不同（组）案例之间的"＋"号将案例分隔成不同的组态（在真值表中）。

15. 这里使用的符号是 TOSMANA 软件的符号，用于简化假设。"GNPCAP{1}"简单地表示为 GNPCAP 条件值为 [1]（参见专栏 4-1）。

16. 这是因为软件已经包括用于最小化过程的更多的"逻辑余项"。

17. 关于更多细节，参见 Ragin（2006b，2008），以及 Goertz（2006b）和 Schneider & Wagemann（2007）。注意，此操作也在 mvQCA 和 fsQCA 中实施。

第 4 章

多值集定性比较分析法（mvQCA）

Lasse Cronqvist 和 Dirk Berg-Schlosser

本章目标

阅读本章之后，你应该能够：
- 思考二分条件的使用限制以及使用多值条件的潜在优势
- 阅读并使用特定的 mvQCA 符号，掌握多值最小化的基本知识
- 对阈值做出明智的选择
- 使用软件（TOSMANA），逐步复制标准 mvQCA 过程
- 为你自己的研究，反思 csQCA 和 mvQCA 各自的优势和局限性

4.1 为什么使用 mvQCA

4.1.1 csQCA 示例中的一些问题

记得在上一章讲述 csQCA 时，我们很快碰到了第一个困难：存在许多矛盾组态。为了解决这些问题，作为一个技术性解决方案我们不得不添加与政府稳定相关的第五个条件。

然而，这种技术性解决方案至少在三个方面仍然存在着未解决或者至少不能完全令人满意的一些问题。第一，通过添加第五个条件，我们超越了 Lipset 理论的简单测试，因为我们已经在模型中加入了一个超出该理论范围的条件。第二，为了获得足够简约的最小公式，我们纳入了大量的"逻辑余项"，其中一些"逻辑余项"的可信性受到质疑。第三，当选择不考虑"逻辑余项"时，我们使用 csQCA 获得了更多的"描述

性"最小公式，这些公式起码不是足够简约的。

实际上，所有这些限制可能部分源于这样的事实，即条件必须从一开始就被二分。是不是有办法可以保持 csQCA 的逻辑和根本意图，但同时超越这种严格的二分法限制呢？这是促进 mvQCA 发展的关键问题。

4.1.2 二分变量的深层次缺限……以及为什么使用 mvQCA

多值 QCA（mvQCA），顾名思义，就是 csQCA 的扩展。它保留了 csQCA 的主要原则，即执行综合的数据集，让具有相同结果值的案例被一个简约解（最小公式）"覆盖"。像在 csQCA 中一样，最小公式包含一个或多个项，每个项涵盖特定结果的多个案例，然而最小公式中的任何项都不能解释具有不同结果的案例。

关键的区别是，csQCA 仅允许二分变量，然而 mvQCA 还允许多值变量。事实上，mvQCA 是 csQCA 的拓展，因为二分变量是多值变量的特定子类型：它是一个只有两个可能值的多值变量。因此，使用 csQCA 分析的数据集也可以使用 mvQCA 进行处理。

如上所述，应用 csQCA 的一个问题是强制使用二分变量，其具有信息丢失的风险，并且可能产生大量的矛盾组态。强制使用二分变量可能导致这样的情况：其中两个原始值略有不同的案例被分配相同的布尔值和/（或）两个原始值非常相似的案例被分配不同的布尔值。这可能是由于研究者所选择的阈值不恰当。但是，在某些情况下，数据结构根本不会允许单个阈值做出合理选择。

在图 4-1 中，例如，使用阈值 A，将为 c_2 和 c_4 两个案例赋予相同的布尔值，尽管 c_2 和 c_4 确实具有非常不同的原始数据分值。另外，使用阈值 B，将把案例 c_1 和 c_3 放在一起，而案例 c_1 和 c_3 也具有非常不同的值。因此，在该示例中，能够使用**两**个阈值来创建更同质的子集是 mvQCA 的一个优势。在 mvQCA 中，不仅可以使用多值类别来对定序或定距数据进行精细编码，而且可以更好地表示多分类定类尺度的条件，例如区域（非洲、拉丁美洲、欧洲等）、宗教（基督教、伊斯兰教、犹太教等）或家庭地位（单身、已婚、公民结合、离异等）。

我们需要一种新方法来处理多值变量吗？从技术上讲，可以将多值变量编码为多个二进制变量，即多个"虚拟"

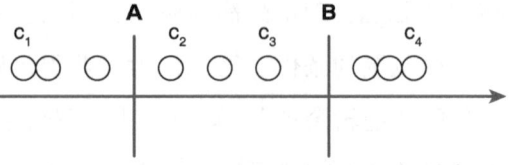

图 4-1　不允许简单二分的数据分布

变量，然后就可以使用标准的 csQCA 技术处理了。

然而，在将多值数据转换为二进制数据时会产生一些问题。作为示例，我们考虑具有三个可能值的交通灯：红灯、黄灯和绿灯。用 P_{Light} = {*red*, *yellow*, *green*} 表示多值变量 *Light*，并将其转换为三个二进制虚拟变量（red、yellow、green），结果如表 4-1 所示。

表 4-1　三值交通灯的二分编码

MV Value	Red	Yellow	Green
Red	1	0	0
Yellow	0	1	0
Green	0	0	1

问题不仅在于上述转换过程将创建表 4-1 中所显示的三个组合，而且在于如果纳入"逻辑余项"，则该转换过程还将创建所有其他的逻辑可能性（在该示例中：另外五个"逻辑余项"）[1]。然而，在现实经验中，诸如 red=1 和 green=1 的组合在常规交通灯的使用中永远不会发生，但是当 csQCA 中纳入"逻辑余项"时，该组合仍然会出现在真值表中。这意味着将创建大量未观察到的组态以及其他条件的组合，导致最小化算法中产生许多不必要的迭代。

另一个问题是，通过使用这样的虚拟变量，模型中的条件总数将增加[2]。当然，在中小型样本数量研究设计中，这是一个缺点，因为该设计中的条件数量需要保持相对较低（见专栏 2-3）。

这些实际问题和局限促进了 mvQCA 的发展。它可以被视为 csQCA 的扩展，并已被涵盖在 TOSMANA 软件中 (Cronqvist 2007a, 2007b)。与 csQCA 相比，它关键的额外特征是允许使用"真实的"（所观察的）多值条件。

4.2　mvQCA 和 csQCA 之间的差异

如上所述，mvQCA 是 csQCA 的扩展，并且共享其大部分特征和过程。事实上，这两种技术之间只有两个主要的区别：符号和最小化规则。

4.2.1　mvQCA 中的符号

由于一个多值变量具有多于两个的数值，因此不能再使用小写字母和大写字母二分法（如 csQCA，参见专栏 3-1）来表示不同的值了。因此，在 mvQCA 中，集合符号用于表示案例的逻辑组态以及质蕴含项。每个逻辑组态由一个或多个表达式 **X{S}** 组成，其中 **X** 是条件，**S** 是 **X** 的可能值的集合。二进制条件可以直接从 csQCA 表示法中转换得出，作为条件值为 [0] 的案例（csQCA 符号约定用小写字母表示）在多值集合符号表达中被赋予该条件集合 [0] 值，值为 [1] 的案例（在 QCA 中用大写字母表示）被赋予此条件集合 [1] 值。例如，如果条件 [*MALE*] 表示学生是男性还是女性，则在 mvQCA 中男性学生用 *MALE* {1} 表示（在 csQCA 中为 *MALE*），而女性学生用 *MALE* {0} 表示（csQCA 中为 *male*）。

多值条件的值能够以不同的方式获得，对于基于定类数据的多分类条件，每个值表示特定类别。对于条件区域，可以使用具有三个值的多分类刻度，例如：非洲（值 [0]）、拉丁美洲（值 [1]）和欧洲（值 [2]）。在这个方案中，法国案例将被表示为 *REGION* {2}，因为这个条件的欧洲值是 [2]。同样，巴西将被赋值 *REGION* {1}，而多哥共和国由 *REGION* {0} 表示。

虽然每个案例的每一个条件只能有一个值，但 mvQCA 会压缩逻辑表达式中的条件值，以更易于解释质蕴含项和最小公式。例如，*I* = *REGION* {0,1} 是指：质蕴含项 *I* 表示对于 REGION 值为 [0] 或 [1] 的所有案例（非洲或拉丁美洲的所有案例）。也可以使用下标符号：*REGION* {1} 可以写成 $REGION_1$。同样，*REGION* {0,1} 可以写成 $REGION_{0,1}$。

如果将定距尺度变量转换为多值条件，则该过程类似于 csQCA 中的二分过程，不同之处在于 mvQCA 可以使用多个阈值。为了获得多值条件，使用一组阈值来创建案例的子集。表 4-2 显示了根据年龄对儿童进行分类的四值量表。新出生的孩子将被称为婴儿（值 [0]），而 12 岁女孩被归类为青少年（值 [3]）。虽然在创建这种多值条件的过程中仍然有信息丢失，但是可以通过使用多个阈值（更多内容参见下面的阈值选择）来避开难解的二分法（如在 csQCA 中）。由于软件技术的原因，多值条件的量表必须以值 [0] 为起点。

| 专栏 4-1 |

mvQCA 符号：主要约定

- 布尔运算符与 csQCA 中的运算符相同（参见专栏 3-1）。
- 多值条件可以从多分类定类、定序和定距数据的多个阈值中获得。

- 条件的值用括号和条件标签共同表示（例如，REGION {0}）或使用下标（例如，$REGION_1$）表示。
- 多个值被压缩在质蕴含项的一个括号中（例如，REGION {0,1}）。
- 多值条件的标度必须以值 [0] 为起点（然后 [1]，[2]，[3]，[4]，等等）。

表 4-2　划分儿童年龄的多值量表

描述	年龄范围（岁）	mvQCA 值
Baby（婴儿）	0～1	0
Toddler（幼童）	2～5	1
Young child（儿童）	6～10	2
Teenager（少年）	>11	3

4.2.2　mvQCA 中的最小化

如同在 csQCA 中，mvQCA 的意图在于通过最小化（合成）一个复杂数据集提取结果的简化解释。记住，在 csQCA 中，最小化是直接的：如果两个表达式只有一个条件不同，但产生相同的结果，则可以排除此条件，以获得一个组合的、简化的表达式（参见专栏 3-2）。

多值合成是布尔合成的一般化：只有当包含简化表达式的所有表达式都产生相同的结果时，这些表达式才能被简化的表达式替代。

换句话说，为了多值简化，基本的布尔最小化规则（参见专栏 3-2）可以被改写为：如果所有 n 个多值表达式（$c_0\Phi$，...，$c_{n-1}\Phi$）仅在因果条件 C 上不同，并且 C 的所有 n 个可能值产生相同的结果，则区分这 n 个表达式的因果条件 C 可以被认为是不相关的，并且可以被去除以创建更简单的组合表达式 Φ（规则 1）。实际上，布尔（二分）简化规则是多值简化规则的特例，因此用于多值简化的规则对于严格的二分表达式也是有效的。

| 专栏 4-2 |

mvQCA 最小化规则

mvQCA 中的最小化规则是 csQCA 中的最小化规则的一般化（参见专栏 3-2）。如果多个逻辑表达式仅在某一个条件下不同但产生相同结果，且该条件的所有可能值都包含在这些逻辑表达式中，则这个条件可以被认为是不相关的。

让我们考虑具有二分条件 A、三值条件 B 和结果 O 的数据集。这些条件的所有可能的组合存在于真值表中，并且结果 O 存在于具有 A_1B_0、A_1B_1 和 A_1B_2 组态的案例中[○]。

$$A_1B_0 + A_1B_1 + A_1B_2 \rightarrow O$$

可以通过多值最小化规则来缩减 A，只要 B 的所有三个值都与 A 的相同值组合，并且这三个组合全部产生相同的结果，则（$A_1B_0 + A_1B_1 + A_1B_2$）可以缩减为 A_1。换句话说，就是无论 B 具有什么值，结果 O 在所有具有 A_1 的案例中都存在。这意味着条件 B 是多余的，并且这个表达式可以被简化。

4.2.3 在最小化规则中纳入"逻辑余项"

csQCA 中有限多样性引起的问题也与 mvQCA 相关。如同 csQCA，在实证案例中仅可观察到所有可能的逻辑组态的微小子集，并且，考虑到多值条件的数据集具有更高的复杂性，该有限多样性问题比 csQCA 更严重：为了简化具有三个可能值的条件，我们需要具有相同结果的三个案例。或许能以这种方式简化一个或几个条件。但是，和 csQCA 一样，mvQCA 的目标是产生一个尽可能简约的解，这在使用多值条件时似乎很困难：要减少具有三个值的两个条件，需要九个具有相同结果的案例，并且对于其余条件，这些案例共享相同的值[3]。

因此，在 mvQCA 中，由于数据的更高复杂性，逻辑上可能的组态数更大。在 csQCA 中，可能的组态数量由公式 $|k|=2^n$ 给出，其中 n 是条件的数量，$|k|$ 是可能的组态数量。在 mvQCA 中，组态数量由公式 $|k|=\prod_{i=0}^{n} v_i$ 给出，其中 v_i 是条件 c_i 的可能值的数量。换句话说，为了获取 mvQCA 数据集中的逻辑组态数，所有条件的可能值的数量必须相乘。因此，如果我们有一个具有四个条件的数据集，其中两个是二分的、两个具有三个可能值，可能的组态数量是 2*2*3*3 = 36 个[4]。

与 csQCA 类似，可以在 mvQCA 中纳入**简化假设**，以获得更简约的解（参见附录中列出的资源网页上的简单示例）。为 mvQCA 计算所创建的软件（TOSMANA，参见 Cronqvist, 2007a, 2007b）可以选择那些能够产生更简约的最小公式的"逻辑余项"。

○ 原书 $A_0B_0+A_0B_1+A_0B_2$，是不正确的。——译者注

| 专栏 4-3 |

在 mvQCA 最小化中加入"逻辑余项"

- **简化假设**可以被纳入 mvQCA，类似于 csQCA。
- 由于 mvQCA 数据集具有更高的复杂性，为获得有意义的结果，"逻辑余项"必须被纳入更大的数据集。

4.3 决定阈值

如果在 mvQCA 分析中使用定距数据，则在最小化开始之前，必须将它们转换为定序尺度。与 csQCA 一样，导出的结果可能取决于所选的阈值，因此应谨慎选择阈值（详见 Cronqvist, 2007c, pp.88-91）。因为结果取决于研究者做出的选择，所以透明地讨论全部阈值以及执行检查以查看阈值的一个小的变化是否产生显著不同的结果是非常重要的。在任何情况下，不应操纵阈值以产生一个期望的解。

虽然可以通过改变一个或多个阈值来改变 mvQCA 分析的结果，但这不应被认为是 mvQCA 的一般性弱点。相反，它应被视为一个机会去评估不同阈值选择的影响。例如，一方面，在数据集中区分大国和小国可能是有趣的；另一方面，在一个特定设置中，检查一国与其他国家有多大的不同也可能是有趣的。两个不同的阈值将允许在分析中加入不同的理论重点。然而，为了使分析可理解和可复制，证明为什么使用特定阈值（或一组阈值）总是有必要的。

一般来说，关于如何设置阈值没有固定的规则。与 csQCA 一样，如果可以找到基于经验或基于理论的理由来创建相关子集，那么这就是应使用的规则。例如，如果我们想分析在德国议会的选举中一个政党的成功程度，那么 5% 的阈值是足够的，因为这是获得席位的官方门槛。

mvQCA 允许任意数量的阈值，因此确定要用于每个条件的阈值数量也是重要的。作为经验法则，分区应当像考虑数据中不同意义的群集那样精细，但是子群组也应当尽可能大，以获得尽可能简约的解。在大多数应用中，使用费解的三值或四值条件已经足以克服由强制二分化问题所引起的困难，特别是矛盾组态的产生（例如 Cronqvist, 2007c；Cronqvist & Berg-Schlosser, 2006；Herrmann & Cronqvist, 2008 所示）。

无论如何，应当避免这样的阈值：人为地分割原始数据中值接近的案例。不应该机械地使用诸如算术平均值或中值的统计测量（参见专栏 3-3），因为这样的值很容易将值接近的案例放在两个不同的组别中。例如，在图 4-2 中（见下一部分），使用中位数（粗垂直线）作为一个阈值所创建二分法的 GNPCAP 条件将使捷克斯洛伐克（价值 586 美元）与芬兰⊖（价值 590 美元）分属于两个不同组别，尽管图中非常清晰地显示了在这个条件上两个案例的值非常接近（原始值：见表 3-2）。

一个"良好阈值"，其在理论上应当有意义，并且没有发生人为切割。例如，对于"战争期间项目"数据中的 LITERACY（见表 3-2），可以认为阈值应设置得非常高（95%），以将具有非常高比例的国家与那些具有较低水平的国家区分开。

然而，选择没有争议的理论阈值通常是不可能的，因此必须执行基于证据本身的数据细分。更高级的统计工具，如聚类分析，可用于更好地定义阈值，但在任何情况下都应当检查数据的分布，以确保没有做出误导性分组。

同时，应该避免创建一个使子组大小差异很大的阈值。让我们考虑一个包含 18 个案例的 mvQCA（如在"战争期间项目"的示例中）。比如，某给定条件在阈值设置之后仅挑选出两个案例——两个阈值产生三个子组，两个较大组（每组八例）和一个较小组（仅两例）。这可能导致这样的情景，即较小组中的两个案例，如果它们具有相同的结果，将仅通过该给定条件来解释，并且该给定条件将排他地解释这些案例；如果存在许多具有不等的大小子集的条件，则将导致高度个体化的解出现，其中大多数案例只能依靠它们自己、特定案例来解释。这不利于实现 csQCA 和 mvQCA 的一些关键目标，即产生简约的解释和识别跨案例的"因果"模式。

| 专栏 4-4 |

"良好实践"（7）：mvQCA 的阈值设置

- 注意：详细说明 csQCA 中二分法的"良好实践"也适用于 mvQCA（参见专栏 3-3）。
- 大多数情况下，使用 mvQCA 时每个条件仅包括三个值或四个值。
- 最好限制多值条件的数量，保持二分条件的优势。

⊖ 原书为"法国"，此处应为"芬兰"。——译者注

4.4 实例：Lipset 理论

让我们现在继续举"战争期间项目"的实证例子（见第 3 章），以演示 mvQCA 的使用和 csQCA 的局限性。记住，使用 csQCA 完全测试 Lipset 理论被证明是不可能的。从 Lipset 理论中提取四个条件模型的一个主要问题是，18 个案例中的 11 个产生了矛盾组态。因此，不能用 csQCA 来进一步测试 Lipset 理论，并且它要求添加第五个条件。

如上所述，这个问题主要是由于二分化条件所致。事实上，二分法有时是非常粗略的，可能导致相当大的信息损失。在图 4-2 中，关于 GNPCAP，很难设置阈值而不丢失一些原始信息。如果我们在初始 csQCA 分析中使用 600 美元的阈值（见表 3-2 和表 3-3），那么接近阈值的一些案例会被赋予不同的二分值，即使它们在这个条件上具有相似的值。[5] 相反，具有不同 GNPCAP 值的国家被赋予相同的布尔值（例如，GNPCAP 为 662⊖ 美元的爱尔兰和 1 098 美元的比利时，这个条件的赋值均为 [1]）。虽然这种错误设定在 mvQCA 中不能完全避免，但是如下所示，使用多值条件可以大大提高同质性。

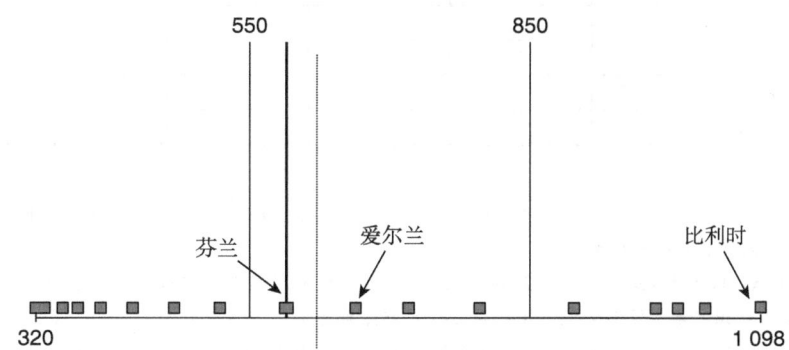

图 4-2 为 GNPCAP 条件使用两个阈值

粗垂直线——中点　虚线——csQCA 使用的 600 美元的阈值（第 3 章）

注：由 TOSMANA 软件输出，使用"thresholdssetter"函数。

在 mvQCA 分析中，我们保持三个条件不变：URBANIZA、LITERACY 和 INDLAB。然而，我们将 GNPCAP 分为三个类别而不是两个，如下所述：G_0= 低于 550 美元，G_1= 550～850 美元，G_2= 高于 850 美元（如图 4-2 所示）。选择进行这种重新校准是因为在定距数据的最小值和最大值之间有更加"伸展"和连续的数据分布。这里使用非二分类细分允许我们获得更同质的分组。

⊖ 原书为"655"，此处应为"662"。——译者注

注意，阈值最佳数量的选择是一种折中：一方面是希望获得同质组，而另一方面是事实上非常精细的细分将导致高度个性化的结果，每个案例或由非常少的案例所构成的组被个别质蕴含项解释。由于多于两个阈值的使用将导致非常小的子组，因此在这里使用两个阈值被认为是最有用的。首先，使用包含在 TOSMANA 中的聚类算法计算阈值（技术上，其执行**平均连接**（average linkage）聚类分析；细节参见 Cronqvist, 2007b）。通过聚类分析，获得的阈值分别为 550 美元和 750 美元。利用 TOSMANA 的"thresholdssetter"函数检查这些阈值，实际表明，GNPCAP 值在 550 ~ 750 美元的中间组案例数量非常少。这违反了应该避免小群体的规则，因此我们决定使用阈值 550 美元和 850 美元。这似乎是合适的，因为使用这些阈值将出现相似规模的子组，并且没有人工切割。

使用软件，我们获得一个真值表（如表 4-3 所示）。

表 4-3　Lipset 的指标、多值真值表（4 个条件）

CASEID	GNPCAP	URBANIZA	LITERACY	INDLAB	OUTCOME
SWE, FRA	2	0	1	1	1
FIN, IRE	1	0	1	0	1
BEL, NET, UK	2	1	1	1	1
CZE, GER	1	1	1	1	C
AUS	1	0	1	1	0
ITA, ROM, POR, SPA, GRE	0	0	0	0	0
HUN, POL, EST	0	0	1	0	0

阈值：

GNPCAP：人均国民生产总值（约 1930 年），低于 550 美元为 0；如果高于 550 美元但低于 850 美元则为 1；如果超过 850 美元则为 2。

URBANIZA：城市化（居民人口在 20 000 人以上的城镇），低于 50% 为 0；如果高于 50% 则为 1。

LITERACY：识字率，低于 75% 为 0；如果高于 75% 则为 1。

INDLAB：工业劳动力（包括采矿），低于活跃人口的 30% 为 0；如果高于 30% 则为 1。

当我们检查真值表时，一个更加细分的画面出现了。因为只保留了一个矛盾组态，矛盾组态的数量大大减少。这个组态只包含两个案例：捷克斯洛伐克和德国。即使仍然存在一个矛盾组态，但相比 csQCA 四个二进制条件中的矛盾组态（如表 3-4 所示）[6]，这是一个更令人满意的局面。

按照与 csQCA 相同的顺序，我们现在可以对剩余的 16 个案例（因此在下面的步骤中排除捷克斯洛伐克和德国这两个案例）施行最小化程序，共四个回合（对于 [1] 结果，然后是 [0] 结果；没有"逻辑余项"，然后纳入"逻辑余项"（参见专栏 3-7））。

有[1]结果(生存)且没纳入"逻辑余项"的最小公式是

$GNPCAP_2 * LITERACY_1 * INDLAB_1 + GNPCAP_1 * URBANIZA_0 * LITERACY_1 * INDLAB_0 \rightarrow OUTCOME_1$ (4-1)

(SWE, FRA+BEL, UK, NET)　(FIN, IRE)

这个公式比较复杂,特别是第二项,它仅仅是对芬兰(FIN)和爱尔兰(IRE)这两个案例的描述(没有获得任何约简)。因此,我们重新为[1]结果运行 mvQCA 最小化程序,这一次纳入了"逻辑余项"[7]。

我们得到以下公式

$GNPCAP_2 + GNPCAP_1 * INDLAB_0 \rightarrow OUTCOME_1$ (4-2)

(SWE, FRA+BEL, UK, NET)　(FIN, IRE)

因此,纳入"逻辑余项"产生了一个相对更简约的解。式(4-2)表明,高收入(Lipset"经典"案例)或中等收入水平加上低工业化,有利于民主生存。后一个结果指出了一个不同的理论解释:例如,Vanhanen(1984)强调在几乎还是以农业为主的国家中,家庭农场和农村中产阶级对于民主巩固产生的是积极影响。可以在图4-3中看到纳入"逻辑余项"的结果,其中一个调整的维恩图显示了为产生简约解所大量纳入的简化假设[8]。这里,由于 mvQCA,我们得出了一个与中等收入国家相关的解,这个解使用 csQCA 难以获得。

接下来,我们计算[0]结果("没存活",即衰减)的最小公式,首先没纳入"逻辑余项"

$GNPCAP_0 * URBANIZA_0 * INDLAB_0 + GNPCAP_1 * URBANIZA_0 * LITERACY_1 * INDLAB_1 \rightarrow OUTCOME_0$ (4-3)

(POR, ROM, GRE, ITA, SPA+EST, HUN, POL)　(AUS)

如同式(4-1),该解相对复杂,特别是第二项,它仅仅是对奥地利(AUS)这个案例的一个描述(没有获得任何约简)。类似地,加入"逻辑余项",我们再次运行 mvQCA 最小化程序。我们得到以下公式[9]

$GNPCAP_0 + GNPCAP_1 * URBANIZA_0 * INDLAB_1 \rightarrow OUTCOME_0$ (4-4)

(POR, ROM, GRE, ITA, SPA+EST, HUN, POL)　(AUS)

此外,"经典"低收入国家与更混杂和有争议的奥地利区分开。这可以作为一种暗示来引导这种案例和时期的专家的进一步研究这样的条件(还可以参见 Gerlich & Campbell,2000)。再次,我们通过使用 mvQCA 了解到有关中等收入国家的新知识。

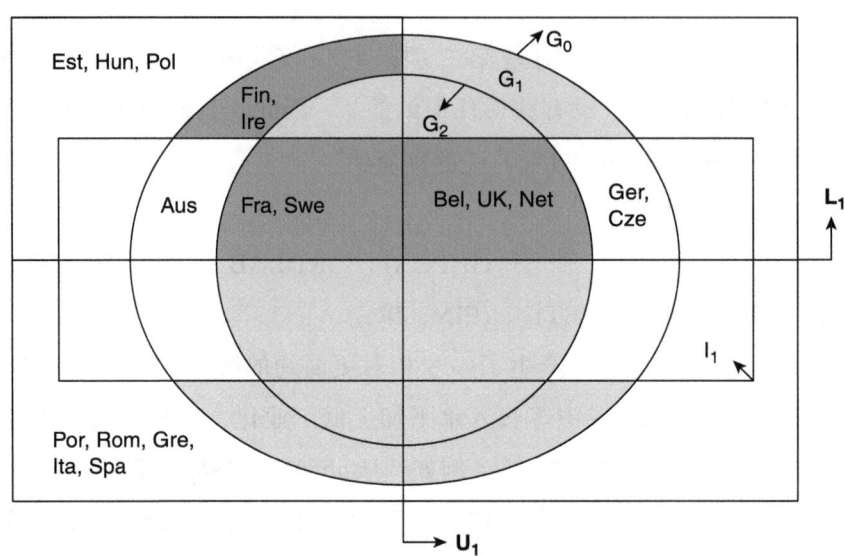

注:具有[1]结果的当前案例组态是深灰色,简化假设是浅灰色。

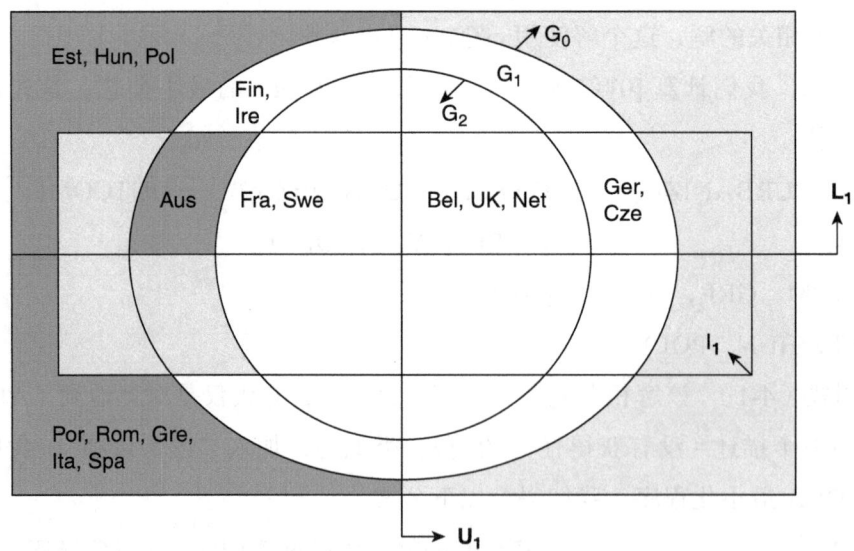

注:具有[0]结果的当前案例组态是深灰色,简化假设是浅灰色。

图 4-3　适应于多值数据集的维恩图

因此,总的来说,我们发现,对原始的且相当广泛的 Lipset 假设所进行的修改更适合所考虑的案例，特别是在考虑到有关收入（人均国民生产总值）的一些中间值时。另外，mvQCA 允许我们准确描述一些特定的"并发"（conjunctural）模式（见上面的奥地利案例），这是 QCA 的"案例导向"焦点的特征。当然，mvQCA 分析的一个缺点是最引人注目的和最具历史意义的民主衰减案例（德国），由于其属于一个矛盾组态而被排除。

4.5 结论

本章已经证明，mvQCA 可以通过允许处理多值条件而不仅仅是二分条件，为标准 csQCA 技术带来附加价值。在所给的例子中，矛盾组态显示为三个，相比在第 3 章初始分析的 18 个案例中的 11 个，矛盾数量大幅减少。使用 mvQCA，仅重新校准一个多值条件，其分析中只保留了一个具有两个案例的矛盾。与为解决矛盾而增加一个条件的 csQCA 分析不同，低、中等和高人均国民生产总值的国家区分生成了一个有意义的替代解释，因为两个产出的结果事实上证实了 Lipset 的观点，一个是国家财富对民主稳定有重大影响，因为所有高人均国民生产总值（GNPCAP 值为 [2]）的案例都维持民主，而所有低人均国民生产总值（GNPCAP 值为 [0]）的案例都没有维持民主。换句话说，就是高 GNPCAP 是积极结果的**充分条件**，而低 GNPCAP 是消极结果的**充分条件**。相反，不能确定中等人均国民生产总值案例的产出，因此在这些案例中必须寻求其他解释。

TOSMANA 中有助于使用这种条件的另一个特性是"thresholdssetter"（阈值设置器），其允许为各种类型的原始数据到定序多值量表的转换提供一个简单和合理的说明。如果不能通过使用基于理论的论证来设置阈值，则该工具允许阈值的归纳选择。"thresholdssetter"绘制了所有案例在所检查条件上的值，因此可以通过目视或使用内置的简单的平均距离聚类特征来检测案例组（详见 Cronqvist，2007b）。此外，当涉及避免不良阈值（例如，将具有接近原始值的案例分为不同类别或产生非常不同的大小子集的阈值）时，"thresholdssetter"是特别有用的工具。这些问题可以在该工具在数据的图形表示中被直接识别出来。

在 csQCA 逻辑中使用多值条件的可行性开辟了更灵活分析的可能性。然而，必须注意一些限制。首先，虽然对于每个条件使用的类别数量没有技术限制（除了复杂运算可能需要很长时间的事实，甚至是高速计算机也不能避免这个问题），但也应该避免精细分级条件的使用。这种做法将导致案例的单一化，结果是产生非约简的解。这与 csQCA 和 mvQCA 的目标不一致。在大多数具有小样本、中等样本数量案例的情况下，使用具有三个或四个类别的几个多值条件，每一个条件一方面应该足以获得案例的充分表达，另一方面应避免案例的单一化。其次，要注意在 mvQCA 发展的当前阶段，不能使用多值结果，因此必须转化为二分结果，这很重要。[10]

| 专栏 4-5 |

"良好实践"（8）：具体到 mvQCA

csQCA 的所有"良好实践"（见第 3 章）也适用于 mvQCA。此外，这里有一些针对 mvQCA 的更具体做法：

- 如果从经验和/或理论的角度来看是合理的，那么就去利用二分条件的优势。
- 多值条件可用于创建多分类定类数据、定序数据和定距数据的一个更真实的表述。
- 当需要时，纳入多值条件"菜单"。如果可能，保持较低的数值（例如，如果你有三个或四个类别之间的选择，使用三个），应避免超过五个类别。
- 更系统地使用 "thresholdssetter" 函数（TOSMANA），目视检查阈值的意义。

要　点

- mvQCA 已经被开发出来，它突破了 csQCA 的一个关键约束：仅使用且必须使用二分条件。
- mvQCA 保持 csQCA 的基本逻辑，它是 csQCA 的"延伸"。csQCA 和 mvQCA 的分析顺序基本相同。
- mvQCA 中使用的符号是特定的，因为它的多值逻辑。
- 在设置阈值时必须非常小心，建议使用特定的辅助工具，如"thresholdssetter"工具。
- "逻辑余项"也可以在 mvQCA 中使用。
- 在 mvQCA 中，结果必须保持二分类型。

关键补充读物

Cronqvist(2004, 2005, 2007b), Cronqvist & Berg-Schlosser(2006).

注释

1. 当创建三个二进制变量时，逻辑上可能的组态数量为 $2^3 = 8$。由于存在三个观察到的组态，因此还可以列出五个"逻辑余项"（8–3）。

2. 参见 Brayton 和 Khatri（1999）关于一般虚拟变量的讨论，特别是在这种情境下的大量条件的问题。

3. 澄清一个简单的例子，让我们采用一个具有四个条件的简单数据集，其中的两个是二分条件（A，B）；而另外两个是多值条件（C，D），具有三个可能值（0，1，2）。要获得逻辑表达式 A_0B_0，我们需要以下九个逻辑组态来执行所需的最小化

$$A_0B_0C_0D_0 + A_0B_0C_0D_1 + A_0B_0C_0D_2 \rightarrow A_0B_0C_0$$
$$A_0B_0C_1D_0 + A_0B_0C_1D_1 + A_0B_0C_1D_2 \rightarrow A_0B_0C_1$$
$$A_0B_0C_2D_0 + A_0B_0C_2D_1 + A_0B_0C_2D_2 \rightarrow A_0B_0C_2$$

在初次最小化（"消除" D 条件）之后，导出的逻辑组态可以被进一步简化为逻辑组态 A_0B_0，如下

$$A_0B_0C_0 + A_0B_0C_1 + A_0B_0C_2 \rightarrow A_0B_0$$

4. 相比之下，具有四个条件的 csQCA 数据集中可能的逻辑组态数量是 $2^4 = 16$。尽管具有两个三值条件的数据集看起来仅比严格二分的数据集稍微复杂，但是逻辑组态数量已经增加了一倍多。

5. 芬兰的 GNPCAP 被赋值为"0"，表明它是一个低人均国民生产总值的国家，而爱尔兰被赋值为"1"，表明它是一个高人均国民生产总值的国家，尽管它们的原始值相当接近（芬兰 590 美元，爱尔兰 662 美元）⊖。

6. 事实上，URBANIZA 的阈值从 50% 改变到 65% 将解决这个最后的矛盾，但是这个阈值不符合上述"好"阈值的标准。这样的阈值确实会产生非常不平等的案例细分，在高城市化程度的组中只剩下三个案例，而所有其他案例在这个条件上被赋值 [0]。此外，使用 69% 阈值创建的子组比使用 50% 阈值创建的子组更具异质性，同时在比利时和德国（值 56.5% 和 60.5%）与捷克斯洛伐克（65%）之间造成人为削减。因此，为了找到德国和捷克斯洛伐克的不同结果的进一步证据，在分析中保持这种矛盾组态，并对矛盾的案例进行更密切的案例研究（在 mvQCA

⊖ 原书为"芬兰 560 美元，爱尔兰 655 美元"，此处应为"芬兰 590 美元，爱尔兰 662 美元"。——译者注

本身以外）似乎更合适。

7. 三个二分条件和一个三值条件，存在 2*2*2*3 = 24 个可能的逻辑组态。其中，表 4-3 中表示出八个组态，导致 16 个潜在的"逻辑余项"。这里，其中的九个被包含在解中。

8. 由于当前的软件（TOSMANA）只能在布尔（即二分）数据集上绘制维恩图，所以该图是手工绘制的，并且不能将这个视为正确的维恩图，因为不是所有彼此相邻的域仅在一个值上被发现有不同，而在真实维恩图中的案例确实如此。

9. 包括七个简化假设。

10. 有关多值结果使用的更多信息可以在 Cronqvist(2006) 中找到。

第5章
模糊集定性比较分析法（fsQCA）

Charles C. Ragin

本章目标

阅读本章后，你应该能够：
- 理解清晰集与模糊集的主要差异
- 掌握如何将不同前因条件校准为模糊集分数
- 理解模糊集条件定义的多维向量空间与传统真值表的联系
- 深刻理解模糊子集的关系以及如何计算和评估**一致性**
- 联系因果的**充分性**和**必要性**来理解模糊子集的关系
- 理解模糊集分析的步骤，特别是选择**频数阈值**和**一致性阈值**以创建清晰真值表、总结模糊集分析结果

真值表的方法存在一个明显的缺陷，是它设计的初衷是解决二分类条件——存在/不存条件（布尔代数或清晰集，参见第3章）或多值条件（mvQCA，参见第4章）。但是，许多社会学者感兴趣的条件是在程度(degree)或水平（level）上变化的。例如，虽然可以很清楚地识别一些国家是民主国家、一些国家不是民主国家，但更多的国家可能介于两者之间，这些国家既不完全属于民主集合，也不完全排除在民主集合外。

很幸运，数学特别是模糊集理论的发展，使得我们可以处理集合的部分隶属问题（Zadeh, 1965；Klir, Clair & Yuan, 1997）。本章基于Ragin(2000)书中的内容，简要地介绍模糊集方法。模糊集的功能特别强大，

因为它允许研究者校准集合的部分隶属程度：使用 [0]（不隶属）与 [1]（完全隶属）间任何的数值。同时，该方法保留了核心的集合理论原则，如子集关系。正如 Ragin(2000) 所示的，子集关系是分析因果复杂性的核心。

虽然模糊集不再强迫研究者把案例归为二分类（隶属集合与不隶属集合），或者三分类或四分类的某一类[1]（mvQCA），但是模糊集不能直接应用于传统的真值表分析。在模糊集中，不能简单地根据条件组合把案例分类，因为每个案例的隶属分数的排列都可能是独特的。

Ragin (2000) 通过发展出一个分析模糊集隶属的组态的算法回避了上述局限，但是也绕开了真值表分析。虽然这种算法相对于模糊集合理论是正确的——通过使用包含规则，但是它也丢弃了真值表分析的很多分析优势。例如，真值表对于分析**"有限多样性"**和依据不同**"简化假设"**得出结果解非常有用。在真值表分析中，"简化假设"是通过使用"逻辑余项"的不同子集简化复杂性（参见，第 3、4 章，以及 Ragin, 1987, 2008；Ragin & Sonnett, 2004）。但是，如果不使用真值表作为分析的起点，"有限多样性"和"简化假设"的分析将很难实现。

本章搭建了模糊集与真值表间的桥梁，展示了基于模糊集数据如何构建传统的布尔代数真值表。需要特别指出的，是这种新技术充分利用了模糊集中集合隶属的渐进变化 (gradations)，而基于模糊隶属分数的二分类化是不能达到这种新技术的效果的。为了更好地展示分析程序，本章采用了先前章节中使用的同一数据。但是，原先等距刻度的数据在这里被转化为模糊隶属分数（0 和 1 之间变化的值），因此避免了二分类或三分类数据的局限性（把案例粗糙地分类）。当然，重要的质性状态：完全隶属（1.0）、完全不隶属（0.0）仍然保留，因此模糊集同时具有了定性和定量的属性。需要特别指出的是：本章介绍的分析方法，提供了分析模糊集数据的新方法。这种新方法在几个方面都优于《模糊集社会科学》(Ragin, 2000) 中介绍的模糊集分析方法。两种方法各有优缺点，但是本章介绍的方法使用了真值表作为关键的分析工具。真值表分析的另一个优势是更加透明，因此研究者对于数据分析过程具有更多直接的控制，这种控制是案例导向研究的核心。

5.1 模糊集：简要陈述

在许多方面，模糊集同时拥有定性和定量的属性，因为它们结合了集合隶属的类别（kind）和程度（degree）。因此，模糊集具有很多定距变量的优点，特别是具有精确区分的能力，同时允许集合理论的运算。这些集合运算是超出传统变量导向的分析范畴的。

5.1.1　模糊集定义

正如第 3 章所述，csQCA 主要是被开发出来分析清晰集合隶属的组态（传统的布尔代数集合）。在清晰集合中，每个案例被二分类到一个隶属上去："1"（隶属于集合）或者"0"（不隶属于该集合）。换句话说，就是某一对象或者要素（例如国家）在一个领域（例如联合国成员）中只能是**属于或者不属于**该领域中的某集合（比如，隶属于联合国安全理事会）。清晰集是案例间完全质性的区分（例如，隶属于 vs. 不隶属于联合国安全理事会）。

通过允许取 [0] 和 [1] 之间的部分隶属分数，模糊集延伸了清晰集。例如，某一国家（比如美国）可能在富裕国家上具有一个隶属得分 [1]，但是在民主国家上只有一个隶属得分 0.9（特别是在 2000 年总统大选之后）。模糊集背后的基本思想是允许集合分数的刻度化，因此允许**部分隶属**。

| 专栏 5-1 |

模糊集隶属分数：它们是什么

模糊集分数代表不同案例属于某集合的程度（包括两个定性的状态：完全隶属和完全不隶属）：

- 模糊隶属分数 [1] 代表"完全隶属于某一集合"；接近 [1] 的分数（例如 0.8 或 0.9）代表强隶属，但不是完全隶属；分数小于 0.5 但是大于 [0]（例如 0.2 和 0.3）代表对象"比较不隶属于某集合但是弱隶属于该集合"；隶属分数 [0] 代表"完全不隶属于某集合"。
- 因此，模糊集结合了定性与定量评价：[1] 和 [0] 是定性赋值（"完全隶属"和"完全不隶属"）；[0] 与 [1] 之间的分数指部分隶属。0.5 分数也是定性定位，它指评估案例是否隶属于或者不隶属于一个集合时的**最大模糊点**（fuzziness）。

注意，模糊集隶属分数并不是简单地比较案例的相对位置——模糊集定位定

性的状态，同时评估在"完全隶属"与"完全不隶属"间的隶属程度。从这个角度看，模糊集可以被视为一个连续变量，它被校准以指代在一个界定清楚的集合中的隶属程度。这种校准[2]依赖于使用理论和实际的知识，设定三个定性的转折点（breakpoints）："完全隶属"（1）、"完全不隶属"（0），以及交叉点（crossover point）。交叉点是最大的模糊点，在该点的案例是否属于集合是最模糊的（0.5）。

为了理解模糊集的一般思想，考虑一个简单的三值例子。正如表5-1所示，三值逻辑在[0]与[1]之间增加了第三个值——0.5，指代既**非完全隶属**也**非完全不隶属**研究的集合（参见第1列与第2列的差异）。三值集是最基本的模糊集。表5-1第3列是一个四值模糊集。四值模糊集使用数值：0、0.33、0.67、1分别指代"完全不隶属"和"偏不隶属"（more out than in）、"偏隶属"（more in than out）、"完全隶属"。这种集合特别适用于研究者对于案例信息掌握较多的时候，但是性质在案例间不完全相同。更细致的模糊集合采用六值（如表5-1第4列所示）。类似于四值模糊集，六值模糊集使用两个定性状态（"完全隶属"和"完全不隶属"）。六值模糊集在"完全不隶属"与交叉点间插入了两个程度："非常不隶属"（mostly out）和"有些不隶属"（more or less out）；在交叉点和"完全隶属"间增加两个程度："有些隶属"（more or less in）和"非常隶属"（mostly but not fully in）。**采用多少数字的模糊集由研究者决定**。例如，一个研究者可以构建一个五值或者八值的模糊集来取代四值或者六值，**而且在不同水平间不需要采用等距的间隔**。例如，基于实际知识，研究者可以构建一个五值的模糊集：0、0.2、0.4、0.6、1。这意味着没有案例是"非常但不完全隶属"（模糊集分数0.8）。

表5-1 清晰集与模糊集

清晰集	三值模糊集	四值模糊集	六值模糊集	"连续"模糊集
1=完全隶属	1=完全隶属	1=完全隶属	1=完全隶属	1=完全隶属
0=完全不隶属	0.5=既非完全隶属，也非完全不隶属	0.67=偏隶属	0.9=非常隶属	偏隶属：$0.5 < X_i < 1$
	0=完全不隶属	0.33=偏不隶属	0.6=有些隶属	0.5=交叉点，既非"隶属"也非"不隶属"
		0=完全不隶属	0.4=有些不隶属	偏不隶属：$0 < X_i < 0.5$
			0.1=非常不隶属	
			0=完全不隶属	0=完全不隶属

乍一看，四值与六值模糊集与定序量表等同。实际上，它们在性质上不同。定序量表只是按类别排名，并不像集合分数一样采用这些数值标准作为参考。在

构建定序量表时，研究者并不把类别校准为集合中的隶属程度；类别只是简单的作相对排列，产生一个排序。例如，研究者可能开发一个六值的国家财富的定序量表，范围包括"贫穷"与"超级富裕"等类别。但是，这种刻度是不能自动转换为表 5-1 第 4 列的六值模糊集的。假设相关模糊集是富裕国家的集合，定序变量国家财富的排序最小的两个类别可以转换为"完全不隶属于富裕国家"（隶属分数 =0），接下来的定序等级可能转化为隶属分数 0.2（而非 0.1），最大的两个定序等级可能都归为**完全隶属**（隶属分数 =1）。简而言之，将定序类别转换为模糊集隶属分数，取决于类别内容与研究者对模糊集概念化的匹配。**发展模糊集的基本准则是研究者必须使用实际和理论知识校准隶属分数**。因此，校准不应该是机械的。

最后，正如表 5-1 第 5 列所示，"连续"模糊集可以取 0 ~ 1 之间的任何值。类似于其他模糊集，"连续"模糊集使用两个定性的状态（完全隶属与完全不隶属）以及交叉点。"连续"模糊集的例子，考虑基于人均国民生产总值为指标的富裕国家集合，转换该变量为模糊隶属分数是既非自动也非机械的。**一个严重的错误做法是**：将最贫穷的国家赋值为 0，最富裕的国家赋值为 1，所有其他国家根据它们人均国民生产总值的排序直接赋值 0 ~ 1 间的隶属分数。**正确的做法**是先找出三个定性的锚点：人均国民生产总值在分布上，使得完全隶属于富裕国家集合的点（隶属分数 =1），使得完全不隶属于富裕国家集合的点（隶属分数 =0），是否隶属于富裕国家集合的最模糊的点（隶属分数 =0.5）。**在设置这三个锚点的时候，研究者需要给出理由。**

定性的锚点有助于区分相关和不相关的变异。比如，在非常富裕的国家间，单位资本国民生产总值（GNP）产出的变异与其在富裕国家集合的隶属分数是无关的。当某一国家非常富裕时，其隶属分数就是 1。类似地，在非常不富裕的国家间，单位资本国民生产总值（GNP）产出的变异与其在富裕国家集合的隶属分数是无关的，因为这些是统一的，完全不隶属于富裕国家集合（隶属分数 =0）。因此，在模糊集研究中，仅仅开发量表测量案例的相对位置是不够的，必须使用定性锚点建立连续变量得分与模糊集隶属间的关系（参见 Ragin，2008）。

在模糊集的分析中，结果与条件使用模糊集表述，清晰集也可以在前因条件中使用。表 5-2 是一个简单的数据矩阵，其中包含模糊隶属分数。数据与前两章的数据相同，其中包括五个条件，这些条件与两次欧洲战争间民主衰减 / 生存相关（参见表 3-5）。

表 5-2 数据矩阵：原始变量与模糊集隶属表属分数

国家	结果		条件									
	SURVIVED	SURVIVED-FZ	DEVELOPED	DEVELOPED-FZ	URBAN	URBAN-FZ	LITERATE	LITERATE-FZ	INDUSTRIAL	INDUSTRIAL-FZ	UNSTABLE	STABLE-FZ
奥地利	−9	0.05	720	0.81	33.4	0.12	98	0.99	33.4	0.73	10	0.43
比利时	10	0.95	1 098	0.99	60.5	0.89	94.4	0.98	48.9	1	4	0.98
捷克斯洛伐克	7	0.89	586	0.58	69	0.98	95.9	0.98	37.4	0.9	6	0.91
爱沙尼亚	−6	0.12	468	0.16	28.5	0.07	95	0.98	14	0.01	6	0.91
芬兰	4	0.77	590	0.58	22	0.03	99.1	0.99	22	0.08	9	0.58
法国	10	0.95	983	0.98	21.2	0.03	96.2	0.99	34.8	0.81	5	0.95
德国	−9	0.05	795	0.89	56.5	0.79	98	0.99	40.4	0.96	11	0.31
希腊	−8	0.06	390	0.04	31.1	0.09	59.2	0.13	28.1	0.36	10	0.43
匈牙利	−1	0.42	424	0.07	36.3	0.16	85	0.88	21.6	0.07	13	0.13
爱尔兰	8	0.92	662	0.72	25	0.05	95	0.98	14.5	0.01	5	0.95
意大利	−9	0.05	517	0.34	31.4	0.1	72.1	0.41	29.6	0.47	9	0.58
荷兰	10	0.95	1 008	0.98	78.8	1	99.9	0.99	39.3	0.94	2	0.99
波兰	−6	0.12	350	0.02	37	0.17	76.9	0.59	11.2	0	21	0
葡萄牙	−9	0.05	320	0.01	15.3	0.02	38	0.01	23.1	0.11	19	0.01
罗马尼亚	−4	0.21	331	0.01	21.9	0.03	61.8	0.17	12.2	0	7	0.84
西班牙	−8	0.06	367	0.03	43	0.3	55.6	0.09	25.5	0.21	12	0.2
瑞典	10	0.95	897	0.95	34	0.13	99.9	0.99	32.3	0.67	6	0.91
英国	10	0.95	1 038	0.98	74	0.99	99.9	0.99	49.9	1	4	0.98

在该例中，关注的结果是经历许多经济和政治动荡后，国家民主生存（SURVIVED）的隶属程度。民主衰减（BREAKDOWN）的隶属程度是由民主生存(SURVIVED)隶属程度的"非"运算(negation)所得（见下面的"非"运算讨论）。前因条件包括：发达国家（DEVELOPED）、城市化国家（URBAN）、工业化国家（INDUSTRIAL）、识字国家（LITERATE），以及政治不稳定国家（UNSTABLE；在模糊集中，该条件采取了翻转处理以表示稳定性）。表 5-2 包括了原始数据（定距量表值）和相对应的模糊集分数（以"FZ"为后缀表述），模糊集分数采用 Ragin(2008) 介绍的程序校准而得。原始的定距量表数据通过 fsQCA 软件调整以匹配模糊集度量（见 Ragin,2008）。对于交叉点（模糊分数 =0.5），模糊集使用了第 3 章二分化这些条件时采用的值，其中包括修正后的发展指标（用 GNP/capita 550 美元取代 600 美元）。

| 专栏 5-2 |

"良好实践"（9）：针对模糊集校准

类似于 csQCA 的二分类法（见专栏 3-3），以及 mvQCA 中阈值设定（见专栏 4-4），模糊集校准是一个关键的操作，需要非常小心。对于这三种集合的操作共同的好实践是透明和基于实际和 / 或理论基础设定临界值。针对模糊集校准的一些特定的实践指导如下：

- 识别和界定目标范畴，要使用集合理论的语言（比如，"不发达国家"集合，或者"发达国家"集合）。
- 基于理论和实际知识，设定"完全隶属于"某集合（1），以及"完全不隶属于"某集合（0）。
- 确保不要截断无关的变异（例如，"完全隶属于"或"完全不隶属于"目标集合（如"不发达国家"集合）的国家间在人均国民生产总值上的变异）。
- 评估什么构成是否隶属于目标集合的最大模糊性（例如，在人均国民生产总值的得分上，区分"隶属"（more in）和"不隶属"（more out）于"不发达国家"集合的边界点）。该评估是确定交叉点（0.5）的基础。
- 如果你是将定距或定比尺度的变量转换为模糊集分数，使用 fsQCA 的"校准"（calibrate）程序。采用该程序，只需要设定好三个阈值即可："完全隶属""完全不隶属"，以及交叉点（参见 Ragin,2008）。

> 无论你采用什么程序校准隶属分数，都要仔细地检查模糊分数。基于你的实际和理论知识，确保隶属分数在案例层次具有合理性。

5.1.2 模糊集运算

模糊集有三种常见的运算："非"（negation）、"逻辑与"（and）以及"逻辑或"（or）。这三种运算是理解模糊集如何工作的重要背景知识。

1. "非"

类似于传统的清晰集，模糊集可以进行"非"运算。在清晰集中，"非"运算将隶属分数从 1 转换为 0，从 0 转换为 1。例如，"**非**"民主国家生存清晰集就是民主国家解体清晰集。这种简单的数学原理对于模糊集同样适用，但是隶属分数不再局限于布尔代数值 0 和 1，而是扩展到 0 与 1 之间的任何值。

计算某案例"非"模糊集 A 的隶属程度，只需用 1 减去它在集合 A 中的隶属分数：

$$在"非A集合"中的隶属分数 = [1] - (在A集合中的隶属分数)$$

或者

$$\sim A = [1] - A$$

（波浪符号"$\sim$"指"非"）。

例如，芬兰在 SURVIVED 集合的隶属分数是 0.77（见表 5-2），因此它在 BREAKDOWN 的隶属分数是 0.23。也就是说，芬兰是偏不隶属于民主衰减集合的。

2. "逻辑与"

两个或更多集合组合在一起形成复合集，产生复合集的运算即**集合交集**。对在荒芜环境下民主制度生存研究感兴趣的学者可能需要国家样本，包括"民主"与"贫穷"的组合。传统做法是，要识别出这些国家可以通过清晰集（贫穷 vs. 不贫穷，民主 vs. 不民主）的交叉分析，查看哪些国家在 2×2 表的民主/贫穷单元格里。该单元格实际上展示了这两个清晰集交集中的案例。

在模糊集中，"**逻辑与**"运算就是案例在组合集合的隶属得分是由对其构成集和的隶属分数取最小值而得，最小隶属得分实际上就是某案例在组合集合中的隶属分数。"逻辑与"运算遵循"最弱链"原理，例如如果一个国家在贫穷国家集合的隶属分数为 0.7，在民主国家集合的隶属分数为 0.9，那么该国在**贫穷**和**民主**国家集合中的隶属分数就是较小的 0.7。

表 5-3 进一步解释了这个原理。表 5-3 最后两列展示了"逻辑与"运算，倒数第二列是集合 DEVELOPED 和 URBAN 的交集，表示同时结合这两个特征的国家集合的隶属分数。注意，一些国家（如法国和瑞典）有高的 DEVELOPED 集合隶属分数，但有低的 URBAN 集合隶属分数，因而在这两个集合组成的交集中的隶属分数也低。最后一列展示的是 DEVELOPED、URBAN 和 UNSTABLE（STABLE 的"非"运算所得）的交集。注意，在战间的欧洲，只有德国（Germany）在该组合集合中有高的隶属分数。一般来说，随着更多的集合被纳入条件组合，交集集合分数或者保持不变，或者下降。**对于每个交集，最低隶属分数决定组合集合的隶属程度。**

表 5-3 "逻辑与"示例（交集）

国家	DEVELOPED	URBAN	UNSTABLE	DEVELOPED 与 URBAN	DEVELOPED、URBAN 与 UNSTABLE
奥地利	0.81	0.12	0.57	0.12	0.12
比利时	0.99	0.89	0.02	0.89	0.02
捷克斯洛伐克	0.58	0.98	0.09	0.58	0.09
爱沙尼亚	0.16	0.07	0.09	0.07	0.07
芬兰	0.58	0.03	0.42	0.03	0.03
法国	0.98	0.03	0.05	0.03	0.03
德国	0.89	0.79	0.69	0.79	0.69
希腊	0.04	0.09	0.57	0.04	0.04
匈牙利	0.07	0.16	0.87	0.07	0.07
爱尔兰	0.72	0.05	0.05	0.05	0.05
意大利	0.34	0.1	0.42	0.1	0.1
荷兰	0.98	1	0.01	0.98	0.01
波兰	0.02	0.17	1	0.02	0.02
葡萄牙	0.01	0.02	0.99	0.01	0.01
罗马尼亚	0.01	0.03	0.16	0.01	0.01
西班牙	0.03	0.3	0.8	0.03	0.03
瑞典	0.95	0.13	0.09	0.13	0.09
英国	0.98	0.99	0.02	0.98	0.02

3. "逻辑或"

两个或更多的集合也可以用"或"连接起来——并集（union of sets）。比如，研究者也许对于"发达"（developed）或"民主"（democratic）国家感兴趣，基于猜想这两个条件可能对于某结果（比如官僚国家）具有等价的作用。

对于模糊集，**在"逻辑或"运算中，研究者主要关注构成（component）集合的最大隶属分数**。也就是说，某案例在两个或更多个模糊集的**并集**的隶属分数是由构成它的组成集合中最大的隶属分数决定的。因此，如果某个国家在民主国家集合的隶属分数是 0.3，在发达国家隶属分数为 0.9，那么它在"民主或发达"国家的隶属分数为 0.9。

如表 5-4 所示，了解"逻辑或"的使用。最后两列展示了"逻辑或"运算；倒数第二列展示了国家是 DEVELOPED 或 URBAN 的并集集合。注意，在并集中隶属分数低的国家是那些在构成集合上隶属分数都低的国家（如爱沙尼亚、希腊、葡萄牙和罗马尼亚）。最后一列是三个集合 DEVELOPED 或 URBAN 或 UNSTABLE 的并集。只有爱沙尼亚和罗马尼亚两国在该并集中的隶属分数低。

表 5-4 "逻辑或"示例（并集）

国家	DEVELOPED	URBAN	UNSTABLE	DEVELOPED 或 URBAN	DEVELOPED 或 URBAN 或 UNSTABLE
奥地利	0.81	0.12	0.57	0.81	0.81
比利时	0.99	0.89	0.02	0.99	0.99
捷克斯洛伐克	0.58	0.98	0.09	0.98	0.98
爱沙尼亚	0.16	0.07	0.09	0.16	0.16
芬兰	0.58	0.03	0.42	0.58	0.58
法国	0.98	0.03	0.05	0.98	0.98
德国	0.89	0.79	0.69	0.89	0.89
希腊	0.04	0.09	0.57	0.09	0.57
匈牙利	0.07	0.16	0.87	0.16	0.87
爱尔兰	0.72	0.05	0.05	0.72	0.72
意大利	0.34	0.1	0.42	0.34	0.42
荷兰	0.98	1	0.01	1	1
波兰	0.02	0.17	1	0.17	1
葡萄牙	0.01	0.02	0.99	0.02	0.99
罗马尼亚	0.01	0.03	0.16	0.03	0.16
西班牙	0.03	0.3	0.8	0.3	0.8
瑞典	0.95	0.13	0.09	0.95	0.95
英国	0.98	0.99	0.02	0.99	0.99

| 专栏 5-3 |

模糊集的三个主要运算

- **"非"**（negation）：反转分数，即接近 [1] 的分数反转后接近 [0]，反之亦然。0.5 的分数不受影响。集合标签也相应反转（比如，非 "developed" 国家的标签是 "not-developed" 国家）。
- **"逻辑与"**（AND）：集合交集。构成集合的最小分数（或最弱联系）是每个案例在集合交集的隶属程度。
- **"逻辑或"**（OR）：集合并集。构成集合的最大分数是每个案例在集合并集的隶属程度。

5.1.3 模糊子集

在研究**因果复杂性**（causal complexity）中，关键的集合理论关系是子集关系。正如 Ragin(2000) 所讨论的，如果共享前因条件的案例表示出同样的结果，这些案例就构成了结果案例的子集。这样的子集关系意味着前因条件的特定组合是结果的充分条件。如果存在共用其他前因条件的案例，那么这些案例会一致地展示出研究结果，这些条件的组合也是结果的充分条件。

对于**充分性**的解释，必须是基于实际和研究者的理论知识的，而不能机械地仿效子集关系的示范。无论充分性概念是否被明确采用，子集关系都是分析条件的不同组合产生某结果的关键工具（例如，与民主生存或民主衰减相关的条件组合）。

在清晰集中，确定共有特定条件组合的案例是否构成了结果的子集非常简单，研究者只需要检查每个条件组合（即组态）的案例，评估它们是否是一致的展示结果。在清晰集分析中，研究者使用真值表并根据共有条件分类案例，评估真值表每行的案例是否一致地展示了某结果。对每行的评估可以想象为一个 2×2 交叉表：结果的存在/缺乏对应该行条件组合的存在/缺乏。如表 5-5 所示，子集关系：对应条件组合存在与结果**缺乏**的单元格为空（没有案例），同时对应条件组合存在与结果**存在**的单元格有案例。

明显地，上述程序不能直接应用于模糊集。没有简单的方法可以分离出共有特定条件组合的案例，因为每

表 5-5 交叉表：结果与前因组合的存在/缺乏

	前因组合缺乏	前因组合存在
结果存在	1. 不直接相关	2. 有案例
结果缺乏	3. 不直接相关	4. 没有案例

个案例的隶属分数可能都是独特的。案例在结果上的隶属程度也是不同的，使得对于案例是否同属结果的评估复杂化。最后，正如表 5-6 所示，在模糊集中，案例在所有可能条件组合上都可以有部分隶属程度。

表 5-6 展示的是先前例子中，国家在其中三个条件（DEVELOPED、URBAN、和 LITERATE）及其八个组合上的隶属程度。八个组合可以被视为八个逻辑上可能的因果论断，如同表述前因条件的模糊集可以理解为具有 2^k 个角点的多维向量空间，其中，k 为条件个数（Ragin, 2000）。向量空间中角点的个数等于有 k 个条件的清晰集真值表的行数。实证案例可以在多维空间中绘图表示，而且每个案例在这八个角点的隶属程度可以使用模糊代数计算出来，如表 5-6 所示。例如，奥地利在向量空间相应角点 DEVELOPED、URBAN 和 LITERATE（D * U * L, 表 5-6 最后一列）的隶属程度是它在构成集合（developed (0.81)、urban (0.12) 和 literate (0.99)）上的最小分数，也即 0.12。奥地利在非发达（not-developed）、非城市化（not-urban）、非识字（not-literate）（～ D * ～ U * ～ L）角点上的隶属程度，是它在"not-developed"（1-0.81=0.19）、"not-urban"（1-0.12 = 0.88），以及"not-literate"（1-0.99=0.01）隶属度的最小值，也即 0.01。模糊集向量空间与清晰集真值表的联系将在下面进行更深入的讨论。

模糊集的上述性质使得难以直接按照清晰集程序评价子集关系。模糊集子集合的关系需要使用模糊代数评价。在模糊集合中，一个子集合关系表示：在某一（条件或条件组合）集合隶属分数一致性地**小于**或**等于**在另一（结果）集合的隶属分数。例如，在一个条件组合中的隶属分数一致性地小于或等于它们对应在结果中的隶属分数（$X_i \leq Y_i$），即子集合关系存在，也即支持**充分性**论断。为方便理解，如图 5-1 所示，纵轴为在 BREAKDOWN 中的隶属程度，横轴为在～ D * ～ U * ～ L (not developed、not urban、not literate) 组合上的隶属程度（其中，表 5-2 中在 SURVIVED 的隶属分数经过"非"运算，即 BREAKDOWN 的隶属分数）。

图 5-1 显示了几乎所有国家在三维向量空间角（～ D * ～ U * ～ L）上的隶属分数小于或等于它们在 BREAKDOWN 中的隶属分数。左上三角形很明显地指出横轴上描绘的集合是纵轴上描绘的集合的子集。图中几乎空白的下三角形，对应于表 5-5 中单元格 4。正如表 5-5 中单元格 4 表示的不一致的清晰子集关系，图 5-1 的下三角是不一致的模糊子集关系。因此，图 5-1 表示集合～ D * ～ U * ～ L 上的隶属是集合 BREAKDOWN 的隶属（$X_i \leq Y_i$），也即支持论断：条件组合（(not developed、not urban 和 not literate) 是民主衰减的充分条件。

第 5 章 模糊集定性比较分析法（fsQCA） | 89

表 5-6 案例在前因组合中的模糊集隶属度

国家	在前因条件的隶属度			在前因组合形成的向量空间角上的隶属度							
	DEVELOPED (D)	URBAN (U)	LITERATE (L)	~D*~U*~L	D*~U*L	~D*~U*L	~D*U*~L	D*~U*~L	~D*U*L	D*U*~L	D*U*L
奥地利	0.81	0.12	0.99	0.01	0.19	0.01	0.12	0.12	0.81	0.01	0.12
比利时	0.99	0.89	0.98	0.01	0.01	0.01	0.01	0.01	0.11	0.02	0.89
捷克斯洛伐克	0.58	0.98	0.98	0.02	0.02	0.02	0.02	0.42	0.02	0.02	0.58
爱沙尼亚	0.16	0.07	0.98	0.02	0.84	0.02	0.07	0.07	0.16	0.02	0.07
芬兰	0.58	0.03	0.99	0.01	0.42	0.01	0.03	0.03	0.58	0.01	0.03
法国	0.98	0.03	0.99	0.01	0.02	0.01	0.02	0.02	0.97	0.01	0.03
德国	0.89	0.79	0.99	0.01	0.11	0.01	0.11	0.11	0.21	0.01	0.79
希腊	0.04	0.09	0.13	0.87	0.13	0.09	0.09	0.09	0.04	0.04	0.04
匈牙利	0.07	0.16	0.88	0.12	0.84	0.12	0.16	0.16	0.07	0.07	0.07
爱尔兰	0.72	0.05	0.98	0.02	0.28	0.02	0.05	0.05	0.72	0.02	0.05
意大利	0.34	0.1	0.41	0.59	0.41	0.1	0.1	0.1	0.34	0.1	0.1
荷兰	0.98	1	0.99	0	0	0.01	0.01	0.02	0	0.01	0.98
波兰	0.02	0.17	0.59	0.41	0.59	0.17	0.17	0.17	0.02	0.02	0.02
葡萄牙	0.01	0.02	0.01	0.98	0.01	0.02	0.02	0.02	0.01	0.01	0.01
罗马尼亚	0.01	0.03	0.17	0.83	0.17	0.03	0.03	0.03	0.01	0.01	0.01
西班牙	0.03	0.3	0.09	0.7	0.09	0.3	0.3	0.09	0.03	0.03	0.03
瑞典	0.95	0.13	0.99	0.01	0.05	0.01	0.05	0.05	0.87	0.01	0.13
英国	0.98	0.99	0.99	0.01	0.01	0.01	0.01	0.02	0.01	0.01	0.98

注意，当在前因组合上的隶属程度高时，在结果上的隶属程度也必须高。反之，未必成立。也就是说，按照集合理论的观点，某些案例在前因组合上的隶属程度相对低，在结果上的隶属程度较高并没有问题，因为可能存在多个不同的条件或条件组合能够产生结果上的高隶属程度。在条件或条件组合上的隶属程度低，在结果上的隶属程度高意味着可能存在替代的条件或条件组合。

图5-1仅使用表5-6中三维向量空间的一个角示例了模糊子集关系。如下文所述，同样的评价可以用于表中的其他七个角（前因组合）。八个评价帮助确立哪些前因组合是结果（BREAKDOWN）的子集，进而显示哪些条件组合可能是结果的充分条件。

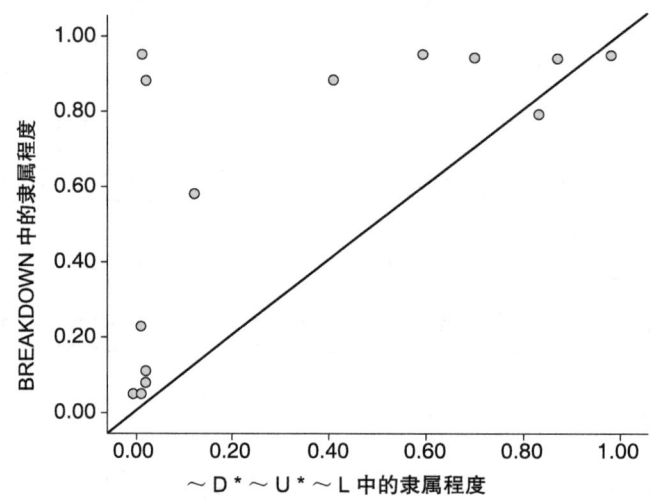

图5-1　BREAKDOWN中的隶属程度对阵～D*～U*～L组合（向量空间角）中的隶属程度

5.2　使用清晰真值表辅助模糊集分析

嫁接模糊集分析与真值表需要具有三个主要支柱。第一个支柱是直接的对应关系。也就是说，清晰真值表中的行与模糊集条件定义的向量空间的角之间存在直接的可对应关系（Ragin, 2000）。第二个支柱，就是要评估在条件的所有（逻辑）组合上案例的分布情况（也即在条件定义的向量空间内案例的分布）。在一个研究中，正如表5-6的三维向量空间所示，案例在每个向量空间角都有不同的隶属程度。在一些向量空间角中，可能有很多强隶属的案例；在其他的角中，可能没有强隶属的案例。在使用清晰真值表分析模糊集评估结果时，要注意上述差异。第三个支柱：模糊集要评估每个前因组合构成结果子集证据的一致性。子集合关系很重要，因为它显示条件组合与结果间存在明确的联系。一旦具有了这三个支柱，就可能构建清晰真值表来总结多重模糊集评估的结果，然后使用布尔代数分析真值表。

5.2.1 向量空间角与真值表行的对应关系

由模糊集构建的多维向量空间有 2^k 个角，恰如清晰真值表具有 2^k 个行（k 是条件个数）。因此，前因组合、真值表**行**和向量空间**角**间存在一对一的关系（Ragin, 2000）。表 5-7 的前四列是真值表行与向量空间角的一一对应。在清晰集分析中，案例被分类到真值表行中，分类是根据它们在条件上的存在/缺乏分数的组合。因此，每个案例分配到唯一的行，每行是研究案例的唯一一个子集。但是，在模糊集中，每个案例在向量的所有角中均有不同程度的隶属，因此在每个真值表行中具有不同程度的隶属（如表 5-6 所示）。

表 5-7 真值表行与向量空间角间的对应关系

Developed	Urban	Literate	对应的向量空间角① （表 5-6）	在前因组合的隶属度大于 0.5 的案例数	与结果的子集关系的一致性（在每个评价中 N = 18）	结果编码（基于一致性分数）
0	0	0	~D * ~U * ~L	5	0.98	1
0	0	1	~D * ~U * L	3	0.84	1
0	1	0	~D * U * ~L	0	（隶属度大于 0.5 的案例数太少）	逻辑余项
0	1	1	~D * U * L	0	（隶属度大于 0.5 的案例数太少）	逻辑余项
1	0	0	D * ~U * ~L	0	（隶属度大于 0.5 的案例数太少）	逻辑余项
1	0	1	D * ~U * L	5	0.44	0
1	1	0	D * U * ~L	0	（隶属度大于 0.5 的案例数太少）	逻辑余项
1	1	1	D * U * L	5	0.34	0

① 原书中"对应的向量空间角"有些内容有误，已予以纠正。——译者注

当使用真值表分析模糊集的评估结果时，真值表行并不代表案例的子集（这点就不同于清晰集分析），而是代表了给定 k 个前因条件，存在 2^k 个因果论断。这样说来，清晰真值表的第一行（如表 5-7 所示）代表因果论断：~D * ~U * ~L 是**结果的一个子集**（如民主衰减（BREAKDOWN））。该行的结果是：是否该论断

得到了模糊集证据的支持。第二行代表前因组合～D＊～U＊L，其他行以此类推。如果～D＊～U＊～L与～D＊～U＊L均得到支持，在布尔代数的表达上，它们在逻辑上就可以简化为～D＊～U。因此，在将模糊集分析翻译为清晰真值表时，真值表行详列了不同的因果论断，这些论断源于条件逻辑上可能的组合，正如条件向量空间角所示。正如本章中下面两段所述，**两条关于这些角的信息特别重要：**①每个角中，具有高隶属程度的案例数量；②每个角中实证证据的一致性——在角（前因组合）中的隶属程度是结果中隶属程度的子集得到一致性支持。

5.2.2 设定模糊集评价的频数阈值

在清晰集分析中，案例在前因组合上的分布比较容易评价，因为从清晰集数据中构建真值表，以及检查分类到每行的案例数量都比较简单，无案例的行被视作"逻辑余项"。但是，当前因条件为模糊集时，分析变得不再简单易懂，因为每个案例在每个真值表行中（即向量空间的每个角）都可能有部分隶属，如表5-6所示。然而，在模糊集分析中，评价案例隶属分数在前因组合间的分布仍然非常重要，因为一些组合可能在实证上可忽略不计。如果所有案例在某一组合上的隶属分数都很低，则对该组合与结果的联系进行模糊集评价是毫无意义的。[3]

在表5-6中，可以发现18个国家在三个条件的八个组合上的隶属分数的分布。实际上，表5-6列出了三个模糊集构成的三维向量空间的八个角，并展示了每个案例在每个角上的隶属程度。

该表显示了模糊集组合的重要属性之一：在条件的可能组合上，每个案例只有一个隶属分数大于0.5（如表5-6中加粗字体所示）。[4]在某前因组合上大于0.5的隶属分数意味着案例偏**隶属**该前因组合，也即某案例更接近多维向量空间的该角。模糊集的该属性使得研究者可以基于隶属程度，依据向量空间角分类案例。根据表5-6的数据分类汇总的表5-7第五列，显示了在每个向量角上隶属程度大于0.5的案例个数。例如，表5-6显示有五个国家在组合～D＊～U＊～L上的隶属程度大于0.5，因此构成了该组合的好的实例。这五个隶属程度大于0.5的案例也在表5-7的第一行报告了。

该阶段分析的核心任务是确定评价模糊集关系的案例频数阈值。也即，研究者需要依据每个组合中隶属程度大于0.5的案例的个数，设定规则确定哪些前因组合是相关的。如果某组合中隶属程度大于0.5的案例个数足够多，评价该模糊子集的关系就比较合理（如图 5-1 所示）。如果某组合中隶属程度大于 0.5 的案例数太少，开展这类评价就没有意义。

案例数阈值的选择既要考虑证据的实质，还要考虑研究的特点。**需要重点考虑的因素包括：**总案例数、条件数、研究者对每个案例的熟悉程度、模糊集校准的精确程度、测量和赋值误差的程度、研究者对结果模式（粗糙还是精细程度）的兴趣等。用于展示的数据只有 18 个案例和 8 个条件组合。在该种研究情境下，合理的频数阈值是每个组合中至少有一个案例的隶属程度大于 0.5。因此，缺乏一个案例的隶属程度大于 0.5 的 4 个条件组合（如表 5-7 的第 3、4、5、7 行所示），在接下来的分析中被视为"逻辑余项"，因为它们缺乏实质的实例。

当研究案例数较大时（比如上百个案例），应该确定更高的频数阈值。在这类分析中，由于测量或编码的误差，一些角可能具有好几个案例的隶属程度大于 0.5。在这种情况下，将低频数的前因组合视为缺乏实证案例（大于 0.5 隶属程度的案例 =0）是明智的。当研究案例较大时，问题不再是哪些组合有实例（只是一个案例的隶属度大于 0.5），而是哪些组合具有充足的实例可以保证评估它们与结果的子集合关系的合理性。比如，研究者可能设定某前因组合中至少有 5 个或者 10 个案例的隶属度大于 0.5，才评估其模糊子集的关系。相比之下，当研究案例较小时，研究者可能会对每个案例都非常熟悉，这可能会降低测量或者编码的错误率，进而使对高阈值的要求降低。

5.2.3　评估模糊子集的一致性

使用上述程序，一旦确定了实证上切题的前因组合，接下来就要评估每个组合与探讨的集合理论关系的一致性。哪些前因组合是结果的子集？社会科学难得完美，因此需要评估实证证据与探讨的集合理论关系的一致性程度。Ragin（2006b）描述了一种基于模糊集隶属分数测量集合理论一致性的方法（参见 Kosko, 1993；Smithson & Verkuilen, 2006）。求一致性（consistency）的公式是

$$\text{Consistency}(X_i \leqslant Y_i) = \Sigma(\min(X_i, Y_i))/\Sigma(X_i) \qquad (5\text{-}1)$$

其中，"min"指两者中的较小值，"X_i"指在条件组合中的隶属分数，"Y_i"指在结果中的隶属分数。当所有的"X_i"均小于或等于相对应的"Y_i"值时，一致性分数为 1.00；当只有少数"X_i"略微超过"Y_i"，一致性接近 1.00；当有较多不一致分数，且一些 X_i 值显著超过相应的 Y_i 值，一致性下降到低于 0.5。[5] 一致性

的测量对于大的不一致给予大的惩罚，对于小的不一致（例如，X_i 分数为 0.85、Y_i 分数为 0.80）给予小的惩罚。

| 专栏 5-4 |

模糊集中的一致性尺度（扼要总结）

- 模糊子集关系的一致性，简单说就是某一集合被包含于另一集合的程度（所有 X_i 小于或等于对应的 Y_i）。当 X_i 值超过 Y_i 值时，并非所有 X_i 被包含于 Y_i。考虑到这种情况，模糊集一致性的计算公式通过在公式分母中简单地加总在 **X** 中的隶属分数（而不是在分子中）计算 X_i 值超过对应 Y_i 值的比例。

表 5-7 倒数第二列报告的是模糊子集的一致性分数，采用的是上述公式。该评价是对满足频数阈值的四个组合进行的——组合必须至少有一个案例的隶属分数大于 0.5（如表 5-6 所示）。按照图 5-1 的模式，所有 18 个案例被包括在每个一致性评估内。也即，使用 18 个案例的模糊分数评估每行（每个组态），而并不只是隶属度大于 0.5 的行中的案例。因此，在模糊集分析中一致性评估的证据基础要比在清晰集和多值集分析中大。**实际上，一致性分数评估的是：每个组合的实例符合图 5-1 中上三角模式的程度**。注意，图 5-1 中的实例符合子集关系的一致性程度为 0.98，几乎完全一致。

5.2.4 构建真值表

只需要一小步就可以把类似于表 5-7 的表转换为清晰集真值表，以适合于 Quine-McCluskey 最小化程序分析（如第 3 章 csQCA）。需要做出的关键决定是一致性分数的临界值用于区分哪些组合通过了模糊集合理论的一致性、哪些没有通过。一致性分数等于或超过临界值的前因组合被指定为结果的模糊子集并编码为 [1]，低于临界值的组合不构成模糊子集，编码为 [0]。[6]

实际上，构成结果的模糊子集的组合描述的是结果一致性被发现的那类案例（例如，经历民主衰减的某类国家）。**需要重点指出的**，是一些显示结果的案例也可能在低一致性的组态中被发现。这种形势类似于清晰集分析中存在的"矛盾组态"，第 3 章中讨论的如何处理矛盾组态的方法可应用于对模糊集的分析中。实际上，简单地检查表 5-7 中的一致性值，显示出在第二高的一致性（0.84）与第三高的一致性（0.44）间，存在实质的差距。**这个实质差距提供了简单的依据来区分一致性的组合与不一致性的组合**，正如表 5-7 最后一列真值表分析的结果编码所示。[7] 表 5-7 前三列与最后一列形成了一个简单的真值表，该表适合于采用 Quine-McCluskey 算法的标准（清晰集）真值表分析。该真值表分析的结果没有在这里提到，在下文中，我们将提供一个分析五个条件的更加全面的真值表。

5.2.5　必要条件的模糊集分析

先前没有讨论的一个议题是必要条件的模糊集分析。必要条件是导致结果发生必须存在的条件，但是它的存在并不能保证结果必然发生（见专栏 1-3）。例如，"国家解体"被认为是"社会革命"的必要条件，但是"国家解体"的发生并不能确保"社会革命"将发生。事实上，"社会革命"不如"国家解体"常见。

在模糊集分析中，当结果的实例构成条件实例的子集，一个必要条件就存在了，正如"国家解体"与"社会革命"的关系。按照形式术语，必要性模糊子集关系的一致性可以使用以下公式评估

$$\text{Consistency }(Y_i \leqslant X_i) = \Sigma(\min(X_i, Y_i))/\Sigma(Y_i) \quad (5\text{-}2)$$

即集合 **Y** 作为集合 **X** 的子集的一致性是它们的交集占集合 **Y** 的比例。如果所有的 **Y** 值都小于或等于对应的 **X** 值，该公式将产生一个结果 1.0。如果很多 **Y** 值超过了对应的 **X** 值，一致性将远远小于 1.0。该公式也适用于清晰集，其中，分子是 **X** 与 **Y** 共同被发现的案例个数，分母是隶属于 **Y** 的案例个数。

在进行模糊集真值表程序分析之前，检查必要条件是有用的。任何通过必要条件检测，并且作为必要条件的有意义的条件，都可以从真值表分析程序中剔除⊖，因为真值表分析在本质上是充分性分析（这一点对于所有的 QCA 方法都适用——清晰集、多值集以及模糊集）。当然，按照这种方法识别的条件将被作为必要条件讨论，并且应该考虑它与作为真值表分析产生的任何充分的条件组合的切题性。一般来说，一个必要条件可以被视为结果的一个超集（superset），充分条件（通常，充分的条件组合）构成结果的子集。

需要重点指出的是，如果必要条件被包括在真值表分析中，它经常会在纳

⊖　不应把必要条件剔除，但是需要注意必要条件经常在简约解中被剔除。——译者注

入"逻辑余项"的解中被除去（必要条件经常被简约解消除）。例如，简单地检查表 3-9，可以发现 SURVIVAL 是 LITERACY 的子集（实际上，当 SURVIVAL 展示 [1] 值（"存在"）时，LITERACY 也展示 [1] 值（"存在"））。这可能意味着 LITERACY 是 SURVIVAL 的一个必要条件。然而，SURVIVAL 的组态解（基于表 3-9），当它包含"逻辑余项"时（见第 3 章式（3-8）），LITERACY 被消除了，展示的组态解是 GNPCAP 与 STABILITY 的联合条件。因此，需要明智地使用"逻辑余项"——在任何分析中评价其恰当性。

Ragin 和 Sonnett（2004；Ragin，2008）开发了一个程序来限制"逻辑余项"的使用，旨在仅使具有理论和实际知识的"逻辑余项"被包括在分析中。这些程序已经被置于 FSQCA 软件中，可以用于清晰集和模糊集分析。分析程序产生三个解："复杂解"（没有使用"逻辑余项"）、"简约解"（使用所有"逻辑余项"，无评估其合理性）、"中间解"（只有根据研究者理论和实际知识，具有意义的"逻辑余项"被纳入解）。**中间解的一个重要的优点是它们不允许消除必要条件——任何构成结果的超集以及作为必要条件的有意义的条件。**一般来说，中间解优于复杂解和简约解，应该是任何 QCA 版本的任何应用的常规部分。**重点指出**，无论研究者何时评估"逻辑余项"（使用 QCA 的一个最重要的"好实践"），以及决定某一"逻辑余项"不合情理应该从解中剔除，它们实际上都是在导出一个中间解。

5.3 程序应用

为了方便比较本章模糊集分析与第 3 章（csQCA）和第 4 章（mvQCA），本节分析将采用所有五个模糊集条件，如表 5-2 所示：DEVELOPED、URBAN、INDUSTRIAL、LITERATE 和 STABLE（它们对应于表 3-5 中的原始数据，略微有修改）。这里展示两个独立的分析：首先，采用 SURVIVED 作为结果，接着采用 BREAKDOWN 作为结果。接下来展示的分析使用了所有五个条件，以更好地与 csQCA 分析进行比较。

5.3.1 SURVIVED 作为结果的分析

使用五个模糊集前因条件，将形成 32 个（2^5）向量空间的角。这 32 个角相当于清晰集真值表的 32 行，在清晰集中二分类条件形成了真值表的这些行（如表 3-4 所示）。这 32 个角也相当于五个二分类条件构建的 32 个逻辑上可能的论断。当 18 个案例在这 32 个前因组合中均有部分隶属度时，它们自然在五维度向量空间上的分布是不均匀的。表 5-8 展示了案例在前因组合（也即向量空间角）上的分布。

表 5-8 倒数第二列显示的是每个组合中具有大于 0.5 隶属度的案例的数量（不满足频数阈值至少有一个案例的前因组合没有显示）。在 32 个逻辑上可能的条件组合中，总共有九个组合具有好的实例（有大于 0.5 隶属度的国家存在）。余下的 23 个"逻辑余项"因此构成了潜在的反事实案例，可以用于进一步对真值表进行逻辑简化（Ragin & Sonnett, 2004 ; Ragin, 2008）。在模糊集分析中，所有案例在每个真值表行中均有部分隶属度。因此，虽然有可能报告哪些行具有强隶属度的实例，正如表 5-8 第一列所示，但是不可能像 csQCA 和 mvQCA 那样严格地分配案例到每行中去。

表 5-8 中最后一列显示的是每个前因组合作为 SURVIVED 子集的一致性程度。简言之，该列显示的是如下陈述的真值：在行中条件组合的隶属度是在结果中隶属度的子集。这些行已经进行了排序以显示一致性分数的分布，变化范围在 0.22 ~ 0.90。为了准备传统真值表分析的数据，需要选择一个一致性的临界值，并将其进行二分类编码。

表 5-8 案例在前因组合上的分布，以及前因组合作为 SURVIVED 子集的一致性

最佳实例	DEVELOPED	URBAN	LITERATE	INDUSTRIAL	STABLE	大于 0.5 隶属度的案例数	作为 SURVIVED 子集的一致性
BEL, CZE, NET, UK	1	1	1	1	1	4	0.90
FIN, IRE	1	0	1	0	1	2	0.80
FRA, SWE	1	0	1	1	1	2	0.71
EST	0	0	1	0	1	1	0.53
HUN, POL	0	0	1	0	0	2	0.52
GER	1	1	1	1	0	1	0.45
AUS	1	0	1	1	0	1	0.38
ITA, ROM	0	0	0	0	1	2	0.28
GRE, POR, SPA	0	0	0	0	0	3	0.22

为了导出一个与先前分析（第 3 章 csQCA）可比较的解，先选择了一个较低的临界值。如果组合作为结果的子集的一致性不低于 0.70，便将其编码为一致的（结果 =[1]）；否则，编码为不一致的（结果 =[0]）。正如在 csQCA 中，该真值表最

小化首先不使用"逻辑余项",产生的结果如下

DEVELOPED * urban * + DEVELOPED* → SURVIVED （5-3）
LITERATE* STABLE   LITERATE*
                    INDUSTRIAL * STABLE

在第一个组合中具有强隶属度的案例是：FIN、FRA、IRE、SWE。[一]

在第二个组合中具有强隶属度的案例是：BEL、CZE、NET、UK。[二]

这个公式中的解与第3章最后一个清晰集分析的解（无"逻辑余项"）是一样的（见式（3-5））。这两个导致生存（survival）的路径都有高水平的发展(development)、高识字率(literacy)以及高政治稳定性（political stability）。大体上，民主繁荣的国家是在欧洲的发达地区，那里避免了政治不稳定。

简约解（引入"逻辑余项"，但是没有评估它们对于解的合理性）如下

$$DEVELOPED * STABLE \rightarrow SURVIVED \quad （5\text{-}4）$$

在该组合中，具有强隶属度的案例是：BEL、CZE、FIN、FRA、IRE、NET、SWE、UK。[三]

注意，这个公式与第3章最后一个清晰集分析的解（纳入"逻辑余项"，见式（3-8））是一样的。通常，这种结果并不意外。因为模糊集已经被精心制作出来，以反映那些清晰集分析中的二分类，并且，这里使用的一致性阈值很低，目的就是展示它与清晰集的连贯性。

如前所述，我们也可以导出介于复杂解与简约解之间的中间解。这需要基于研究者的理论和实际知识作为指导来纳入"逻辑余项"（见Ragin, 2008）。中间解如下

$$DEVELOPED * LITERATE * STABLE \rightarrow SURVIVED \quad （5\text{-}5）$$

在该组合中，具有强隶属度的案例是：BEL、CZE、FIN、FRA、IRE、NET、SWE、UK。[四]

相较于简约解，中间解增加了一个条件：LITERATE。LITERATE被包括进来是因为：①它可以被视为一个必要条件（SURVIVED是LITERATE的一个子集，

[一][二][三][四] 代码为国家缩写，译文见第3章表3-2下方。——译者注

其模糊集一致性为 0.99）；②移除 LITERATE 所需的"逻辑余项"（旨在产生简约解）后与理论和实际知识（它们指出高水平的识字率应该提升民主存在）间有矛盾。

虽然模糊集的解复制了清晰集分析的结果很令人欣慰，但是需要指出的是这种复制可能仅发生在使用（如表 5-8 所示）低的一致性临界值（0.70）时。如 Ragin（2008）所述，模糊集的一致性检测要比清晰集严格很多。某一案例可能在条件和结果集合中均偏向隶属，但是从模糊集视角看，子集关系可能非常不一致。例如，假定在条件的隶属分数为 0.95，在结果的隶属分数为 0.55，经过二分类化，两个分数将被编码为 [1]，并可以因此认为与某子集关系是一致的。然而，从模糊集视角看，条件分数远远超过结果分数（0.40），因此，应该将其视为非常不一致的子集关系。

对于表 5-8，采用更加严格的临界值将产生一个更加限定的公式。为了比较，使用 0.80 的临界值进行同样的分析，这将仅对应于最上面结果为 1 的两行。使用更严格的该临界值产生的中间解如下

$$\text{DEVELOPED} * \text{LITERATE} * \text{STABLE} *$$
$$(\text{URBAN} + \text{industrial}) \rightarrow \text{SURVIVED} \qquad (5\text{-}6)$$

简而言之，对模糊集理论的一致性采用更严格的临界值，将在原来中间解的基础上新增加第四个条件。第四个条件可以在城市化国家（urbanized）中具有高隶属度，或者在工业化国家（industrial）中具有低隶属度。

5.3.2　BREAKDOWN 作为结果的分析

表 5-9 报告的是使用同样五个前因条件，但结果为 BREAKDOWN 的分析结果。因为前因条件没有变化，所以条件的向量空间就没有变化，案例在向量空间内的分布自然也没有变化。其中，九个前因组合具有"好的实例"（至少有一个案例的隶属度大于 0.5），23 个前因组合缺乏"好的实例"。

表 5-9 与表 5-8 的主要差别在最后一列，表 5-9 最后一列显示的是每个前因组合在如下陈述中的一致性程度：在行中条件组合的隶属度是在结果（BREAKDOWN）中隶属度的子集。同样，行已经按照一致性分数的分布排列。采用表 5-8 第二个分析中同样的临界值（至少有 0.80 的一致性），前六行将编码为 [1]（真），后三行编码为 [0]（假）。

表 5-9　案例在前因组合上的分布，以及前因组合作为 BREAKDOWN 子集的一致性

最佳实例	DEVELOPED	URBAN	LITERATE	INDUSTRIAL	STABLE	大于 0.5 隶属度的案例数	作为 BREAKDOWN 子集的一致性
ITA, ROM	0	0	0	0	1	2	1.00
GRE, POR, SPA	0	0	0	0	0	3	0.98
GER	1	1	1	1	0	1	0.98
AUS	1	0	1	1	0	1	0.97
HUN, POL	0	0	1	0	0	2	0.86
EST	0	0	1	0	1	1	0.86
FRA, SWE	1	0	1	1	1	2	0.50
FIN, IRE	1	0	1	0	1	2	0.49
BEL, CZE, NET, UK	1	1	1	1	1	4	0.25

首先，我们不使用任何"逻辑余项"来最小化真值表，产生的最小化公式如下

$$developed * urban * industrial + DEVELOPED * LITERATE * INDUSTRIAL * stable \rightarrow BREAKDOWN \quad (5-7)$$

在第一个组合中具有强隶属度的案例是：EST、GRE、POR、SPA、HUN、POL、ITA、ROM。[①]

在第二个组合中具有强隶属度的案例是：GER、AUS。[②]

最小化公式指出，两个路径可以产生民主衰减。第一个路径包括三个条件：低水平发展（development）、低水平城市化（urbanization）和低水平工业化（industrialization）。简言之，该路径显示两战期间民主衰减发生在欧洲的低发达区域。在该组合中，具有强隶属度的国家包括匈牙利、波兰、葡萄牙和罗马尼亚。第二个路径有所不同，它包括四个条件：高水平发展（development）、高水平识字率（literacy）、高水平工业化（industrialization）以及政治不稳定。在该组合中具有强隶属度的国家包括奥地利和德国。这些结果并不令人意外。示例中采用的条件都非常普通，并且不是基于详细的案例导向的研究。然而，重要的是通过这种分析揭示了两个不同的路径，展示了该方法研究因果复杂性的功能。

下面，我们纳入"逻辑余项"再次最小化真值表，产生了如下的最小化公式，

[①][②] 代码为国家缩写，译文见第 3 章表 3-2 下方。——译者注

该公式比上面的公式更加简约

$$\text{developed} + \text{stable} \rightarrow \text{BREAKDOWN} \tag{5-8}$$

在第一个组合中，具有强隶属度的案例是：EST、GRE、POR、SPA、HUN、POL、ITA、ROM。㊀

在第二个组合中，具有强隶属度的案例是：GER、AUS、GRE、POR、SPA、HUN、POL。㊁

虽然仍然是两个路径，但该公式中的路径更加简单。注意，目前的路径与第 3 章最终的清晰集解（式 3-9）是一样的。但是，目前的解可能"太简约"了，因为一些简化的假设在理论或实际知识上经不起检验。采用 Ragin 和 Sonnett（2004；Ragin, 2008）以及本书第 6 章讨论部分描述的程序，可以得出中间解如下

$$\text{developed} * \text{urban} * \text{industrial} + \text{stable} \rightarrow \text{BREAKDOWN} \tag{5-9}$$

在第一个组合中，具有强隶属度的案例是：EST、GRE、POR、SPA、HUN、POL、ITA、ROM。㊂

在第二个组合中，具有强隶属度的案例是：GER、AUS、GRE、POR、SPA、HUN、POL。㊃

优先推荐目前的中间解，因为它仅纳入了与理论和实际知识一致的"逻辑余项"。虽然比简约解更复杂一些，但中间解对 BREAKDOWN 第一个组合中的案例的解释更加完整。它指出，低发展与低工业化、低城市化共同形成了民主衰减的一个路径。

| 专栏 5-5 |

"良好实践"(10)：fsQCA

- 非常重要的是根据理论和实际知识而非机械标准，校准在集合中的隶属程度；赋值模糊隶属分数是诠释的，涉及理论知识和可获数据的案例导向研究。
- 研究者应该开发明确的基本原理来设定完全隶属（1）、完全不隶属（0），以及交叉点（0.5）。

㊀㊁㊂㊃ 代码为国家缩写，译文见第 3 章表 3-2 下方。——译者注

- 转换定距或定比尺度数据为模糊集，采用软件中的校准程序（Ragin, 2008）。
- 检查真值表单中的一致性分数（如表 5-8、表 5-9），注意结果的实例可能出现在低一致性的行中；把它们作为矛盾组态处理，采用本书中介绍的程序处理（见第 3、4 章，特别是专栏 3-6）。
- 如果你明确地假定了必要条件，在构建真值表前就应检验它，并且要设置一个高一致性的阈值。从真值表分析中删除发现的任意的必要条件（将它们作为必要条件单独处理）。⊖
- 在选择频数阈值时，既要考虑案例个数，也要考虑数据的质量和性质。通常，规则是案例数 N 越大，频数阈值也越大。
- 在选择一致性阈值时，根据数据性质，如果可能尽量接近 1。寻找一致性分布上的缺口（gap），避免使用低于 0.75 的一致性阈值。
- 每个分析中都要导出三个解：复杂解（不包括"逻辑余项"）、简约解（包括"逻辑余项"但是不对其合理性进行评价），以及中间解（使用"逻辑余项"但仅限于那些有合理依据的）。

5.4　结论

采用模糊集，研究者可以解决 csQCA 的一个重要局限——二分化条件。除此之外，使用模糊集还具有其他的优势。

首先，使用模糊集，研究者可以比清晰集和多值集分析实施更加精确和更严格的集合理论的一致性评估（充分性和必要性）。在模糊集中，一致性计算考虑了隶属度，因而在清晰集或多值集分析中被定义为一致的案例，可能在模糊集分析中被定义为不一致。比如，某一案例在某一条件中的隶属分数为 0.95，在结果中的隶属分数为 0.55，在清晰集分析中将被视为一致，因为清晰集的二分化将会把这两个分数重新编码为 [1]，因而该案例将满足一致性条件 $X_i \leqslant Y_i$（**X** 是 **Y** 的子集）。但是，在模糊集分析中，这两个隶属分数明显不符合 $X_i \leqslant Y_i$，因为 0.95 大于 0.55 多达 0.44 个单位——一个实质的差距（**X** 不是 **Y** 的子集）。正因为采用了更高的一致性标准，模糊集分析结果通常比清晰集或多值集分析的结果在实证上更加紧缩（circumscribed）。

⊖　原文如此，但译者认为删除必要条件是不可取的。——译者注

其次，一致性的模糊集评价不仅更加严格，它的评价范围也更加广泛。在清晰集或多值集分析中，某一前因组合的评价仅使用完全符合它的那些案例——存在于某一真值表行内的案例。如果在既定行内的案例都一致地展现了结果，则该组合就构成了结果的一个充分条件。相比之下，在模糊集中，每个案例在真值表的每个行中均有部分隶属度（每行都代表着一个不同的条件组合）。因此，对每行作为充分条件的一致性评价涉及分析中所有的案例，且评估重点是案例的结果隶属度与其某组合隶属度的绘制图构成上三角模式的程度。这种上三角模式是子集关系的重要特征。因此，在 fsQCA 中，每个条件组合的评价是基于所有案例呈现的模式，而非案例的某一小子集（如 csQCA 和 mvQCA）。

最后，相较于 mvQCA，使用模糊集不会加剧"有限多样性"问题。mvQCA 的一个主要缺陷是每增加一个新类别，条件的逻辑可能组合就会急剧增加。例如，四个条件采取二分类时，可以产生 16（$=2^4$）个逻辑可能组合。对这四个条件如果进行三分类转换，将产生 81（3^4）个逻辑可能组合。但是，如果将四个条件从二分类转换为模糊集，将产生与清晰集分析同等数量的 16 个逻辑可能组合。其与清晰集的关键差别，在于模糊集的这 16 个组合是四维向量空间的 16 个角。然而，在分析的层面，前因组合的数量是相同的，向量空间的每个角实际上构成了一个理想类型的条件组合。

要　点

- fsQCA 保留了一般 QCA 方法的主要方面，但同时它允许分析在程度或水平上变化的现象。
- 通过构建布尔真值表总结多种模糊集分析的结果，本章介绍的 fsQCA 程序搭起了模糊集与传统真值表分析的桥梁。这些模糊集程序不同于 Ragin(2000) 描述的模糊集程序。
- 模糊隶属分数（即案例隶属集合的程度）结合了定性和定量的评价。
- 在研究因果复杂性中，主要的集合理论关系是子集关系。案例可以按照它们与子集关系的一致性程度进行精确评价，通常评价的目的是确立某一条件组合是结果的充分条件。
- 在 fsQCA 中，充分性的评价特别严格，因为它采取了更加精确的标准和更加广泛的案例，对于每个条件组合都分析所有案例。
- "逻辑余项"在 fsQCA 分析中很重要，可以避免使用它们（复杂解）、使用它们却不做合理性评价（简约解），或

> 者基于实际和理论知识选择性的使用（中间解）。
>
> **关键补充读物**
>
> Klir et al. (1997), Ragin (2000, 2006b, 2008)；Schneider & Wagemann (2007), Smithson & Verkuilen (2006).

注释

1. mvQCA 应用包含二分类条件和一个或两个三分类条件的优势——参见专栏 4-4。

2. 关于模糊集校准的更多内容参考 Ragin(2007,2008)、Schneider 和 Wagemann (2007)，以及 Verkuilen (2005)。

3. 如果一个前因组合中的所有隶属分数都很低，则该组合非常容易满足子集关系的充分性（前因组合中的隶属分数必须小于等于结果中的隶属分数）。但是在这种情景下，子集关系的一致性是没有意义的，因为研究者缺乏该组合下的好的实例（即该组合下隶属度大于 0.5 的案例）。

4. 注意，如果某一案例在任何一个条件中的隶属度都为 0.5，则该案例在包括该条件的任何前因组合中的隶属度都仅为 0.5。因此，任何编码为 0.5 的案例都不是最接近任何一个包含该条件界定的向量空间角的案例。

5. 注意，当计算模糊集理论的一致性的公式应用于清晰集数据时，它返回的就是一致性案例的比例。因此，该公式可用于清晰集和模糊集。

6. 没有满足研究者选定的频数阈值（根据大于 0.5 隶属度的案例数）的行将被作为"逻辑余项"行。将这些行作为"逻辑余项"是合理的，因为这些行中没有足够的证据支持进行集合理论一致性的评价。

7. Ragin (2000) 展示了如何引入概率尺度评价子集关系的一致性，同样的尺度可以在修改后用于这里。概率检验需要一个阈值（如一致性 0.80）和一个 alpha 值（如显著性 0.05）。通常将一致性分数按降序排列，并观察在一致性分数的上部范围是否存在一个明显的缺口。通常，临界值不应低于 0.75；推荐使用临界值大于等于 0.8。一致性的取值范围为 0.0～1.0，其中 0.0 与 0.75 间的分值意味着存在实质的不一致性。

第 6 章

应用回顾与评论

Sakura Yamasaki 和 Benoît Rihoux

本章目标

阅读本章之后，你应该能够：
- 理解如何处理 QCA 技术的关键步骤以及在实际应用中需要解决的具体困难
- 对使用 QCA 技术的"良好实践"和创新性的方法有着更为准确的认识
- 能够阅读已发表文章的应用并依据关键实践步骤评估这些应用的质量

虽然 csQCA 是 QCA 应用的主流，其两个技术同胞，即模糊集 QCA 和 mvQCA，自从 2000 年和 2004 年各自创立以来，已经迅速跟进。本章的结构遵循三种技术之间的时间顺序关系。csQCA 的应用回顾强调该技术的一些关键方面，例如二分法、矛盾组态的处理以及"逻辑余项"的纳入。至于模糊集 QCA 和 mvQCA，我们选择了既"标准"又有技术创新的应用。我们这样做的目的在于揭示实践中学者们如何处理前几章中讨论的问题（见第 2～5 章）。

6.1 csQCA

迄今为止，已有数百个研究将 csQCA 应用于广泛的学科中，从社会学和政治学（应用最多）到生命科学，再到经济学、管理学、犯罪学、心理学、地理学和其他学科。本部分围绕着使用 csQCA 时挑战的任何人所感知到将经受的重要和棘手的问题来设计，因为分析质量在很大程度上取决于这些问题是如何被处理和解决的：案例和条件的选择、二分法、矛盾组态、"逻辑余项"和矛盾的简化假设。

6.1.1　案例选择

由于案例构成了任何比较分析的基本焦点，比较分析中的案例选择过程比起大样本统计应用或单个案例研究来说需要更多的关注（Geddes, 2003；Collier, Mahoney & Seawright, 2004；Griffin, Botsko, Wahl & Isaac, 1991）。事实上，鉴于任何比较分析的案例敏感性，这一最初步骤的严格性对于结果的解释至关重要。

Scouvart（2006；Scouvart 等，2007）试图揭示致使巴西沿着公路砍伐热带雨林的规律性。她的案例选择方法包含三个步骤。首先，她从范围较大的巴西亚马孙河流域到巴西亚马孙森林中具体的"砍伐区的农业边界"，通过逐渐缩小范围的方式确定调查领域。这些边界地区见证了森林砍伐的最严峻形势，并且有几个共同特点，例如出现人类活动（移民和定居者）以及存在漫长的构造道路，但它们的生态系统不同。Scouvart 还通过现有丰富的科学来源（这是她元分析的关键）、政治和社会经济背景的同质性、人类活动的同质性以及道路的无处不在（从而使其作用可能受到控制）证明其研究领域描述的合理性。

其次，Scouvart 基于三个历史阶段将调查领域分层。由于"人文环境的重要演变"和"政府政策、宏观经济和政治背景，以及各类行动者的利益和动机"的变化，这种时间序列是必要的（2006，p.99）。然后，她解释了为什么所选择的时期是巴西森林砍伐背景下的三个不同阶段。

最后，Scouvart 通过对其研究案例的明确定义，使得其调查研究的理论、地理和时间区域可操作化：

> 位于巴西亚马孙森林采伐区的农业边界地带，沿着一个国道或州道，观察与该研究的一般背景（巴西政治背景）有关的给定时期，并已成为一个多学科的专家团队主动研究的对象，这些专家相互联系并愿意合作（2006，p.101）。

最终，七个地带被选择作为研究案例。Scouvart 坚持这些案例是被**建构**出来的，而不是随机选择的，这在形式化地理科学中是常有的事。这七个仔细选定的地带涵盖了毁林进程的地理**多样性**。这符合 QCA 的一般重点：超越相对频率、分布和案例代表性问题，QCA 强调情境和因果结构的多样性（2006，p.104）。Scouvart 通过三个不同时期考虑这七个案例，在她的研究中增加了历时性。

总而言之，Scouvart 对案例选择过程的详细描述提醒我们，在任何比较设计中，这一步都是至关重要的，更不用说在 csQCA 等形式化技术中了。案例不是像在统计技术中"给定"或随机选择的，而是经过仔细定义和选择，以便最大化研究因素的多样性，并最小化背景条件的变异。

6.1.2 条件选择

在一篇常被引用的文章中，Amenta 和 Poulsen（1994）确定了 csQCA 条件选择的五种方法。实际上，他们的论点也可以扩展到其他 QCA 技术中。

专栏 6-1

QCA 条件选择的六种方法[1]

- **综合方法**，其中在迭代过程中要考虑所有可能因素。
- **视角方法**，代表 2～3 个理论的一组条件在相同模型中被检验。
- **显著性方法**，基于统计显著性标准选择条件。
- **二次审视方法**，研究人员添加一个或几个被认为是重要的条件，尽管这些条件被排除在以前的分析之外。[2]
- **并发方法**（由 Amenta 和 Poulsen 所提倡），依据"并发或组合建构理论和一个结果具有多重原因组合的理论"选择条件（1994，p.29）。
- **归纳法**，多数是按照案例知识而不是现有理论选择条件。

下面，我们用选定的已发表的应用来举例说明每个策略。

Rihoux（2001）研究了影响 12 个西欧国家的 14 个绿色政党之间主要组织变革的因素。条件选择遵循迭代过程，从开放的组织变化模型开始，并考虑 26 个潜在条件。这清楚地例证了**综合**方法。事实上，在前面的步骤中，Rihoux 使用 csQCA 测试了两个最权威的理论，但是这些检验产生了很高比例的矛盾组态。这促使他结合这两种理论的条件（实际上，也运用了**视角**方法），加上一些源于从文献中提取的主要理论和模型的其他条件，以便实施 csQCA。

通过大量的初步检验，其中不得不重新定义和重新实施许多条件，Rihoux 最终获得了一个足够简约而且没有矛盾组态的"操作模型"。13 个初始条件中的 6 个被保留在这个模型中：主要选举成功、重大选举失败、进入管理机构（议会或政府）、主导派系转向赞成"现代化"导向、组织规模增加，以及相反，组织规模减小。这些条件中的一些（例如最后一个）是初始 26 个条件中某些条件的聚合。这种选择变量的综合方法的局限在于它可能（非常）耗时。然而，它具有降低遗漏变量风险的优点。

Schneider 和 Wagemann（2006）的方法与 Amenta 和 Poulsen 的**统计显著性**方法的完美例证略有不同。[3] 他们使用了形式化区别技术，但由于他们在两步骤法的应用过程中使用了 fsQCA（见下文），他们的方法更有内生性，因此更符合统计方法和组态方法之间基本的本体论差异。

考虑到随着条件数量的增加，QCA 中可能组合的数量在呈几何级数增加，因此，"有限多样性"是一个反复出现的问题。基于"远因"和"近因"条件之间的区别，Schneider 和 Wagemann 将布尔最小化分成两个步骤。远因条件"随时间相对稳定"（p.760），并且"远因条件的起源通常在时间和／或空间上也是远离被解释结果的"，而近因条件"随时间而变并且受制于行动者引起的变化"（p.760，所有引用均来自此段）。远因条件与近因条件之间的区别"不仅与空间和时间相关，更主要的是与假设的因果影响有关"。因此，概念的区别要保持一定程度的灵活性，并且"取决于各种因素，例如研究的问题、研究的设计或设定因变量的方式"。在第一个步骤中，只分析远因条件，包括"逻辑余项"。然后将以这种方式导出的（未指定的）广泛的条件组合与用于第二步分析的近因因素相"混合"，此时没加入"逻辑余项"。

Schneider 和 Wagemann 采用他们的两步骤法来分析导致 32 个相对"新"民主国家民主巩固的因素。他们考虑了六个远因条件：经济发展水平、教育程度、民族语言同质性程度、与西方的距离、先前民主经验的水平和过去共产主义的发展程度。按照每个远因条件和结果变量（巩固的民主存在）的模糊隶属度值的组合对 32 个案例进行编码。在将模糊值真值表转换为清晰值真值表（参见第 5 章）之后，Schneider 和 Wagemann 运行布尔最小化，纳入"逻辑余项"的最小化公式生成了一个三条件集合，其中每一个条件自身都是充分的：高水平的经济发展、高度的民族语言同质性，以及共产主义在过去的缺乏。由于可以被视为"逻辑冗余"，其他三个远因条件因此被清除。分析的第二步需要进行三个分析：将每个保留的远因条件"混合"三个近因条件，即执政形式、选举法的类型和政党分裂的程度。然后将每组四个条件最小化，这次不加入"逻辑余项"。

因此，这个两步骤分析提供了一个有待检验的模型：简约但理论上丰富和稳固。如果只在单个步骤中进行分析，即加入所有的 10 个条件，则逻辑上将存在 1 024（2^{10}）个可能组合，而在两步骤分析的第二步，三种分析中的每一个都仅有 16 个（2^4）组合。因此，这种条件选择的方式与 Amenta 和 Poulsen（1994）确定的**显著性**方法非常相似，但具有避免"未能观察到 QCA 的组合认识论"危险的优点（p.28）。

Osa 和 Corduneanu-Huci（2003）对专制政权中社会运动的研究例证了"**二次审视**"方法。他们探究了政治机会结构（Political Opportunity Structure, POS）（Eisinger, 1973；Kitschelt, 1986；Tarrow, 1994）是否能够成功地应用于非民主国家。他们以 15 个独裁国家中发生动员或不发生动员的 24 个案例对这个概念进行了验证。基于 Tarrow 的公式（1994），选择四个条件来表示 POS：国家镇压的水平、精英分裂、存在有影响力的盟友以及媒体访问或信息流。

然而，建立在这个模型上的真值表显示了许多矛盾组态，并且最小化公式不允许一致性解释。因此，作者决定在 POS 概念中吸收社会网络的维度，以巩固他们的模型。具有五个条件的新模型将矛盾组态的数量从接近组态总数的一半减少到仅一个组态。在最后的最小公式中，国家镇压水平和社交网络的作用突出。更具体地说，增加和减少的国家镇压是否会产生对动员相反的效应，取决于它们与抗议周期的时间一致性，并且专制国家中社会网络对人们的动员效果比民主国家中的更强。

这种与内生的**显著性**方法一样的方式内生的**二次审视**方法，避免了 Amenta 和 Poulsen（1994）未识别的一些陷阱，也安全地绕过了一下警告，即"除非事先预期到特定的组合效应，否则逻辑学规定这一策略将沦为**综合**方法"（p.29）。

Amenta 和 Poulsen 的第五种方法即**并发理论**方法，具有"真正把 QCA 看作一种方法，开发其分析因果异质的并发结果的能力"的优点（1994，p.29）。它也符合最近的比较历史分析中的争论，根据该争论，需要把社会现象中宏观比较研究固有的理论复杂性和用于分析它的方法嫁接起来（Hall, 2003）。

Amenta、Caren 和 Olasky（2005）在 csQCA 的应用中采用这种方法研究社会运动对美国 48 个州老年退休金计划的慷慨行为的影响。根据他们的理论假设，即仅当与有利的政治和制度局势或与社会运动组织角色的果断行动结合时社会运动才能对社会政策产生影响，他们选择了六个条件。制度特征由两个条件表示，POLLTAX 和 ADMIN，政治局势由两个其他条件 PATRONAGE 和 DEMOCRATIC 表示，社会运动的行动由最后两个条件 MOBILIZED 和 ASSERTIVE 表示。根据作者关于运动影响慷慨的社会项目的**并发**假设，"在结构上和政治上有利的短期局势下，产生集体利益只需要挑战者的动员；当短期政治条件不利时，更果断的行动才是最好的策略，这类活动足以带来结果"（p.528）。这种并发假说也可以用布尔项表示，这是使用布尔算法验证假设的必需步骤

$$H = polltax * patronage（MOBILIZED*（DEMOCRAT+ADMIN）+ ASSERTIVE）$$

（6-1）

然而，作者没有进行正式的假设检验，而是以非正式的方式评估证据，评估他们得到的最小化公式和假设之间的匹配度。他们利用 csQCA 的潜力来解决**并发**研究问题，否则，这个问题依靠推理统计技术将难以回答。由于 csQCA 评估与结果相关联的条件组合，他们在系统地阐述研究问题时需要非常审慎：不是询问运动是否通常有影响力，或运动的某些方面是否总是有影响力……我们询问**在什么条件下**社会运动可能是有影响力的（2005，p.517，重点是我们的）。

最后，在定性分析中，就案例的特定维度而言，研究人员有时面临着现有理论的缺乏。在这种情景下，选择条件不能仅仅依靠演绎方法，但可以基于研究者的深入的案例知识，依靠**归纳**方法做出选择。这种知识为先前存在的理论所提供的常识增加了一个"刀刃"，允许针对所考虑的案例池而构建一个更清晰的解释模型。

几个应用已明确采用这种迭代（归纳—演绎）方法来引导他们的条件选择。Clément（2003，2005a，2005b）通过观察发现没有适当的单一理论可以用来解释南斯拉夫、黎巴嫩和索马里的国家解体，于是开始分析国家解体的过程。然后，她"撒一张大网以涵盖国家不稳定的相关理论（如战争、革命、社会动员和分裂）"（p.8），并基于对导致三个国家中的每一次民主衰减的历史进程的深入了解，她建立了一个四条件模型，这些条件单个不足以产生国家解体——"需要组合在一起才能达到这个结果"（p.8）。这四个条件是：易变的国际环境、经济急剧衰退或大量增长、先进组织动员以及政治精英的错误吸纳。因此，假设**所有四个条件一起**

发生被认为会触发国家解体。

条件选择的第六种方法最接近于 Amenta 等人的综合方法，但是当要分析的案例数相对较少时，前者似乎更合适。一方面，相比研究代表大众的较大数量案例的理论，与被调查研究的小量案例相关的现有理论可能更难以识别。另一方面，当案例知识更深入且因此案例数量相对较小时，更容易提取精细的假设。最后，选择条件的归纳方法部分地并入了 Amenta 等人提出的并发理论方法。正如 Clément（2005a, 2005b）对国家解体的案例分析一样，基于案例知识比基于现有理论能够更直观地假设条件之间的并发关系。

6.1.3 阈值设置（二分法）

除了围绕二分法问题的方法论争论外，QCA 中有两种基本方法为条件设定一个阈值：机械法和理论法。以下应用阐明了用于阈值设置的每一种方法。

Redding 和 Viterna（1999）试图解释在 20 世纪 80～90 年代期间，18 个西方民主国家中左翼自由党派的相对成功，这些都作为选举成功的指标。他们从现有文献中选取了五个潜在条件：物质财富，以人均 GDP 衡量；经济安全，以高度的社会保障支出衡量；高度的劳动社团主义；左翼政党组建程度高的国家政府；以及存在一个按比例的代表制。

为了二分条件，使用由 Ragin（1994）提出的聚类技术对每个案例赋予数值。简言之，这个技术建立了具有 32 个角点（即 2^5 种可能的组合）的五维（五个条件）空间。在将条件的测量标准化之后，每个案例的值表示在该五维空间内的点坐标，并且"聚类算法用于测量这些点坐标与预先建立的群集角点之间的距离"（Redding & Viterna，p.497）。然后根据最接近的群集角点，对每一个案例的每一个条件进行评分。

这种阈值设置的机械化技术不是基于理论或实质性知识的。然而，Redding 和 Viterna 认为，这种方法表示"相对于一些策略而言有显著改进，这些策略依赖于数据中的中间值或某些'自然'断点来确定哪个变量赋值为 0 或哪个赋值为 1"（p.498）。事实上，许多现有的 csQCA 应用使用中值或平均值作为分界点来二分定距尺度的条件。此外，Redding 和 Viterna 认为，与理论上的二分程序相比，"通过精确的、可复制的方式，计算相对拟合的单个案例值，将案例的二分值赋予真值表的某一特定行"（p.498）。

相比之下，Varone、Rothmayr 和 Montpetit（2006）采用了一种纯粹的定性方法来设定阈值。他们审查了 11 个国家，这些国家的生物政策范围从限制性设计到许可性设计。他们定义了三个结果变量：限制性政策设计、中间政策设计和许可政策设计。例如，德国、挪威和瑞士被归类为具有限制性辅助生殖技术（Assisted Reproductive Technology, ART）政策，因为：

> 在这些国家中，许多技术被禁止，或者至少严格地受许可证和报告要求的限制……它们还禁止几种技术，即卵子捐赠、植入前诊断和胚胎捐赠……胚胎研究几乎完全禁止。（p.320）

另外，比利时、加拿大、意大利和美国等国家有 ART 政策方面的许可政策设计案例，因为：

> 当一些程序性规则得到尊重时，几乎所有事情都是允许的……可以实施范围非常广泛的技术。在意大利和美国的一些州只有生殖性克隆研究是禁止的，并且在加拿大由于自愿暂停而禁止……ART 主要由私人监管，即医生和医疗保健提供者的自我监管。（p.321）

其他四个国家（法国、荷兰、英国和西班牙）在 ART 政策设计的许可—限制性中被标记为"中间"。由此可见，没有数值变量被用于二分结果变量。相反，许多现行的规制及其优势已逐一被各个国家检验，这种定性评估构成了三分化规制的基础。

他们的五个解释条件也通过类似的定性策略进行二分。然而，对于空间问题，作者不可能分别证明每个国家条件编码的合理性。[4] 因此，对于每个条件，Varone 等人选择了两个案例，它们最接近条件的一些"理想—典型"类别，并基于这两个案例解释他们编码的理由。例如，"利益集团的动员"条件表明"政策设计的各种最终受益者的组织和动员力度"（p.328）。他们期望，在那些很少或根本没有经过这些利益集团动员的国家将允许 ART 的政策设计，相比之下，他们期望这些经过了多次利益集团动员的国家实行限制性政策设计。Varone 等人选择瑞士（非常强的动员力度；编码为 0）和西班牙（几乎没有动员；编码为 1）两个案例作为他们的理想类型，然后以深入历史的方式描述每个国家利益集团的（非）动员及其原因。在瑞士，使用大众直接民主制度来抵制政府更许可的政策路线，导致 1998 年限制性 ART 联邦法律的颁布实施。相比之下，令人惊讶的是，虽然西班牙的人口中有强烈的宗教基础，但实施的 ART 政策是最自由的之一，几乎没有受到教会或其他利益集团的抗议。作者将这归因于历史和背景原因，由于一个超负荷的议程（反流产、教育问题中的宗教等）和政策本身的复杂性，天主教社区"未能采取一致的策略，未能动员足够的资源"（p.329）。作者认为，在法律通过时，具有天主教基础的政党被描述为缺乏能力而一直处于被掣肘状态。

至于结果变量，没有定量测量方法为二分条件确定一个明显的阈值；相反，Varone 等对二分过程采用了定性的和以历史知识为基础的标准。虽然这种类型的策略不能确保可复制性，因为锚在案例知识中提供了一个更强的经验证明，而且在分析结束，重新建立 csQCA 最小公式与案例的连接时，这种案例知识带来的价值可能是最有用的。

6.1.4　处理矛盾组态

如前所述，当案例在某些相关条件上具有相同值而在结果变量上显示的值不同时，矛盾组态出现。先前章节已经确定了八个策略来解决这个问题（见专栏 3-6）。这里，我们通过重新审视这些策略并检验其他选项来继续讨论这个问题。

首先，让我们再次检查"概率性的"策略（专栏 3-6 中的策略 8）：结果变量的值被重新编码为高频值。这个经常被应用的选项（例如，Amenta 等，2005；Chan, 2003）在不可能再追溯至案例或理论的情况下，具有最直观和最快速的优点，但是它与 QCA 的主要论点背道而驰，QCA 认为组态中案例的相对频率不应该是主要焦点。

同样，在较大概率性方法的脉络中，Roscigno 和 Hodson（2004；Hodson & Roscigno, 2004）在他们的组织人种学元分析中提出了另一种解决矛盾的方法。对所观察案例的每个组态，他们分别考虑具有结果 [1] 和 [0] 案例的相对频率，然后使用常规统计方法（t 检验）做出比较：一方面是组态的结果分布，而另一方面是未被组态获取的案例的结果分布。使用这种技术，他们能够证明，从统计学即概率性视角，其中的一些矛盾组态能够或至少在某种程度上能够被解决，否则它们将被排除在一个标准的 csQCA 最小化过程之外。

还有其他策略未在专栏 3-6 中列出，因为据我们所知，它们迄今尚未在现实生活应用中得到检验。其中之一指出将所有的矛盾组态纳入最小化分析。例如，为了解释政变的发生，导致政变的发生和不发生的组态都将被纳入最小化，并且反过来，对于政变不发生的组态最小化也一样。这种完全纳入的逻辑适用于进一步确定结果的所有可能的原因，而不适用于寻求**所有**可能的原因减去导致结果不发生的原因。Ragin（1987）认为，这种策略是复杂性完全纳入的一种，因为每一个可能的解释路径都被考虑在内（pp.116-117）。然而，Ragin（1987）建议的另一种策略是将所有矛盾组态编码为"逻辑余项"，然后让软件依据它们的最小化能力，把它们编码为 [0] 结果或 [1] 结果的案例。

解决矛盾组态最有效的方法是**组合**上述策略。例如，在日本农民革命原因的研究中，Nomiya（2001）确定了三个矛盾组态。其中之一对应于发生农民革命的六个案例和不发生革命的 57 个案例。基于积极的和消极的案例之间不平衡的强度，Nomiya 决定将该行编码为 [0] 结果组态。因此，他解决这个矛盾组态使用的是概率性方法。然而，剩余的两个矛盾组态需要非直观性的处理，因为这两个矛盾组态中分别导致积极结果和消极结果的案例数量差不多。在这些案例中，Nomiya 检验了两种可能性，即他使用结果编码为 [1] 的这些组态将真值表最小化，然后使用结果编码为 [0] 的相同组态最小化。Nomiya 区分了两种策略的不同含义，具体如下：在 [1] 结果最小化时排除矛盾组态（即将矛盾组态编码为 [0] 结果的组态）产生了一个最小公式，其确定了**完全**导致农民革命的条件，然而在纳入矛盾组态进行 [1] 结果最小化（即矛盾组态编码为 [1] 结果的组态）的分析中，其确定了**可能**导致农民革命的条件（也见 Ragin，1995，关于解决矛盾的这种方法）。简而言之，第一个公式提供了一组独一无二的解释因素，而第二个公式在解释因素上提供了一个更具包容性的视角。事实上，Nomiya 得到了两个略微不同的最小公式，并将其应用于他的研究假设中。对于农民革命的发生，他假设了两个条件（经济转型和政治不稳定）的联合效应。然而，这两个公式都没有列入两个联合条件对于农民革命的必要性。因此，他拒绝了这个假设，即经济和政治转变同时发生对农民革命的发生是必要的。

Nomiya 的策略组合说明了使用者根据矛盾组态的"类型"灵活解决的必要性和可能性。他对矛盾编码的两种方法的检验也可以被视为稳健性检验。此外，由于他从概念上澄清说明了两种编码选择（在 [1] 结果的最小化中纳入和拒绝矛盾组态），因此有利于解释两种不同的公式。

使用另一种策略组合，Fischer 等人（2006）最终是从真值表的矛盾组态中去除了两个 [1] 结果案例，因此留下了一个具有 24 个 [0] 结果案例的"干净的"行。因此，一开始看来，他们似乎只是使用"概率性"策略。然而，作者对矛盾的可能来源进行了非常仔细和彻底的解释，并在做出最终决定以移除两个积极的案例前确定最可能的原因。首先，他们通过再次检查案例，消除了由于编码错误产生矛盾的可能性。其次，他们回到两个有问题的案例，分析它们具体的历史背景，并确定了这两个案例与其他 24 个案件的区别。他们彻底地描述和分析了这两个案例，以寻找任何遗漏变量。因此，Fischer 等人发现了一个潜在的遗漏变量：一段时间内对恶化事件的数量而言的危机强度（导致部长辞职，结果变量）。此外，他们还强调"第一个和第二个 [案例] 在原因和内容方面有惊人的相似"（p.727）。然后，他们考虑在分析中纳入一个时间维度，希望此举可能将这两个有问题的案例与另外 24 个矛盾案例区分开来，但他们"没有为阈值效应找到任何一般证据。因此，简单加入'时间'变量不能解决他们的问题"（p.728）。经过一系列分析之后，他们决定从分析中删除两个有问题的案例："虽然这只是次优选项，我们认为这是合理的，因为移除的案例数非常小，理论上的异常不能通过追溯它们来消除"（p.728）。

总之，矛盾组态是 csQCA 最具挑战性的特性之一，因为它们迫使使用者停下来并考虑模型的稳健性。这就是为什么矛盾也是 csQCA 的自我强化工具之一。以最彻底和透明的方式处理矛盾不仅可以提高分析的科学质量，而且是真正理解 csQCA 用途的一个标志（也可参见第 7 章）。

6.1.5 "逻辑余项"的纳入

如上所述（p.59），"逻辑余项"是布尔最小化程序的核心。本节的目的是介绍 csQCA 应用：讨论"逻辑余项"的"具体细节"，这包括"逻辑余项"被纳入的不同程度，以及其余统计技术和更多定性方法的比较。

Stokke（2004）为 csQCA 提出了一个有力论据，处理了"有关建模条件不存在组合的假设"，并将其与典型统计技术和更多定性方法（如叙事分析）中的处理条件的方式相比较。与统计分析相反，统计分析"常常对同质性、相加性和线性做出强假设"，而 QCA"在开始时不进行简化假设"，"当引入这样的假设时，研究人员能够在实质上详细说明它们从而评估其真实性"（p.107；原文强调）。另外，"叙事比较论者永远不能进行这种类型的思想实验……而不具有与 QCA 相同水平的准确性和透明度"(p.108)。

为了证明这一点，Stokke 展示了在不同程度上纳入"逻辑余项"的可能性。由于为 10 个案例设置了 5 个条件，他承认"现有数据中多样性的局限是相当大的"，即使这些局限"几乎不大于多数的叙事结构比较"（p.107）。在不纳入任何"逻辑余项"的首次分析之后，他提出了最小公式，在此公式中所有"逻辑余项"都有可能被纳入，即最简约最小公式。Stokke 检查了该最小公式的理论含义，它看起来是一致的。然而，他指出需要接受几个假设，以便从纳入"逻辑余项"之前的公式转移到纳入之后的公式。他列出了包含在最小化程序中的简化假设，并评估了它们相对于结果而言的理论合理性。这使得他确定了一些假设，这些基于一个特定条件的假设价值在于可以引起研究者对假设与结果之间因果关系的一些怀疑。由此，他决定"更谨慎的做法是删除那些假设，这些假设藏匿成功 [结果变量] 而无须承诺 [条件缺失] 的要求"（p.108）。这样做，他获得了一个最小公式，与完全纳入"逻辑余项"的公式相比，具有较低的一般性，但与完全排除"逻辑余项"的公式相比，具有更高的一般性。因此，Stokke 得出了一个具有更强理论基础的"中间"解，而不是完全纳入"逻辑余项"的解。

这种理论上"逻辑余项"的知情纳入连接了 Ragin 和 Sonnett（2004；也可参见 Ragin & Rihoux, 2004a；Ragin, 2008）所提出的想法：作者区分了两类"逻辑余项"：相对容易赋予一个给定结果值（因为有清楚的理论预期）和很难赋予一个给定结果值。这种知情纳入 / 排除"逻辑余项"的策略具有强化 QCA 一般性（generalization）的优点，因为它通过要求对未观察到的案例所做出的假设进行了详述，避免了案例导向和变量导向研究的主要缺陷。这一策略的现实应用已由 Grassi（2004）对拉丁美洲政治制度的民主巩固的分析和 Clément（2004）对索马里、黎巴嫩和南斯拉夫国家解体原因的探索落实成真。

6.1.6　处理矛盾的简化假设

回想一下，当在 [1] 结果组态的最小化和 [0] 结果组态的最小化中使用相同的"逻辑余项"时，会出现矛盾的简化假设（contradictory simplifying assumption, CSA），从而使研究者对于"逻辑余项"的结果值做出矛盾的假设。

在逻辑层面，分析中 CSA 的存在是一个应该被纠正的缺陷。在 QCA 的许多应用中，[1] 结果的最小公式也可以解释 [0] 结果的最小公式，即几个条件同时产生了社会现象（结果）的出现或缺乏。然而，这意味着可以用相同的条件解释是否存在现象（结果）。在这种情况下，当假定用相同的"逻辑余项"**解释**具有 [1] 结果的案例和具有 [0] 结果的案例时，CSA 便成为一个问题。

只有少数已发表的应用解决了这个问题（Rihoux, 2001；Scouvart, 2006；Scouvart 等, 2007, Skaaning, 2006；Vanderborght & Yamasaki, 2004）。解决 CSA 的基本策略是将"理论案例"添加到真值表中。首先，必须明确 CSA。这可以通过软件将纳入"逻辑余项"的 [1] 结果最小公式与纳入"逻辑余项"的 [0] 结果最小公式做交集分析，或通过比较各自所使用的"逻辑余项"的列表来实现。其次，基于经验和/或理论知识，赋予所确定的 CSA 一个特定的结果值。例如，如果条件 A.B.c（A 存在且 B 存在且 C 不存在）的组合是 CSA 之一，则使用者必须判断其是否会产生一个更强的理论案例，即 A.B.c 导致结果的存在或不存在，然后将所创建的理论组态添加到真值表中。这为条件的组态赋予了固定的结果值，从而防止它变得矛盾。如果有多个 CSA 组态，所有的组态都应该被理论案例替代，并添加到真值表中。再次，最小化新的真值表，但是应当再次检查由软件生成的其他 CSA 存在的可能。如果它们存在，则需要以迭代的方式重复第二步和第三步，直到没有 CSA 存在。

当只有几个 CSA 时，上面强调的过程才是适当的。在 Vanderborght 和 Yamasaki（2004）的文章中，新的最小公式甚至产生了比前者（含有 CSA）更简约的公式。然而，如果 CSA 的数量很大，即超过六个或七个，其解决方法可能会成为一个技术和理论的迷宫。当多样性更有限时，即当空区域的数量（见第 3 章的维恩图）大大超过观察案例区域的数量时，产生大量 CSA 的风险将增加。因此，CSA 的过度存在可能指向条件选择中的一些更基本的问题，并且使用者可能需要回到理论和经验考虑上进行，以便修改模型。

最后，应该注意到，如果研究人员避免依赖由 QCA 产生的最简约解，而是使用理论和实质知识来指定中间解，CSA 的问题就不那么严重。记住，当推导中间解时，理论和实质知识指导了"逻辑余项"的纳入，并且只允许使用那些可信的"逻辑余项"（从反事实分析的角度看是"容易的"）。虽然中间解的推导不能保证消除 CSA，但实际经验表明，这种做法几乎涵盖了 CSA 的所有最小公式。此外，现在可以用于推导中间解的程序（包括清晰集和模糊集分析）均由 FSQCA（软件）实施。FSQCA 提供了一个对话框，使用者可在对话框中输入有关如何将条件与结果相关联的基本信息。然后，该信息被用于指导选择纳入中间解的"逻辑余项"。

| 专栏 6-2 |

"良好实践"（11）：贯穿 QCA 程序的技术判断和实践步骤

这种对 csQCA 应用的选择性回顾使我们发现了一系列额外的、更为横向的技术性良好实践（也适用于 mvQCA 和 fsQCA）：

- 对于每个技术判断（包括案例选择、阈值设置、"逻辑余项"的纳入等），总是证明你选择的合理性，并使选择透明化。
- 同样，通过重新运行和分析不同的技术判断进行敏感度（sensitivity）分析或许是有用的。
- 不要害怕改变整个研究过程中你的一些初始判断。QCA 技术最好以迭代的方式使用。
- 在许多情况下，没有单一的"一刀切"策略可以应用。通常，将解决问题的策略组合起来使用效果最好。
- 不要机械地使用"逻辑余项"（和所得到的简化假设），必须认真考虑纳入它们的理论含义。
- 如果对 [1] 和 [0] 结果组态分别最小化产生了矛盾的简化假设，则必须识别和解决这些假设。

6.2 mvQCA

我们在此讨论一个具体的现实生活应用，Cronqvist 和 Berg–Schlosser 在 2006 年分析了撒哈拉以南非洲地区的艾滋病病毒的流行趋势，因为它阐明了一个基本的 mvQCA 以及对 csQCA 和对多元回归的增值和限制。

为解释 1997～2003 年艾滋病病毒感染率的下降，他们首先使用多元回归的双变量分析和多变量分析方法研究了一组潜在的解释因素，将程序应用于所有 42 个撒哈拉以南非洲国家的数据。他们发现，在控制识字率、农业在国内生产总值中所占的份额和性别平等指数（gender equity index, GDI）时，新教教会的主导地位和艾滋病病毒感染率的下降之间存在正相关关系（0.51）。他们猜测，这可能反映了某些殖民地模式的遗产，特别是"移民劳工的情景……男人不得不离开他们在农村的家庭"（p.151）。

接下来，将 csQCA 和 mvQCA 程序应用于 1997 年艾滋病病毒感染率高（高于

6%）的 19 个国家（案例），以测量 1997～2003 年应用政策的影响。这些条件仅限于该特定时期的背景因素（因此排除了宗教因素）：识字率、性别平等指数、农业在国内生产总值中所占的份额，以及由于艾滋病造成的死亡率（代表对艾滋病病毒/艾滋病危险的认识程度）。使用 csQCA，真值表显示在总共 9 种组态（共包括 19 个案例）中存在两个矛盾组态（8 个案例）。当三分死亡率条件时，更新的 mvQCA 真值表仅产生了一个矛盾组态（4 个案例），其中，在重新审查相互矛盾的行中的案例之后，要求对一个案例即中非共和国做出进一步解释。去除那个案例后，真值表包含 18 个案例并且没有矛盾组态。从技术上说，mvQCA 最小化公式（纳入"逻辑余项"的 [1] 结果和纳入"逻辑余项"的 [0] 结果）比使用 csQCA 获得的结果更简洁，但是，归根结底，解释性路径指向全部类似模式：大多数案例中艾滋病病毒感染率下降是与艾滋病有关的高死亡率或农业在国内生产总值中所占比例高有关。基于这些发现，Cronqvist 和 Berg-Schlosser 列举了一些政策建议，并主张根据每个国家的具体情况对政策进行区别应用。

这个应用证明：基于使用 csQCA 的相同数据，与使用多重回归分析相比，使用 mvQCA 可以了解到更多；并且改编过的阈值设置程序（使用 mvQCA）是解决矛盾组态的一个有用的策略。它还显示了如何以互补的方式使用不同的技术。

6.3 模糊集

在本节中，我们讨论五个已发表的模糊集应用。注意，它们不是第 5 章中描述的模糊"真值表"算法（fsQCA）的应用，而是使用 Ragin（2000）描述的模糊"纳入"算法。对于所选择的每一个应用我们都将阐明一个具体的方法论点。

6.3.1 Hagan 和 Hansford-Bowles（2005）：一个稳健的应用

在越南战争期间，作为一个政治抗议行动，大约 50 000 名符合应征年龄的美国人移民到加拿大。在加拿大，他们中的很大一部分活跃在反越南战争运动中。该篇文章的作者讨论了个人特征的问题，它导致美越战争的反战者首先参加行动派，然后维持他们的行动派。它们产生了两个结果：个人参与反战行动派的程度和目前参与行动派的程度。对于第一个结果，该作者选择了四个条件：以"替代经验"来衡量帮助新来多伦多的美国人的个人努力程度、对父母激进主义的衡量、个人的政治立场以及过去参加美国民权和和平运动的经验。对于第二个结果，该作者选择了六个条件：与其他活动家持续的接触水平、交替经验度量（如上所述）、抵达加拿大后参与反战活动的程度、当前左派的水平、父母激进主义的水平（如上所述）以及过去参与美国民权与和平运动的经验（如上所述）。该作者检验的主要假设涉及交替经验进入行动派的解释力量和解释保持行动派的性别分裂模式。他们采用针对越南战争期间在多伦多定居的100名美国反战者样本的访谈测试来看这些模型。

作为模糊集分析的结果，该作者发现，替代经验确实是解释这一组集体反战行动派出现的必要条件。此外，他们的研究结果指出，与活动家的持续接触是妇女继续成为行动派和形成强烈的左派政治倾斜的必要条件，是男子继续成为行动派的必要条件。最后，该作者主张区分紧急行动派机制和持续行动派机制之间的区别，并建议说这些机制可能对男人和女人来说是不同的。这个应用是稳健的，并显示了模糊集分析的所有实际步骤，以及组态逻辑的经验有用性（它挖掘到趋向一个结果的路径的多样性）和关于"必要性"和"充分性"的思想价值。

6.3.2　Katz、Vom Hau 和 Mahoney（2005）：模糊集与回归

在本节中，作者（Katz、Vom Hau 和 Mahoney）比较了通过模糊集分析和回归分析所获得的 1750～1900 年间 15 个西班牙美洲国家社会经济发展逆转解释的结果。他们建立了具有五个条件的两个结果的模型（土著人口的集中度、农业的劳动密集度、对热带农业和矿物出口的依赖程度、殖民地精英中自由主义者的力量和殖民地精英中保守主义者的力量）。

模糊集分析表明，一个强大的自由派对经济的发展在概率上是必要的，而密集的土著人口通常是社会不发达的必要条件。他们还发现了满足社会不发达的两个充分条件组合，但这些组合也是必要条件"密集的土著人口"的子集。另外，当 OLS 回归分析产生较不稳定和高度不稳定的结果，如同当许多变量被投入多元回归时，双变量分析得出的结论有时会被扭转或失去它们的统计意义。

在他们的方法总结中，指出了因果关系方法中模糊集分析方法和回归分析方法的根本差异，因此也指出了他们假设构想中的天然分歧。此外，他们认为在小样本分析中，模糊集分析技术在面对诸如多重共线性和自由度的问题时要比回归分析技术好用，部分原因是采用了模糊集的必要和充分因果关系方法通常是双变量。

6.3.3 Jackson（2005）：案例知识的重要性

在本文中，Jackson 试图解释 22 个经济合作与发展组织（OECD）国家的公司董事会中存在员工代表的必要和充分条件。他面临四组潜在条件：公司治理因素（所有权、股东权利等）、法律制度类型（民法或普通法）、工会力量和国家政治制度（选举制度、民主的共识类型对多数民主类型）。由于条件的总数（12）将削弱分析的稳健性，他首先分别测试了每组条件，然后使用有限数量的条件构建几个模型。变化的结果包括：最简约的公式，即普通法的缺失是公司董事会存在员工代表的必要条件，到理论上更复杂的结果，即两个反映充分条件组合的广泛路径。这两条路径显示了共同因素（协调的集体谈判、协商一致的政治制度和企业所有权集中）与斯堪的纳维亚半岛国家案例中强烈的政治左派或者日耳曼语族案例中较弱的政治左翼和较弱的投资者权利的结合。

每个检测模型都直面原始案例材料，以便产生所获得的公式和那些案例知识之间的对话。这强调了定性知识在评价逻辑推导公式时的有效性和效用上的重要性。事实上，着眼于证据，最简约的公式受到了 Jackson 的一些怀疑。他还报告说，在其他公式中，法国似乎是一个例外，它并不适合于任何一个模型。

6.3.4 Kogut、MacDuffie 和 Ragin（2004）："简化假设"的知情纳入

企业管理研究试图揭示 43 个汽车生产基地使其自身在质量和生产力上产生高绩效的组织特征与企业特性的组态。基于这个案例其中一位作者的早期研究，Kogut 等选择了反映管理实践集合的三个条件和三个其他背景或公司的特征条件。在分析产生高绩效的路径之前，他们首先对质量和生产率这两个结果进行了各自的充分性和必要性分析。后者通过质量和生产率交集的得分获得高绩效的测量。换句话说，通过取得生产力和质量的最低得分，用高绩效结果变量来检测这些工厂高质量水平和高生产力水平的组合。结果显示，与对质量和生产力单独分析中的三个必要条件相同：在标准日期内建造的车辆数量少、自动化水平高以及构造的汽车模型年龄低。如同其他的两个结果，自动化水平对于解释高性能特别重要。通过提出"在过渡时期，小型工厂有可能提供了更好的实验条件"（p.42），他们解释了第一个条件在意料之外的必要性（p.129）。

从模糊集方法的角度来看，最有趣的是简化假设的知情纳入策略。Kogut 等

首先承认有限多样性的挑战。使用简化假设对于实现条件（组合）对企业高绩效产生影响的某种一般理论论述是至关重要的。然而，他们警告说，所有的简化假设不应该以机械的、欠考虑的方式被纳入分析，并且应该首先根据理论和经验的可能性或有效性来评估它们。他们确定了几个简化假设，他们认为，理论上这些假设不应导致结果（高绩效）：三个管理实践条件中的至少两个显示了低得分。Kogut 等排除了这些简化假设，因为他们强大的理论知识显示缺乏这些实践的组织不可能与高绩效相关联。

他们还强调了在简化假设的处理上（反事实分析），组态分析相对于经典统计分析或定性方法的优势："研究人员可以明确地确定最小化所使用的简化假设，并基于理论或实际知识决定它们是否应该被消除或保留（p.122）。"更一般地，本文阐述了在解释 QCA 产生的最简约解时，应该采取警惕的"良好实践"，以及使用理论性和实质性知识来引导作为简化假设的"逻辑余项"的并入，从而产生"中间"解以约束不可信的简化假设。

6.3.5　Gran（2003）：作为一个类型学构建工具的模糊集

Gran 比较了为受虐待儿童提供服务的机构，以证明这些机构不能简单地使用公共与私人的二分法归类。他希望超越这种二分法"或许能揭露被忽视的政治制度和影响社会服务提供制度的行动者"（p.85）。他构建了部门的四种理想类型：完全公共机构、完全社会机构、完全个人机构和完全私营机构。这一构建所基于的标准有四个：资金来源、计划福利资格的普遍性、为受虐待儿童提供服务的动机类型以及"谁和如何"的管理方案。在 1999～2000 年，他从所分析的美国各地 74 个社会服务提供者中确定了一个包含 15 个提供者的子集作为基于信仰的组织（FBO）。

通过比较四种理想类型的部门和社会服务提供者，Gran 提出了两个主要结论。第一，没有一个社会服务提供者完全属于某个理想类型的部门。相反，"市场和个体部门似乎在所有个案中都发挥小作用……虽然社会部门在每一个案例中都发挥着重要作用"（p.97）。因此，根据二分法，使用公共/私人组合来描述社会服务提供者是误导性的。相反，"为受虐待儿童提供社会服务的规定是模糊的"，并且"不同的部门经常合作为受虐待儿童提供社会服务"（p.99）。

第二，Gran 认为 FBO 与其他社会服务提供者相似。换句话说，依据与四个理想典型部门的关系，15个宗教组织和其余59个其他社会服务提供商没有实质性差异。

> 基于信仰的提供商不完全地属于任何部门……[但]也许与其他提供者相比，基于信仰的组织目前更多地避免将国有部门作为[财务]来源。然而，国有部门在管理每个基于信仰的提供者方面都发挥了作用。（p.100）

基于这些结论，Gran还讨论了Bush慈善选择政策的含义，为了组织实施政府计划，该政策鼓励政府直接资助宗教。

这个fsQCA应用中特别有趣的是使用了理想类型或类型学函数（参见Aus, 2007；Kvist, 2000, 2006；Vis, 2006）。Gran使用模糊集来"评估案例符合理想类型的程度"（p.94），更重要的是，他使用其来比较"纯市场、纯公共、纯个人和纯社会为受虐待儿童提供的服务案例"（p.95）。因此，其目的是根据案例属性和一些概念化的理想类型属性之间的距离对案例进行分类。与其他fsQCA应用程序相反，它没有寻求一些现象的解释，而是追求一个多维现象的分析描述。fsQCA或csQCA类型学能力的使用很少被开发，尽管它具有赋予分类有意义边界的优点。通常，诸如多维刻度（MDS）的分类技术不将意义归因于其多维空间的"角"。相比之下，在每个因子上模糊集分数的刻度化在理论上是正当化的，这使得个案在任何集合上的值不仅描绘了被观察案例在所选因子上的实证测量，而且与矢量空间的理想典型角间有着理论上的联系。

6.4 结论

本章中概述的应用说明了利用QCA技术的多种方式，还表明这些技术可以以创造性方式使用，并且当用户遇到挑战或困难时，有许多方式可以灵活地使用它们，也可以组合使用它们。这些应用多数是近期的，这说明了在该领域中有非常多的创新和改进，并且预期在未来几年中将进行更多的创新和改进（参见第8章）。最后，本章使读者更清楚地认识到QCA技术被设计为以迭代和自反性方式使用的技术（"一只眼关注理论"和"一只眼关注实证案例"），并且从不遵循"按钮"式的傻瓜逻辑。

> **要 点**
>
> **关于所有 QCA 技术：**
>
> - 在 QCA 中，案例不是"给定"的而是构建的，要仔细确定和选择。
> - 有几种可能的策略来选择 QCA 的条件。
> - 二分法（和三分法等）条件的策略范围从定量策略（例如集聚技术）到定性的、历史的和案例导向的策略。
> - 有许多可能的策略（以及这些策略的组合）来解决矛盾组态，矛盾组态的解决是一项具有挑战性但最具指导性的任务。
> - 矛盾组态和矛盾的简化假设并不总是"问题"，它们也可以是改进模型和分析的启发式工具。
> - 基于案例的知识和 QCA 程序与实证案例之间的"对话"不仅在 csQCA 中有用，在 mvQCA、fsQCA 和模糊集分析中也有用。
> - QCA 技术被设计为以迭代和反身的方式使用技术（"一只眼关注理论"和"一只眼关注实证案例"）。
>
> **关键补充读物**
>
> 本章讨论的精选的已出版的应用。

注释

1. Amenta 和 Poulsen（1994）列出了前五种方法，我们加了第六种。

2. 例如，在基于使用推断统计方法（ISM）的现有分析的次级 QCA 案例中。当比较 QCA 和 ISM 时，Amenta 和 Poulsen 认为这个"战略强调了 QCA 的优势：ISM 通常排除因果异质性，并且可能排除对社会现象的并发解释非常重要的因素"（1994，p.29）。

3. 对于完美的例证，参见 Fischer、Kaiser 和 Rohlfing（2006），他们使用统计技术进行预检验，以区分有价值和无价值的条件。

4. 然而，编码理由可以在 Bleiklie、Goggin 和 Rothmayr（2003）的每个国家详情中找到。

第 7 章

回应对 QCA 的批评

Gisèle De Meur, Benoît Rihoux 和 Sakura Yamasaki

本章目标

阅读本章后，你应该能够：
- 划清与 QCA 技术具有相关性的批评和与之相关性较弱的批评之间的界限
- 对 csQCA、mvQCA 和 fsQCA 各自的优势和局限性有一个更清晰的认识
- 将专门针对 QCA 技术的批评与那些应该指向所有形式实证方法（包括数据统计方法）的批评区分开
- 进一步反思任何一种形式实证方法（不仅指 QCA，也指包括数据统计法在内的其他所有方法）的优势和局限性

因为 csQCA 更早发布，因此，相较于其他 QCA 技术（mvQCA 和 fsQCA 等），目前为止它的使用更加广泛，也一直受到更多的关注与批评。[1] 在本章中，我们将主要关注这些批评声音，其中不乏专门针对 csQCA 的部分。然而有一些批评，也能够扩展开来指向其他的 QCA 技术。大部分对 QCA 的批评集中在技术层面而很少关注方法层面（正如第 1 章所述）。在第一次尝试回顾这些批评（De Meur, Rihoux, & Yamasaki, 2002）的基础上，我们划清了两种不同的批评之间的界限。

一方面，有一些批评我们认为具有相关性，就这一点而言，它们揭示了 csQCA 的真正局限所在。另一方面，有些批评颇具争议，甚至无法成立，原因至少有如下几点。第一，部分学者的批评在另一框架下或许具有相关性，但在 QCA 范式下却毫无关联，因为就其本质而言，

QCA 范式的假设、规则和目标都是不同的。这类批评最常见的问题在于：将一种 QCA 技术嵌入定量分析（主流统计方法）的范式中时，这一范式又将施加给 QCA 一整套形式上的束缚。比如，遵循数据统计法范式时，要避开与主要解释方案相悖的"异常值"（outlier），而这并不属于 QCA 案例的要求。另外，遵循数据统计法范式时，不同的解释变量必须被认为是独立的，这也不同于 QCA 案例的情况，诸如此类。第二，有些批评并非只适用于 QCA，而是适用于更广泛意义上的比较分析方法，甚至是适用于任意一种实证方法。比如，关于使用二分法导致信息丢失的批评就是过高地估计了信息初始来源的准确性，并且未能认识到，在具体的、理论的、实质性的条件下，某些变异可能并不具备相关性。因此，本章的目的就是清晰地区分开这两种主要的批评，并以其作为跳板，在改善 QCA 工具本身的同时，也改进呈现它们的方法，以期进一步减少误解。

本章仅限于解决专门针对 QCA 技术的批评，因此我们将不会论述更多的指向小样本和中等数量样本方法以及研究设计得更为宽泛的方法的批评（可参考：Becker, 1998；Caramani, 2008；Gerring, 2006；Goertz, 2006b；King, Keohane, & Verba, 1994；Lieberson, 1991, 1994；Mahoney, 2000；Savolainen, 1994）。

7.1 数据的二分法

csQCA 的一个主要特征就是它只能处理二分[2]变量，这也是这一技术的一个严重局限性。如果研究者按照自己的意愿使用细致的量化数据（定距数据，如经济学指数，或定序数据，如不同职业群体的不同收入水平之间明确的界限），那么二分法将会导致大量信息的丢失（Goldthorpe, 1997）。另外，二分法中临界值的选择也会出现武断性或至少会出现可操作空间巨大的现象。

这种批评，尽管在某种程度上具有相关性，但也需要加以证明限定。许多社会现象——尤其是（但不限于）宏观层面的——都具有定性性质；于是研究者经常能够据此确定某现象是"发生了"还是"未发生"。确实，在许多情况下，利益相关的案例之间决定性的差异不在于程度上的差距，而在于性质或类型上的差异（Ragin, 2002）。变量的可操作化确实需要决断力，但也必须在反复的"想法与迹象的对话"中，基于对理论的考虑和对案例的熟悉程度来完成，这是提倡更广义的组态比较法的关键之举。

二分法是简化法的一种形式——对复杂事物作减法。即使简化法伴随着信息的丢失，但它也是非常合情合理的。事实上，所有在社会科学领域及其他领域的科学调研——无论是"定性的"还是"定量的"，实验的或是非实验的——一定都暗含着对整个世界无限复杂性的简化（King et al., 1994, p.42）。简化能够使我们更进一步地了解复杂事物。事实上，QCA"在最大程度简化复杂事物的同时保护了该复杂情形下潜在的利益相关现象"（Becker, 1998, p.186）。

我们说一种现象"复杂"，同时包含了多种意味。一方面，它可能意味着这一现象展现出了多个维度，每一维度又有着大量的变化和差异；另一方面，它也可能意味着这一现象不同维度之间的相互作用在数和形上各不相同。QCA方法充分考虑了对"复杂性"的后一种理解。事实上，QCA将这种复杂性置于分析的核心地位。简言之，二分法就是让我们能够通过简化的方法（条件的操作化），去完成对有限个内在的复杂性错综结合的案例的严谨比较。

另外一个跟二分数据有关的更具体的专业问题是临界值的问题。也就是，为了二分数据，研究者应该将临界值定为多少，是否将其归于 [1] 和 [0]？当然，很多数据在进行二分时并无多大难度，如一个人的性别、血液中非法药物的含量、给定形势的参数变化、股票市场的危机与稳定或诸如此类大量详尽的例子（一个民主政权的倒台或幸存）。尽管如此，仍有一些数据难以进行二分。比如，有些属性——年老或是年轻、富裕或是贫穷、农村地区或是城市地区等——临界值的确定，可能或多或少地需要研究者进行一些主观选择。

据 Bollen、Entwisle 和 Alderson（1993）所言，研究者在决策过程中冒了一次很大的险："Ragin 在主张进行变量二分的时候所阐释的分析策略能够突出衡量标准的问题。"（p.343）Goldthorpe（1997）分享了这一观点并用激烈的言辞表达了自己的担忧：

> 在连续变量必不可少的地方……这些变量都或多或少地被简化成任意形式的二分变量；而随之产生的一切结果都将紧紧依赖于特定案例分配的方式。(p.7）

因此，根据 Goldthorpe 的观点，二分法临界值的设定对结果的产生有着重大意义，且任意一种测量方式和编码错误都会对二分法的稳健性产生极端的影响。

为回应这些批评，我们首先注意到技术多样化使得二分法的广泛运用以及任何一种形式的临界值设定成为可能，无论是为 mvQCA 还是 fsQCA（见第 3～5 章）。最近，在进行了系统的敏感度分析和使用不同的二分法临界值来测试结果的稳定性之后，许多作者进一步反对这种批评（见 Ishida, Yonetani, & Kosaha, 2006；Skanning, 2006；以及 Stokke, 2004, 2007 等关于清晰集和模糊集的论述）。

试想这样一种情况：定距变量能够在 0～100 之间取值，并且关于二分法临界值是否确定为某个特定值没有具体的理论或实验方面的争议。如果大部分案例分布在低于 60 或高于 80 的区间内，而没有任何案例居于两者之间，那我们便可以很轻松地将临界值定为 65、70 或者 75。然而，假设标准差较小——如果数据连续不断地沿着 0～100 的区间分布于相近值周围——那么，在 csQCA 中使用二分法就会变成一个挑战。

常识以及稳固的理论和实证知识常常能够在临界值确定方面对研究者加以引导。比如，Rihoux（2001）通过参考组织理论文献，成功地将组织适应性中的"大部分"和"少数"区分开，这就是理论正当化的一个实例。而西方民主国家通过配备生活必需品的避难所的使用来划定"贫困线"即是运用实证知识的一个例子。这种实证定义法并非仅用数字表示而是来源于相关的环境信息。比如，在冬天的气候依然温和的国家中（如南部西班牙），一个人如果没有栖身之所可能并不会被认为处于该贫困线之下，但如果这个人是处在一个冬季天寒地冻的国家（如芬兰），那么他将被认为非常贫困。在这个例子中，根据环境的差异，有无栖身之所对个人而言也有着不同的含义。

此外，我们想再次强调，在众多案例中，二分法并没有制造任何难题，因为其中所需考虑的现象在经验世界中有着某种绝对清晰的界限（如男人与女人、战争与和平、有罪与无罪、成功与失败、增长与衰退等）。在其他的许多例子中也有着被国际社会科学文学界一致认定的标准临界值或是被国际组织（如联合国、经合组织）使用的参考指数。

其他的技术同样可以利用。比如，一个多类别定类变量能够被转化成数个二进制条件。同样地，一个定序变量（或定距变量）也能够被转化成一个多类别定类变量，之后又反过来被转化成多个二进制条件（Ragin, 1987, pp.86-87；1994）。这种方法也确实导致了两个严重的问题。一方面，没有途径供以追溯源变量；另一方面，在分析有限个案例的时候，这种方法的操作会导致总条件数的增加，也会产生新问题。但是，请注意，这个问题在使用 mvQCA 的时候可以很轻易地避开

（见第 4 章）。它是另一种基于聚类的技术，它的使用也很有说服力（见第 4 章关于 mvQCA 的论述）。

总而言之，二分法——其实可以推广到任意一种数据临界值设定方法（如三分法）——常常促使使用者做出一些艰难的抉择。然而，这既是 csQCA 的局限，也是它的一大优势。事实上，它使得研究者脱离渐进主义视角的束缚，这一视角有时被认为是比较方法中的一个重大陷阱。基于更适于被视作程度差异的种类差异，Sartori（1991）曾将渐进主义定义为对普遍真理的滥用，且这种一贯的处理方法一直比二分处理法更加中肯切题。

二分法尤其会促使研究者对临界值做出一个明确的界定，使得研究具有透明度，这又会反过来增强此种研究分析的合理性。二分法也使得其他学者对此分析法进行复制模仿。此外，二分法促使研究者去研究基本要素。因为临界值是一个精确的点，是变量有效性的指标。最后，请记住 csQCA 是被重复使用的最好的方法。使用这种方法，在考虑理论或实证正当性的基础上，尤其是在说明矛盾组态结构的过程中，研究者可能会选择对不同变量的临界值进行修正或微调。最后还请注意，当细致地考量一个现象时，从 QCA 视角出发，重要的是关注具有相关性的差异。比如，测量一个人的身高可以精确到厘米、毫米，但是如果我们研究的问题是这个人是否高得而不能通过某扇门时，那在测量其身高时数据究竟要精确到何种程度才算有用呢？在本例中，研究的要求是关注类别差异，而较少关注定距比例变量。

因此，许多对于二分法的批评都需要加以区分，且实际上，二分过程的严谨性可能被认定为此方法的一个优势所在。显然，如果这些争议不具备说服力，或是精密数据具有理论相关性，那么仍然可以选择使用 mvQCA 和 fsQCA。

7.2 非观察类案例的运用（"逻辑余项"）

试回想，在布尔最小方法运行的过程中，我们能够利用"逻辑余项"，即处理无法通过实证观察得到的情况时，可以通过"逻辑余项"得出一些简化的假设（见第 3～5 章）。

但此实践招致了众多批评。比如，Markoff（1990）曾认为非观察类组态的使用很危险："Ragin 对事实上并不存在的变量组态的结果进行了不同方向的推测和想象。"此外，Markoff 担忧这种方法会让我们陷入一个"由推导出的表面清晰但实质无从查证的公式所引导的使我们致力于假想中的行动"的不幸情境之中（p.179）。据 Markoff 所言，这种方法潜在的问题是其中一些逻辑案例永远无法在现实世界中观察到。Romme（1995）赞成这种担忧：他认为人们应该将现实中可能存在的逻辑案例（这于他而言不是难题）与可能不存在的案例明确区分开。他认为后一种案例不应被纳入考虑范围（p.325）。

有很多方法可以应对这种批评。第一种是提出强烈反对（甚至不需要详细说明），指出这种批评与该分析方法毫无相关性。第二种是接受批评，并提出能够将"真实的"（plausible）与"不真实的"（non-plausible）"逻辑余项"区分开的实际策略，以便在极小化过程中只保留"真实的"部分。

首先，我们从为不受限制的"逻辑余项"的使用正名说起。尽管在大部分情境下，我们并不推荐这种方法。一开始，请记住"逻辑余项"的使用只与极小化过程中界限明确的步骤相关联。在详细阐释真值表时并不考虑逻辑条件。可以说，研究者不会赋予那些被像真实案例一样处理的虚构的案例生命，但为了达到更优质的简约性效果会简单地利用它们。也请记住那些得出结果的和后来成为简化假设的"逻辑余项"在结构上与可观察的案例从不矛盾。换句话说，"逻辑余项"所包含的内容并不会改变实证案例（观察案例）的任何性质（详细论述和举例分析请参考 De Meur 等，2002, pp.123-126）。"逻辑余项"释放出了空间，让我们能够得出一个更简约的解决方案。"逻辑余项"编织了一个"诡计"，其独特的目标是获取一个更加简约的表达。而软件能够只挑选出那些会为更简约的表达法的产生提供动力的"逻辑余项"。

其次，也是比较基础的一点，如果研究者将分析限制在可观察案例的水平上，那么他将无法利用从案例中观察得到的超出该水平的信息。当案例数量较小但条件数量庞大时，使用这种策略需要进行非常具体的解释说明。在这种情况下，只有使用"逻辑余项"才能够使我们朝着理论阐释的方向迈进。这就需要一定程度的一般归纳，即使范围中等："直接考虑数据中不存在的条件组合……将促使研究者面对那些会得出更多一般因果关系的理论假设（Ragin, 1987, p.112）。"

确实，如果要将研究称作"科学"，就必须跳出仅仅依靠描述观察得到的现象的圈子，而必须包含某些补充步骤：**推论**。这里并非指狭义的、统计层面的推论，而是更广义的层面——离开观察得到的数据，转向不能通过观察直接得到的东西。

如果在拓展我们对其他非观察类现象的认知时运用实证观察法，这种推论可能具有描述性作用。它在因果关系论方面可以超出观察现象的局限，能够增进我们对因果效应的理解。因此，"科学研究的关键标志在于超出特定观察进行推论的目标"（King 等，1994, p.8）。无论科学的定律和方法（数据统计、实验等）是什么，任何一般的推广都必须超出观察案例的水平，因此某些形式的非观察案例的使用就非常必要。使用非观察案例这一点常常在多种不同类型的研究中被无意识地完成或者至少从未被明确说明（详细论述请参考 De Meur 等，2002, pp.127-129）。

因此，在 QCA 中使用"逻辑余项"其实是一个优势而非缺陷。"逻辑余项"的使用为创造性地解决系统的社会调查中存在的一个最大障碍——人类社会现象的有限多样性问题——提供了可能（Ragin，1987, pp.104-113）。准确来说，正是有限的多样性而非其他条件使得一个人能够在众多社会科学领域中进行准实验研究设计。跳出对眼前有限现象的观察，我们便能够跳出有限的观察案例来支持理论研究。

再次，是更为基础的一点，社会科学领域中的任何一种有分析要求的方法都必须使用某种形式的简化假设，即与并非由研究者观察得到的案例有关的假设。这一点也适用于实验科学——生物学、物理学等。比如，物理学经典定律依赖于众多"非观察案例"。试想牛顿力学的基本等式：$F = m \cdot a$（物体所受作用力等于该物体的质量和加速度的积）。如果只是限于观察案例是绝对不可能得出这一定律的。因为此定律中的变量是连续的，需要进行无数次观察，但显然在实验室中进行的实验无法达到这一目的。为了使表述更具有一般性，就必须超越有限的观察世界。

这一点也同样适用于社会科学。再次对 Rokkan 关于西欧分裂发展趋势的经典研究进行分析后，Ragin（1987）证明了 Rokkan 的理论中（含蓄地）包含了简化假设，即条件组合并非从现实世界中观察得到（pp.132-133；也可见 De Meur 和 Rihoux，2002, pp.70-78）。换句话说，为得出结论，Rokkan 必须对不同的分裂情况的组合做出一些假设，而这些情况是不可能通过实证观察到的。在大部分的社会科学比较研究中，研究者能够观察到的条件组态占所有逻辑上可能存在的条件组态的比例实际上比 Rokkan 这个案例中体现的所占比例还要小——因此，"逻辑余项"作为关键资源对于研究者而言具有重要意义。

在其他的方法学中也会使用简化假设，不过大多很隐晦，例如主流的定量法，其目标就是对因（自变量）果（因变量）之间的关系做出一般归纳（Ragin，1987, p.32）。但这种简化假设的确超越了观察案例的范畴。试想，假如有一个考察多个自变量的多元回归分析，那么在这种分析中，实际上由自变量形成的向量空间所包含的大量的空间或域是几乎或甚至完全缺失观察案例的。当研究者基于自变量推导出一个预测公式时，就有可能预测因变量的值。然而，这种预测是基于大量的非观察条件值做出的（例如，在向量空间的空域中）。另外，由于多元回归分析基于聚合和线性假设，它本质上就做出了与非观察到的条件组态相关的假设（Ragin, 2000）。

最后，记住 QCA 最小化算法不是对一个给定结果做出"解释"，而是用逻辑简写的方法为一系列（观察类）案例提供一个简化表达。因而，为此目的——简化表述——所有"逻辑余项"无论是否具有实证的合理性，它们都具有潜在的实用性。如果在将来的研究中我们发现某个案例与当前研究项目中给定的"简化假设"相悖，那么从波普尔（Popperian）视角来看，这将是最有用的方法：通过观察得出的驳论使得科学进步。

另外，如果某些逻辑余项的确会给使用者造成困扰，研究者也有克服这种困扰的方法，第一，更清晰地使用"逻辑余项"（"容易"与"困难""逻辑余项"）；第二，在问题出现于处理矛盾简化假设的过程中时就解决掉它们。正如之前所提，FSQCA 软件内置程序能够引导研究者通过理论和实质的知识来使用"逻辑余项"，并自动限制"逻辑余项"的合并（例如"中间"解）。此外，这种实践常常会中和矛盾简化假设中的问题。

总而言之，就"逻辑余项"来说，QCA 的特殊性在于它清晰地展示了通常隐藏在其他方法背后的东西（Ragin, 1987, pp.111-112）。再次要强调的是，在 QCA 中，研究者"被迫"做出透明抉择这一点，是任何一种科学方法的优点。当研究者思考是包含还是排除"逻辑余项"，如果包含，包含哪些问题的时候，这些抉择在 QCA 中是透明的。如果选择将"逻辑余项"排除在外，那么用户就——自愿地——选择了保持事物复杂程度的最大化。为得到一个更加简约的表达法，用户永远可以以后来再决定是否将"逻辑余项"包含其中。最终，他能够完全透明地朝着更加复杂或更加简约的方向做出抉择（Ragin & Sonnett, 2004）。

7.3 案例敏感度

此批评实际上具有不同的两个方面。一方面是它更精确地指向针对每一个独立案例的灵敏度。我们可以通过四种方法解决。首先，无论条件组合是通过观察20个还是仅仅1个案例所得，QCA通常会对它们产生结果的能力给予同等权重（fsQCA能够为条件组合设定频数临界值/阈值）。然而，从案例导向的视角来看，这是QCA的一大优势而非劣势。当统计技术关注由大多数案例支撑的主流解释以及将偏离主流轨道的案例视为"异常值"或"不正常值"时，QCA引导研究者"将他们发现的异常案例视为迄今为止未被观察过的现象，值得并将取得自己独有分类的现象，而并非其理论的例外"（Becker, 1998, p.193; Ragin, 2003）。

其次，社会现象在发生时并不具备统一性。我们可以试想自然科学中的一个例子。比如，我们知道里氏三级及以上的地震在法国并不会常常发生，但在日本却是常事。研究者可能会获得一个包含众多日本地震案例的条件组态，而另一个关于法国的条件组态可能只有一个案例。那么后者在阐释里氏三级及以上地震的影响因素时相较于前者就不重要吗？完全不会。地震这种现象在法国较少发生，并不意味着"法国版"阐释相较于"日本版"来说重要程度低。它同样是正当合理的。

同样地，美国法院在判决涉及艾滋病犯罪的案例时也使用QCA。Musheno、Gregware和Drass（1991）曾强调将所有案例——尤其是那些常常无法观察到的情况——纳入考虑范围的重要性：

> 因为我们所考察的案例是法院所面临的第一批有关艾滋病的案件，我们必须对还未出现的能够解决这些案件的可靠方法保持敏感。因此，在不同结果的属性组合中寻找常规模式是极其重要的，我们必须尝试去解释所有情况，甚至包括那些偏离常规的案例。（p.753）

这种案例灵敏度能够通过QCA使得研究者发现所有可能的阐释，无论其频繁与否。因此，研究者必须考虑所有案例和所有的解释路径。这一实践反过来产生了一个重要的理论点："应用所有潜在原因使得QCA结果具有误导性的可能性更低"（Amenta & Poulsen, 1994, p.26）。

再次，Musheno等也提及了考虑极少被观察到的案例对科学的贡献：

> 这些独特的案例事实上可能代表了重要的情境，其中的社会秩序是折射而非简单映射出的。基于集中趋势的统计分析更可能将这些偏差作

为错误处理（案例差异化程度大小也有可能对统计分析产生不利影响）。另一方面，[QCA] 对结果的多种解释让研究者感到舒服自然，并且将通过这种方式处理偏差。（p.753）

最后，把所有案例纳入考虑范围的必要性打消了研究者仅仅展示那些"便利的"案例（或分析）的念头。在 QCA 中，所有出现在简化表述中的原因组合都是敏感案例分析的结果，因此不可能通过只提出一个样本案例来阐释结果。这也是为什么一个 QCA 的"良好实践"不是要隐藏不够便利的部分，而是要展示全面和完整的最小化公式。

总的来说，涉及单个案例的 QCA 案例敏感度极其符合小样本或中等样本分析的要求。确实，当研究者考察的案例个数有限的时候，他的目标并不是识别"集中"或"平均"趋势。相反地，研究者努力追踪产生相同结果的不同路径，并理解在明显相同的案例中导致不同结果的"偏差"，其中每一个"偏差"都是在案例筛选的过程中精心挑选出来的。

此批评的另一方面是：伴随 QCA 产生的结果，通过排除或包含某个案例，结果可能产生非常不同的路径（如案例的不同分类）。比如，在分析中包含案例 A，最小化公式中的项可能会是将案例 C、D、E 归为一类，而将案例 F、G 和 H 归为另一类。但如果没有案例 A，案例 H 可能会被单独归为一类。因此，因案例选择不同，同一分析中可能会产生不同的最小公式项。

这个批评是正确的——排除或包含某些案例确实会影响其他"恒定"案例（例如，那些保留于所有分析中的案例）结果产生的路径。为减小这个问题，有两个良好实践值得推荐。一方面，案例性质越相同（按照背景条件、不包含于模型中），它们与条件组合的值越多元化，该问题就可能越小（见第 2 章案例与条件选择）。另一方面，"逻辑余项"的使用可能使得最小公式更加稳定，因为一个额外的观察类案例可能与早已包含在其中的"简化假设"相一致。

7.4 条件挑选的难题

这个批评主要来自 Goldthorpe（1997）以及 Amenta 和 Poulsen（1994）。在任意一个实证科学项目中，选择切题的"自"变量都具有一定的难度。这个难题在 QCA 案例中表现得更为明显。小样本和中等样本研究需要的条件数量有限，因此必须要最大限度地细心挑选这些条件。基于这点，Amenta 和 Poulsen 认为：

> 大量的 [条件] 使得 QCA 变得臃肿烦琐，并且使得给定组合产生实证对象的可能性或是其理论的可解读性都降低……QCA 的宿命意味着如果忽略了潜在的原因变量或存在测量错误，则会产生误导性结果。（pp. 23-24）

这些作者所做出的批评事实上适用于任意一种有较大数量变量的实证分析。他们的批评"发现"的是众多实证方法共有的一个现实特点，只不过是 QCA 把它带到了人们眼前。这个批评并没有认识到真正关键的问题——是否能将相对较小数量的条件纳入考虑范围；如若不然，研究者将需要对每一个案例进行"个性化"解释（见专栏 2-3）。此外，我们认为条件挑选的难题可以被看作 QCA 的一个优势而非局限性——因为研究者在筛选需要考虑的变量和（或）理论时必须保持严谨、透明。

关于严谨性，Ragin（1987）曾强烈主张：该工作的主要任务，也是对于研究者而言最严苛的任务，就是对条件的斟酌和筛选：

> 真值表的建立需要花费大量精力……为建立一个有效的真值表，必须要精通相关理论、熟悉相关调查文献，最重要的是要研究相关案例。（pp.120-121）

因此，作为导轨，QCA 促使研究者远离"按钮"逻辑并运用一种变量挑选的严谨逻辑取而代之——这也恰恰是 MSDO/MDSO 模式发展背后的动机所在。事实上，一旦研究者的选择明显直接地影响到了分析的进行，那么就要依靠研究者本人进一步运用他自己的技能来做出排除随机因素的决定。

至于透明度，我们将再次详细说明先前讨论过的有关二分法临界值确定的问题。在条件筛选的过程中，研究者面临着一个危机——必须做出可能招致批评声的明确的抉择，因为：

> 初始的真值表要求组合所有可能的理论，这就（含蓄地）暴露了研究者本人的理论推测和假设并且将之明确地展现出来……正因为如此，对真值表的考察是评估条件筛选有无偏见的最理想机制……（Boswell &

Brown, 1999, p.158）

此外，该软件可以测试已选定条件的有效性。如果最小公式不具备说服力（比如，它太复杂）或者该真值表包含矛盾组态，研究者就需要重新考虑条件的选择。相应地，如果该软件排斥一个或多个条件，不能将其认为是该软件的一个消极特征而应该被看作分析工作的一个实用的解释工具。当然，一个有效的 QCA 软件因其所包含的阐释方法，高度依赖于良好的条件选择。

由于总是会产生一个结果（如最小公式），QCA 被指责不能够从随机模型（Lieberson, 2004）中将真正的模型分辨出来，且对已略去的变量（Seawright, 2005）做了太强烈的假设。大体来说，这个批评是误给的[3]，因为在 QCA 范式（相对于主流的统计范式）下，无论是在模型中、在现实世界里，还是在因果关系的概念里，都与随机性无明确关联。没有任何一个关于条件（变量）的假设是在模型外提出的——其中一个主要的原因就是（再次指出），QCA 运算法则（计算机操作的 QCA）的目标并不是为给定的结果提供一个"解释说明"（参见前面未观察案例的讨论）。

总而言之，关于条件选择困难的批评并不能专门指向 QCA：它适用于任何一种尝试通过特征来解释现象的实证方法。专门指向 QCA 的一点就是它使得这些难题更加显而易见，尤其是通过矛盾组态的呈现——但这却恰恰是 QCA 的一大积极特征，因为这些矛盾正好能够作为启发式的工具使 QCA 模型可以更进一步得到完善。

7.5 "黑匣子"问题

简单来说，这个问题指的是隐藏于被分析的现象背后的"神秘莫测的"复杂过程。由于不能够描述结果阐释的过程或是给出原因条件"如何"组合的过程，QCA 受到了批评。据 Goldthorpe（1997）所言，"逻辑方法……并不能为其自身实际参与的过程做出阐释"（p.14）。

这个问题事实上不能构成一个批评，因为 QCA 的目标并不仅仅是阐释变量背后的工作机制。QCA 的设计并不描述过程；它描述的是：当一个研究感兴趣的结果被观察或没被观察时该条件是否存在。研究者必须跳出由软件推导出的最小公式，并对变量之间的潜在过程、因果关系以及更确切的相互作用进行比较深入的分析。因此，对潜在过程的确认和理解只能来自研究者对案例的调查知识和由 QCA 聚焦的条件两者之间的对话。此外，因果关系不能只通过条件来表达；为确定因果关系，研究者必须补充关于被分析现象的深层的知识。这一点可以由以下的例子来说明。

专栏 7-1

基于案例的知识对打开因果推导过程"黑匣子"的重要性

一位教授给学生展示了一系列由不同颜色标记的各种尺寸的几何图形。我们可以注意到：有的小图形被整个填充，有的只被标记了边线，但是所有的大图形都只被填涂了边线。因此我们观察到一个现象：当图形很大的时候，只填涂边线。但基于这个观察，我们很难确定因果关系。然而这是有原因的：这位教授注意到学校颜料供给的预算很低，于是注意不在大图形上浪费标记颜料。

请注意本例中的因果关系无法从条件中直接观察到，我们必须对这个现象做更详细的了解。比如，我们可能需要了解填充这些图形的教授是谁、该教授的习惯以及他（她）的工作环境等。这类信息只能由研究者提供。事实上，研究者和数据之间的必要对话构成了这一技术的一个重要特征："QCA 所体现的案例的可见性、亲密性以及对话在小样本宏观比较的背景下尤其具有价值"（Shalev, 1998, p.14）。简言之，QCA 内部并不存在"黑匣子"。相反，在这世界上，发生于我们周围的现象中的确有黑匣子的存在，但它不由 QCA 产生，QCA 也不会对它做出阐释，因为 QCA 一直只是发挥杠杆的作用。

事实上，Goldthorpe 本人也承认这种局限性普遍存在于定量分析法中，因为它们都无法通过对现象的观察得出因果关系。另外，纯粹的定性分析法常常试图基于案例研究对所观察的现象做出阐释，因而被批评具有主观性且缺乏严谨性：研究者常常是基于一个特定视角或是在他认为重要的系列条件下尝试对某个现象做出阐释。因此，QCA 形成了这两种方法之间的中间道路——其一方面是受制于与"现实世界"的巨大差距以及缺乏对隐藏机制的了解；另一方面是对所观察现象因果关联的解释缺乏严谨性且太具主观性。当然，如果从本体论、认识论和更实际的视角出发，能够讨论更多关于因果关系的主要话题的内容，但在本书中进行此讨论就离题万里了（推荐阅读：Abbott, 1995, 2001；George & Bennett, 2005；

Gerring, 2005；Mahoney, 2003, 2004；Pierson, 2003；Rueschemeyer & Stephens, 1997；Stephens, 1998）。

7.6　时间性问题

最后一个批评可能是最严重的一个。表面上看起来它与前文所说的"黑匣子"问题相似，但这是两个截然不同的问题。利害攸关的重要问题是 QCA 考虑（或者不考虑）时间问题。简言之，QCA 没有明确地结合时间维度，因此无法按照时间过程进行分析。更有技术含量的说法是 QCA 无法排序——或者说按时间顺序清晰表达——最小公式中的条件。据 Boswell 和 Brown（1999）所言，通过 QCA 系统地进行案例比较要付出的代价是得到"一个无法经由时间权变因素的使用而得到补偿的静态比较法"（p.181；Griffin, 1992）。

然而，很多方法和程序都能够使我们在解决这个局限性的时候取得进步。第一个也是最明显的一个方法是再审查最小公式中的不同项。这就引导研究者退而运用定性法来分析案例，并且在众多因素中将时间维度纳入考虑范围。

比如，在利用西欧绿党的组织适应性（结果）进行分析的时候，Rihoux（2001）获取了一个由多个项构成的最小公式。在这些项中，可以观察到有一个特殊的条件总是有规律地与其他条件进行组合——阵营转变的存在支持着"现代化者"。通过定性分析重新审查这些案例，他观察到在很多绿党内部，这种阵营的转变出现在带来组织适应性的一系列行为所发生的"时间链"的末端。这使得他总结出：这个条件的作用就像是一味催化剂。此类动态阐释的另外一个成功案例是 Cress 和 Snow 的研究（2000）。

第二个方法是通过将时间维度整合于条件之中来构建"动态"条件。例子如下："经济危机推动变革"或"在竞选中连续失败两次"。

第三个方法是在定义案例本身时引进时间维度。比如 Rihoux 在上述研究中的做法。他根据事件的时间顺序，将每一个案例（绿党）分割成几部分。于是他一共得到的是 40 个案例，或者说 40 个需要观察的单元，其中有一些在时间顺序上"领先于"另外一些。这反过来又使得对相关结果的动态阐释成为可能。这种方法的使用前提是对理论和实证的熟知，以避免潜在的重大方法问题。比如，每一个"次级单位"（由时间确定的案例）的内容都必须足够充实以便跟其他次级单位很好地区分开（King 等，1994, p.221）。Rihoux 在研究中，将同一个国家内部的不同案例（观察单元）联系起来——因此相较于跨国案例更不具有独立性和自主性。更准确地说，按时间顺序分割开的案例（比如，A 国的一个政党在不同时间点可以划分为 A1、A2、A3）在进行内部的比较时，比与其他类型案例所进行的比较（比如，A1 政党对比 B 国的 B1 政党）更不具备独立性。这也暗示了相较于一个更独立的案例，每一个附加案例（按时间顺序划分）能够提供的新信息更少（King 等，1994, p.222）。

第四个也很重要的方法就是研究者可以将 QCA 和其他倾向于在结果方面运用独立变量（条件）的具备时间维度的方法结合起来，尤其是那些在广义的序列分析方面有着众多开放的潜在具体途径的方法（Krook, 2006）。现存的或者说发展中的第一套方法关注的焦点是整个序列的结构，例如最优匹配（Abbott, 1995）、比较性叙事分析（Abell, 1987, 2004）或者 Gibbs 抽样（Abbott & Barman, 1997）。第二套方法打破了单个序列的要素构成，例如事件结构分析（ESA）（Griffin, 1992；1993；Heise, 1989）、叙事分析或者过程追踪（George & Bennett, 2005；Rueschemeyer & Stephens, 1997）。还有其他一些形式技术方法，例如博弈论相互作用模型，其本身就包含动态过程。

目前为止，研究者已经做出了相当一部分尝试。在美国当地的环境政策结果分析中，Stevenson 和 Greenberg（2000）同时使用了 QCA 和 ESA 两种方法。与之相当类似的是，在研究非营利机构倒闭过程时，Duckles、Hager 和 Galaskiewicz（2005）第一次考虑到一系列预料之中能带来相关利益结果的事件，例如机构的倒闭。之后他们运用大量的案例信息（叙述、采访）来重建实证案例中真正存在的一系列事件。在 ESA 的帮助下，他们之后又构建了 31 个事件结构，其中有一些在序贯的次级模式下为实现连续的 QCA 最小化程序进行运作。最终他们精心制作出一个完整模型，该模型让他们至少能够在某些案例集群内、事件链中找到关键诱发因子。另一条脉络是：Brown 和 Boswell（1995）在研究分散劳动力市场条件下的种族冲突问题时将 QCA 与博弈建模结合起来。他们利用博弈论模型（根据定义为动态模型）建立动态假设，然后用 QCA 对其进行检验。

由 Caren 和 Panofsky（2005）做出的另一种尝试是直接将时间维度整合入 QCA 之中。利用一个建构的例子，他们认为可以通过发展一种延伸的 QCA（temporal QCA，TQCA）以捕捉时序。首先，他们将时序作为案例的特定属性，因此要大量增加逻辑可能条件组态的数量。其次，用理论限制可能条件组态的数量。再次，运行一个特定的布尔最小化模型；这使得他们获得了更丰富的最小公式，其中包括时序和轨迹。这是很有意思的一次尝试，尽管它大幅度增加了有限多样性的问题（Ragin & Strand, 2008）且仍需通过实证数据进行检验。

总而言之，时间性表达仍然是一个重要且复杂的问题，详细的讨论远远超出了本书的范围，因为它是一个远远超出 QCA 范围的难题。对于社会科学实证研究而言，时间维度的问题代表着一个真正的方法层面的潘多拉魔盒（见 Abbott, 2001；Bartolini, 1993）。归根结底，一切都依赖于"包括时间维度"这句话在 QCA 中的意义。如果它是沿着客观的时间顺序考虑事件序列[4]，那么所呈现的解决方案可能是令人满意的。相反，如果它是将一个更"丰富"的时间维度——"叙事性"维度，执行者对时间的主观观察，时间的"社会"产出、反馈机制，等等——整合到 QCA 之中，那么就有更多的工作需要完成。

7.7　总结："奇迹方法"不存在

在对 QCA 的六种批评中，最有效力的一个是 QCA 程序本身不包含时间和过程。至于其他的五种批评，有一些可以在技术上得到解决（例如，认为二分法太粗糙而使用 mvQCA 或者 fsQCA）或是微不足道的，因为它们不是 QCA 所特有的缺点，因此应将其扩展至其他众多实验方法和技术中去。有一些颇具争议——甚至是错误的——因为它们使用其他范式（多是统计范式）中不适用于 QCA 的评价标准来质疑 QCA。我们希望本章内容能够澄清一些对 QCA 的误解——这事实上是我们在本书中发展 QCA "教授法"的一个关键目标，并且我们试图让使用其他范式的学者至少能够懂得（如果不能坚持使用的话）QCA 的范式。

当然，无论是 csQCA 还是其他的 QCA 技术都不是万能的方法——能够解决比较分析小样本和中等样本研究设计中的所有困境。但因为能够帮助研究者克服障碍，它们则是其他方法的最佳补充。在任何一个案例中，这些技术"都不应该被机械地使用；它们是诠释性分析的辅助性工具"（Ragin, 1987, p.120）。

要　点

- 总观点：对于 QCA 技术的部分批评是不成立的，因为它们的提出并非基于 QCA 范式下的假设、规则和目标。
- 二分法（以及其他任意一种阈值设定

- 方法）总是会导致信息的"丢失"，但是它在对复杂事物的理解方面也取得了进步。
- 二分法的一些技术难题可以由csQCA解决，但也可以选择使用mvQCA或者fsQCA。
- 如果目标仅仅是得到一个逻辑简化表达，那么非观察类案例（"逻辑余项"）的运用即使在合理性较低时依然能够成立。然而，在绝大多数QCA的应用中考虑"简化假设"的合理性是非常重要的。
- QCA的案例敏感度既是一大优势又是一大问题。遵循案例筛选、模型建立和最小化的"良好实践"能够缓和这一问题。
- 条件筛选的难题并不是QCA所特有的，且它能够通过严谨的研究设计得到解决。
- 从技术层面出发，QCA并不阐释现实世界运作的"因果机制"（"黑匣子"）——这是研究者基于自身对案例的理解所需完成的任务。
- 未能将时间和过程维度清晰整合的确是QCA的一个关键局限性。为解决这一局限，不同的尝试正在进行当中。

关键补充读物

De Meur, Rihoux & Yamasaki（2002），Ragin（2008），Ragin & Rihoux（2004b）.

注释

1. 见Vink和van Vliet（2007）对于mvQCA的第一个批评，Verkuilen（2001）、Hollander（2002）、Cat（2006）、Fiss（2007）以及Smithson和Verkuilen（2006）对模糊集的讨论。见Ragin（2008）对一些关于模糊集的批评的回应。

2. 添加第三个"无关紧要"值[-]是可能的。然而，请记住这并不构成[0]和[1]之间的中间值（见专栏3-1）。

3. 尽管如此，Marx（2006）还是认真对待这种批评并就案例数量与条件数量之间的比例问题给出了技术层面的回应和建议。

4. 就这一点而言，一个相关性强的可能性也许会是将QCA逻辑与由Serdült、Vögeli、Hirschi和Widmer（2005；Serdült & Hirschi, 2004）提出的执行者、事件、过程、方案（APES）进行逻辑结合。

第8章

总结:前进的方向

Benoît Rihoux, Charles C. Ragin, Sakura Yamasaki 和 Damien Bol

本章目标

阅读本章后,你应该能够:
- 对贯穿全书的"良好实践"有一个清晰的认识
- 理解 QCA 技术面临的其他关键挑战以及预期的将来发展
- 尝试在你自己的工作中对 QCA 的发展做出一些原创贡献
- 考虑在你自己的研究中将 QCA 技术与其他方法相结合(或者相对立)的可能性

8.1 QCA 应用中主流的"良好实践"

本书的一个主要目标就是展示 QCA 技术最重要的"良好实践"。在过去的一些年,越来越多的实践者开始注意到这些良好实践,因此促进了应用同质化的增强。在接下来的几年内,良好实践的更进一步回归主流对于广义的组态比较方法尤其是 QCA 技术的更进一步完善有着至关重要的意义。

一个首要的良好实践是 QCA 应用应具有最高的透明度。更具体的说法是,这意味着至少要提供分析过程中每一个实践步骤和每一个决策的部分信息。记住:透明度会带来可复制性、更中肯的批判(希望如此)和可累积的知识。

| 专栏 8-1 |

"良好实践"（12）：透明度

对所有的 QCA 技术而言，透明度是句行话。即使在很简短的发行版式（例如会议文件和期刊文章）中，以下因素也必须以某种形式呈现出来：

- 原始数据表
- 所有变量（条件和结果）的操作化（二分法、三分法或模糊集校准化）
- 所使用的计算机软件（TOSMANA 或 FSQCA，或其他可使用的程序）；最小化运行不应该手动完成
- 真值表
- 必要条件的分析
- 矛盾组态（如果存在的情况下）的处理
- 产生最终（无矛盾）模型的主要迭代步骤
- 使用（在可运用的情况下）"逻辑余项"的方法
- 完整的最小公式，不仅是叙事性的，也是可以形式符号表示出来的。如果存在众多最小公式，那么每一个都应该被提及——或者至少要详细陈述并佐证选择某个特定最小公式的原因
- 最小公式在你手动提取同类项（在可运用的情况下；见专栏 3-7）之前和之后的变化
- 一致性和覆盖度衡量
- 对最小公式的阐释（哪一种途径更重要以及原因等）

当然，在粗略的发行版式中，很难有足够的空间展示所有这些因素。尽管如此，经验告诉我们这是可以通过综合的方法来完成的（一些成功案例：Chan, 2003；Hagan & Hansford-Bowles, 2005；Kilburn, 2004；Osa & Corduneanu-Huci, 2003；Redding & Viterna, 1999；Vanderborght & Yamasaki, 2004）。这也让一些对于短篇刊物而言过于烦琐的材料（如过于庞大的原始数据表、对某些条件定性临界值的说明、一长串的最小公式）的使用成为可能（例如通过网页）。

8.2 不同 QCA 技术间的联系

在各自的特性之外，不同的 QCA 技术有着一个共同的视角：对处于两个极端之间"有意义的'中等范围'社会科学"的发展做出贡献；这两个极端，一方

面是"宏观定量法的过度推广和普适化，另一方面是完全个体化的案例导向方法"（Cronqvist & Berg-Schlosser，2006, p.164）。因为 QCA 技术共享这一视角，所以它们应当被视为互补方法。根据研究者的需要以及数据的性质，仅关注某单一技术或尝试可能的组合方式都是可行的。

如上文所述，MSDO/MDSO 主要在研究的初级阶段、在案例和条件的筛选过程中发挥作用。至于其他的三种技术（csQCA、mvQCA 和 fsQCA），它们有着不同的表达视角。比如，Herrmann 和 Cronqvist（2008）就讨论了在案例的绝对数目（数据集的大小）和保护原始数据集的数据信息丰富性的必要性这两个标准下，三种技术在不同的研究情境内各自的最佳运行状态。

另一个视角是在利用深度的案例知识进行精心阐释的情况下，尤其是在给定二分法对研究有重要影响时，考量清晰集方法的最佳工作状态。相反，在条件本质更趋向定量性且服务于细致校准的情况下，模糊集方法可能更具实用性。无论这些关于差异的观点是否被接受，这些方法之间都存在着重要的重叠部分。比如，这三种方法都能够分析大样本、中等样本和小样本。事实证明 csQCA 能够被卓有成效地运用于大样本集合分析之中，而 fsQCA 也能够与小样本研究设计相适应。无论怎么选择，我们都不应该在使用这些方法时过于僵化。对不同的 QCA 技术进行测试实际上也是研究过程中需要迭代的一步。

一般来说，如果数据本身大部分就是二分数据或者使用二分法不会带来很多问题，最好首先尝试使用 csQCA；如果其中存在大量的矛盾组态且无法通过对案例的深入分析得到解决，那么再转向 mvQCA。相较而言，如果原始数据在程度上有系统的有意义的变化，那么应尽量避免使用二分法或三分法，应转而使用 fsQCA。正如第 5 章中所述，fsQCA 对"充分性"一词有着更加严格的定义，且它对每一个因果关系组合的评估都基于研究中包含的所有案例的数据。因此，fsQCA 的使用结果无论是相对于 csQCA 还是 mvQCA——基于证据——都可能被限制得更加紧缩。

8.3　QCA 技术与其他定性技术和定量技术的联系

组态比较分析法，尤其是 QCA 技术，展示了"案例导向"和"变量导向"方法的某些特征（和优势）。简而言之，这些方法都是案例导向的整体性方法，但同时，当必须将案例分解成变量（条件和结果）时，它们本质上也是解析性的。因为QCA技术具有二重特性，它们能够富有成效地和其他众多方法联系起来，无论是"定性"法还是"定量"法。

基于定义，大部分QCA应用的发展实际上都更趋向于与定性的、深度的案例导向的方法一致。尤其是在小样本分析中，其应用通常来源于定性案例研究。因此，在为实现深度理解案例的过程，上游的定性分析工作早已在进行。Grimm（2006）对美国和德国的创业政策和地区经济增长的分析是最近的论证之一。她采取探索性方式来运用QCA，通过帮助她辨别影响某些案例而非其他案例的特定环境因素，来丰富她对特定案例的定性知识。事实上，QCA最小公式能够由采用定性导向法的研究者们以实用方式叙事出来，因为这些结果可能会阐明他们"厚重的"案例叙事中的关键因素。换句话说，QCA技术能够在揭开"厚重的"案例叙事过程中发挥杠杆作用——无论是单个案例（案例内视角）还是跨案例比较分析（案例间视角）(Curchod, Dumez, & Jeunemaître, 2004)。根据前文所述，QCA本身的确不能打开复杂现象和过程的"黑匣子"。但是它就像手电筒一样照向所研究案例的"黑匣子"中的一些关键区域。

至于和主流统计方法之间的联系，在大量近期的文献中，尤其是在中等样本和大样本设置中，研究者同时使用统计方法和QCA技术来分析相同的初始数据并处理两种技术的分析结果。QCA技术常常能够帮助研究者从他们的数据中获取更多信息。比如，通过利用fsQCA对描述美国社会不平等现象的钟形曲线数据进行再分析，Ragin（2006a）论证了在将社会现象的组态本质纳入考虑范围时，还有更多信息将被发现，而这些是无法通过标准的统计分析程序获取的。另外一个例子是Luoma（2006）对当地芬兰人群体的社会可持续性的研究，其中QCA的运用丰富了先前由回归分析得出的结论。之前所述的Cronqvist和Berg-Schlosser（2006）利用mvQCA分析阐释撒哈拉以南非洲艾滋病传播诱因的案例也是如此。

其他例子包括Katz、Vom Hau和Mahoney(2005)的模糊集分析与回归分析的对比研究。csQCA其实早已经被用来与不同的统计方法对比：判别分析（Berg-Schlosser & De Meur, 1997）、因素分析（Berg-Schlosser & Cronqvist, 2005）、单个条件的描述性统计（Sager, 2004）、不同类型多元回归（Amenta & Poulsen, 1996；Ebbinghaus & Visser, 1998；Kittel, Obinger, & Wagschal, 2000；Nelson, 2004）、逻辑回归（Amoroso & Ragin, 1999；Ragin & Bradshaw, 1991）以及logit

回归（Dumont & Bäck, 2006；Heikkila, 2003；Peters, 1998）。将 QCA 技术与其他（非统计类）形式，如社交网络分析（Stevenson & Greenberg, 2000；Yamasaki & Spreitzer, 2006）和博弈论（Brown & Boswell, 1995），"交叉"使用的尝试也已进行过。

在此阶段，最具争议的话题可能是 QCA 技术与统计法各自的利弊。这一争论在某种程度上可能具有对抗性。最实际的说法应该是 QCA 技术无意图取代回归分析以及相关分析方法，尤其是在这些方法呈现出各自明显不同的潜在逻辑和目标的情况下（见第 7 章）。前面提到过，最关键的差异之一就是回归分析类方法主要关注每一个自变量的独立的净效应。相较而言，将 QCA 运用于这种分析任务会造成严重错误，因为后者关注条件的组合。从 QCA 的视角出发，隔绝每一条件变量的净的、独立效应的想法毫无意义（Ragin & Rihoux, 2004b；Ragin, 2006a）。QCA 的基本目标是尝试解释特定案例的特定结果（但愿也能做出"适度的"一般普适）；相反，统计分析尝试在不关注任何一个特定案例的情况下，对一个总体中的所有案例做出平均归纳。在不考虑本体论的差异的情况下，很容易对 QCA 做出错误的批评（见第 7 章），且很难对这两种方法做出有意义的对照。可能将 QCA 技术与其他形式（典型的就是统计）方法结合起来的一个有用途径是按照一定的顺序考虑它们。这是对日益激烈的关于如何在实际实证研究中结合——甚至可能是"混合"——各种方法的争论的回答（见 Creswell, 2003；Creswell & Plano Clark, 2007；Tashakkori & Teddlie, 2003）。但要记住在面对不同类型的方法时，始终保持谨慎：比较由使用不同本体论假设的不同方法所产生的结果究竟有多大程度上的意义。那些希望认真比较不同方法的结果的研究者们首先应该熟读有关方法三角鉴定的文献（参见：Flick, 2004；Lobe, 2006；Massey, 1999）。

总而言之，关于这一问题——比较不同方法的价值——还有很多工作要做，尤其是 QCA 与其他方法的对照方面。无论如何，在一个既定的一般研究中考虑（因果）关系类型还是非常重要的，如 Skaaning(2006) 所述：

> （如果）研究中的领域能通过一个宽泛的线性的加法逻辑得到最好的阐释，那么传统统计学……可能是最适合的方法论工具，如果它以复杂因果关系以及充分和（或）必要阐释为特征，那么 QCA 方法因其具备处理集合论主张的能力而有价值……总的来说，这取决于考量中现象的特

征，取决于将统计学和 QCA 看作互补的还是竞争的选择哪个更有价值。由于无法先验地确定社会现象的特征，我们必须在不同本体假设的基础上使用分析方法并随后在理论和实质的洞见下评估它们各自结果的合理性。（p.184）

在更加定性的、案例导向的一面来看，从 QCA 技术和更互动的定性法之间的对话中也可以收获很多（见 Rihoux & Lobe, 2009）。

8.4 创新追求

在我们写下这些文字的时候，众多为 QCA 技术以及 MSDO/MDSO 的进一步创新和发展的阳关大道是开放的。一方面，软件的发展（访问"软件"网页：www.compasss.org）在持续进行当中。同时，FAQCA 和 TOSMANA 这两个程序在用户友好的环境中提供了互补的工具。另外也有一些附加工具出现。比如，除了运行 Ragin（2000）所描绘的程序之外，FSQCA 现在也有了分析模糊集数据（fsQCA，如第 5 章所述）真值表的常规程序。一如 Ragin 的设想（2006b,2008），它现在还涵盖了同时为清晰集和模糊集分析服务的"一致性"运算和"覆盖度"衡量。此外，覆盖度可以被分割来呈现真值表方案中展示的条件组合的相对权重。校准定距和定比变量的任务也可以在程序中自动完成了，用户只需要输入完全隶属、完全非隶属以及交叉点的临界值即可。最后，一个新投入使用的程序使每一个分析都能够输出三种解：复杂解、简约解、中间解（熟悉理论与知识），参见 Ragin（2008）。至于 TOSMANA，除了标准的 csQCA 程序之外，这个软件如第 4 章所述，可以运用于 mvQCA。为使 csQCA 和 mvQCA 程序更易被使用以及为保证软件的应用更加动态，大量的工具被开发。"可视化"工具拥有不同的可视化选项，让你能够用韦恩图展示布尔数据。更多为帮助用户设定临界值以及简便计算矛盾简化假设的工具被开发出来（例如"临界值设定者"，以及某些聚类算法）。所有这些在 TOSMANA 手册中都有说明（Cronqvist, 2007b）。

由于运算性能的增强，这两种程序都能够处理较大数量的条件。尽管如此，在理论与现象的对话过程中，为避免案例的过度"个体化"，这种能力还应谨慎运用。事实上，一个运算程序在技术上可行并不意味着它实用或令人满意。再次强调：不应该像使用"按钮"一样运用QCA程序，而应该采取一种灵活的方式。无须多言，这种态度适用于社会科学研究中的任何一种形式工具——统计工具同样适用。

接下来几年里一定还会有更多的软件创新。其他的平台也在做更多的努力，尤其是Dusa（2007）的R以及STATA（Longest & Vaisey，2008）。议程表上的某些议题通过FSQCA、TOSMANA或是其他平台，希望可以在软件发展的一定阶段实现：在程序中更明确地涵盖时间维度、平台用户友好性的增强、可视化组态和最小公式的新思路（Schneider & Grofman，2006，2007）、最小公式和案例之间的更优联系、与其他软件之间的互联（如输入数据或输出数据）等。这些程序的开发者都对用户开放评论和建议渠道。

另外，QCA应用的范围和使用的方法正朝着至少四个方向扩张。

其一，现在正兴起的一个潮流就是关心案例被界定的层次。截至目前，几乎所有的QCA应用中，案例与结果都被界定在宏观层面与中观层面，例如政策领域、集体行动者、组织机构以及国家特征或地域特征。尽管微观的应用很有潜力，但也只有一部分使用者利用QCA分析微观数据，尤其是在教育研究和心理学领域，在其他领域（社会学、政治学、犯罪学等）也有一定的使用，因为在这些领域内将单个人作为案例进行小样本或中等样本研究有其意义。除了一些已经提及的微观大样本分析（例如，Ragin，2006b，使用钟形曲线数据）之外，此类型的原始应用不是最近才完成就是还处在进程之中，比如，Lobe（2006）关于学生参加实验的研究或Scherrer（2006）关于个人政治社会化的研究。特别是在参与式的研究设计中——例如，当研究者能够有规律地与作为研究目标的个人（"案例"）进行互动时——尤其有可能，相较于中观层面或宏观层面的现象，研究者对每一单个案例有着更为深入的认识。研究者能够直接与每一个案例进行沟通，这在中观层面或宏观层面案例中是难以实现的（Lobe，2006；Lobe & Rihoux）。

其二，关于案例数量，其在应用中早已有了很大变动。截至目前，相当一部分应用的样本库只有三个（Häge，2005）、五个（例如Kitchener, Beynon, & Harrington，2002）、六个（例如Vanderborght & Yamasaki，2004）或者七个案例（例如Brueggemann & Boswell，1998；Hellström，2001）。在中等样本范围内，绝大部分应用的案例数量从10个到50个不等。然而，也有许多分析50～80个案例的应用（例如Williams & Farrell，1990；Rudel & Roper，1996；Nomiya，2001）。

更有甚者，大样本领域的一些应用能够解决超过 100 个（Drass & Spencer, 1987；Ishida, Yonetani, & Kosaka, 2006）甚至超过 1000 个案例（Ragin & Bradshaw, 1991；Amoroso & Ragin, 1999；Miethe & Drass,1999）。如果"拉伸"这些方法，比如 QCA 分析较小样本或反之研究大样本情境的潜能，进一步的创新就大有文章可做。当然，在这种情境下，最关键的问题是：相较于其他方法，QCA 能带来什么"增值"？譬如，假设只有四个案例，相较使用更加定性的方法（非形式化的）进行深度案例分析，QCA 方法的新增价值是什么？

其三，关于学科和主题，超过 2/3 的现存应用仍然限于政治学（如比较政治学、福利国家研究、政策分析等）和社会学（如历史社会学、组织社会学等）。然而 QCA 应用正兴起于其他学科内，比如政治经济学、管理学研究以及犯罪学，也有一小部分应用于历史学、地理学、心理学和教育方面。可以肯定的是，众多其他领域的研究可以利用 QCA 技术——甚至是自然科学和生物科学。比如，在医学研究中，某些议题（如罕见疾病、传染病在某一种群的特定子群内的传播）是无法通过大样本研究设计完成的，因为不可能满足统计分析的苛刻条件。QCA 技术在这些研究案例中能够提供一些解决方案。

其四，也是最后一点，QCA 在使用中还有很大一部分潜能未被开发，尤其是探索性（假设检验）应用。如果以此种方法利用 QCA，我们强烈建议研究者用代数形式呈现他们的假设（例如，用布尔语句）。这一简单步骤又引发了许多关于假说如何构成以及结果怎样阐释的重要问题的讨论。譬如，在 csQCA 中，某个既定现象与条件 A 或 B 或 C 的存在是具有关联或者由之引起，以及同一个现象与条件 A、B 和 C 的同时存在是具有关联或者由之引起，这两者之间是有确定差异的。这两种假设的布尔项表达法分别如下

$$H1 = A+B+C$$
$$H2 = A*B*C$$

(8-1)

它们的含义相差甚多，这是一目了然的。正如 Amenta 和 Poulse（1994）指出的，QCA 背后的方法论假设也是这种并发形式，且 QCA 应当提出并发的、情境的或权变的假设。截至目前，QCA 假设仍然停留在单个条件对结果的预期影响上，并且即使真有共同影响存在，特定条件之间精确的共同影响也很少被揭示（特例请参考 Amenta, Caren, & Olasky, 2005；Bochsler, 2006；Peillon, 1996；Watanabe, 2003；Yamasaki, 2003, 2007）。

8.5 参与集体性研究工作和明智的方法论讨论

在过去几年里，仍有不少因素阻碍 QCA 技术及其应用的成长和多元化发展（De Meur & Rihoux，2002, pp.143-144）。一个因素就是培训机会较少以及对（目前）非专业的学生和研究者缺乏指导。随着使用机会的增多，且通过 COMPASSS 资源网（www.compasss.org）和其他相关网站可以获取足够多的在线资源，这一局限性已经得到很大的改善。当前已发表的应用也为用户提供了另一种关键途径。另外，实际使用（或多或少）这一技术的学者人数在不断增加，他们更能够为初学者提供指导性帮助。

第二个阻碍与第一版 QCA 软件的局限性有关。在 20 世纪 80 年代到 90 年代后期，QCA-DOS 2.0 和 3.0 尽管具有技术上的可操作性，但它们并非用户友好型软件，随着条件数量的增加，其在 DOS 环境下的运行就会变得异常缓慢。通过更加用户友好的 Windows 类型的 FSQCA 和 TOSMANA 软件的开发，这一局限目前也得到了大幅度改善。

第三个阻碍是缺乏为不同领域读者设计的全套英文教科书。这也正是本书编写的目的，因此希望这一阻碍因素也能够得到改善。

那么，还有什么其他阻碍呢？我们不如换种提法，称之为挑战，其中有两个挑战极其关键。第一个挑战就是在系统比较、小样本或中等样本研究设计中改进案例知识。记住：案例知识——与每一个案例的实证的"亲密度"——是 QCA 技术的核心支柱。也请明白，随着案例数量的增加，充分开发所有单个案例的知识的难度也在不断增强。如果仅凭独立研究者的个人努力，这个任务尤其艰巨。也许通过联合研究者——典型的如案例专家的协同努力能取得一些重大进步。假设案例研究的沟通与设计非常清晰明了，那么这种协同研究工作就能为更广泛的 QCA 应用提供绝佳的素材。比如，研究者想要将 QCA 运用于 25 个欧盟成员国之间的一个相关现象之中，最好的模式应该是依赖国家间专家网络的帮助搜集资料和操作事先考虑的特定背景特征的变量，最后一点同样重要，即对结果做出有意义的解释，并将这些发现带回单个案例中去。两次世界大战期间的项目（见第 3～5 章）就是这一研究工作的很好例证。

第二个挑战是，关于 QCA 技术的优势与局限性的争论仍在继续，且显然也会被拿来与其他方法（定性法或定量法）的优劣势作比较。但是这种争论几乎没有带来过足够多的进步。可能是因为以下两个方面。一方面，谈及方法论争议（不仅有关 QCA，且有关更多方法），它们似乎更具破坏性而非建设性。它们看起来更像是"范式战争"，目标是摧毁敌人——其他方法论视角的倡导者。另一方面，至少是直到最近，还是几乎没有学者充分认识到 QCA 作为方法时的支柱所在，更不用说了解更加专业层面的 QCA 技术的内容了。我们只能冀望于：随着 QCA 应用的进一步发展、扩大以及精密化，那些潜在的批评者们能够更加清晰地认识这些技术从而做出更加有用的批评。但愿这本书能够在此过程中发挥一点作用。

要点

- 透明度：由于 QCA 技术在研究过程的多个阶段都需要用户的积极输入，所以在任何出版物或报告中都应将关键抉择阐释清楚。
- QCA 技术能够以不同方式与其他技术相结合，包括"定性的"方法和"定量的"方法。这一领域内有很多进展值得期待。
- 将 QCA 与其他数据方法相对照或相联系的时候，不应忘记它们的本体论差异（不同的目标、假设和因果关系构想）；这点适用于任何一种方法的"三角鉴定"工作。
- 可以使用用户友好型程序，其提供了众多实用工具；这些程序仍处在发展和定期完善之中。
- QCA 可应用于不同领域、不同水平的分析（微观、中观、宏观）以及广阔范围的研究设计（从极小样本到大样本）。
- 仍待开发但很强大的一个 QCA 功能是"假设－检验"功能。
- 集体研究项目（将案例专家聚集到一起）为 QCA 技术卓有成效的应用提供了适宜的环境。
- 关于 QCA 技术利弊的争议需要以一种有见识的方式进行，以推动这些技术的完善。

关键补充读物

Ragin（2008），Rihoux（2006，2008a，2008b），Schneider & Wagemann（2007）。

附录　组态比较方法的更多资源

可以找到更多的信息的地方

你可以在两个地方找到组态比较方法的更多信息和大量资源。第一个是本书的配套资源网页（URL:www.compasss.org/Textbook.html），它是本教科书的伴侣网页，其中我们编制了更多关于教科书中提出的许多方面和实践观点的详细信息。它旨在为各级（从初学者到更高级）用户在自己的应用程序上工作时提供帮助。

第二个是COMPASSS国际资源网站(URL:www.compasss.org)，它包含许多有用的资源。特别地，当你开始使用CCM和QCA技术时，你可能对"教学法""工作论文"和"国际数目数据库"部分最感兴趣。还有许多其他站点的连接——例如FSQCA和TOSMANA，你可以在其中免费下载程序。

术语汇编

> | 专栏 G-1 |
>
> ### "良好实践"(13):关键词很重要,所以使用正确的术语
>
> 在撰写报告、出版物等时使用正确的 QCA 术语至关重要,为了:
>
> - 避免使读者困惑,特别是如果他往往已经受过不同方法和途径的培训
> - 强化这种观念:**QCA 技术**是基于特定的**范式**,有着具体目标、假设和因果概念(例如,"条件"不是"独立变量")
> - 避免因无效根据而受到批评(例如,"最小公式"不是"总趋势",后者可经样本到整个群体的统计推断得出)
> - 在演示中完全理解
>
> 如果空间允许(例如脚注),为您正在使用的关键 QCA 技术术语提供的简短定义,或许很有用。还建议您在摘要中清楚地提及您正使用的技术(csQCA、mvQCA、fsQCA 等)。

在本术语汇编中,我们收集了 QCA 中使用的关键技术术语及其技术,以及简明的定义。还提及了文献中一些作者以及 FSQCA 或 TOSMANA 程序所使用的一些等效术语。

二进制变量(同义词:**布尔变量、二分变量**):只有 [0] 或 [1] 两个值的变量。
Binary variable (equivalents: Boolean variable, dichotomous variable): variable that takes only two values: [0] or [1].

布尔距离:布尔数(二分,用 [0] 或 [1] 值),表示两个案例各不相同的**条件**。
Boolean distance: the number of Boolean (i.e., dichotomized, with [0] or [1] values)

conditions by which two cases differ from one another.

布尔最小化：请参阅最小化。

Boolean minimization: see Minimization.

复杂解：没有借助任何"逻辑余项"而导出的最小公式。

Complex solution: minimal formula derived without the aid of any logical remainders.

条件（同义词：条件变量、因果条件[1]）：可能影响结果的解释变量。注意：它不是统计意义上的"自变量"。

Condition (equivalents: condition variable, causal[1] condition): an explanatory variable that may affect the outcome. Note: It is not an "independent variable" in the statistical sense.

组态：与给定结果相关的条件的组合。它可对应于有一个或多于一个实证案例，也可以没有实证案例相对应。它对应于真值表的一行。

[-] 结果组态：结果值总是 [-] 的组态，表示它可以是 [1] 或 [0]；也称为"无关"组态。

[0] 结果组态：结果值始终为 [0] 的组态。

[1] 结果组态：结果值始终为 [1] 的组态。

Configuration: a combination of conditions relevant to a given outcome. It may correspond to one, more than one, or no empirical case(s). It corresponds to one row of a truth table.

[-] outcome configuration: a configuration whose outcome value is always [-], indicating it could be [1] or [0]; also known as a "don't care" configuration.

[0] outcome configuration: a configuration whose outcome value is always [0].

[1] outcome configuration: a configuration whose outcome value is always [1].

一致性：经验性实例支持存在一个集合理论关系的主张的程度。子集关系可以表示为必要条件或充分条件，这取决于子集是原因（充分性）还是结果（必要性）。

Consistency: the degree to which empirical evidence supports the claim that a set theoretic relation exists. A subset relation may signal a necessary or a sufficient condition, depending on which is the subset, the cause (sufficiency), or the outcome (necessity).

矛盾组态：一种组态，其结果值在某些案例下为 [1]，而在其他案例下为 [0]。因此，它涵盖一组实证案例，尽管它们享有同一组条件值，但显示出不同的结果值。

Contradictory configuration: a configuration whose outcome value is [1] for some cases and [0] for other cases. It therefore covers a set of empirical cases, which, although they share the same set of condition values, display different outcome values.

矛盾的简化假设：当在 [1] 结果组态的最小化和 [0] 结果组态的最小化中使用相同的"逻辑余项"，从而对该"逻辑余项"的结果值制造成两个矛盾的假设。

Contradictory simplifying assumption: when the same logical remainder is used both in the minimization of the [1] outcome configurations and in the minimization of the [0] outcome configurations, thereby making two contradictory assumptions regarding the outcome value of that logical remainder.

覆盖度：一种评估最小化公式的各项"覆盖"被观察案例的方式（三种类型的覆盖度：原

始覆盖度、唯一覆盖度和解的覆盖度）。

Coverage: an assessment of the way the respective terms of the minimal formulas "cover" observed cases (three types of coverage: raw coverage, unique coverage, and solution coverage).

模糊集隶属分数：给定案例隶属于一个集合的程度，其可以是两个定性定义的状态之间的任何值——完全隶属（1）和完全不隶属（0）。

Fuzzy set membership score: the degree to which a given case belongs to a set, which can be any value between two qualitatively defined states: full membership (1) and full nonmembership (0) in the set.

蕴含项：请参阅**质蕴含项**。

Implicant: see Prime implicant.

中间解：仅借助于那些与研究者的理论和实质性知识一致的"**逻辑余项**"而导出的**最小公式**。

Intermediate solution: minimal formula derived with the aid of only those logical remainders that are consistent with the researcher's theoretical and substantive knowledge.

定距尺度（测量）：以恒定标度排序的定量数据，值之间的差是相等的；带有一个有意义的零点的区间尺度被称为**比例尺度**。

Interval level (of measurement): quantitative data that are ordered on a constant scale, with equivalent differences between values ; an interval scale with a meaningful zero point is known as a ratio scale.

逻辑余项（同义词：**逻辑案例、逻辑余项案例、余项、反事实、未观察案例**）：缺少经验实例的**组态**（条件的组合）。逻辑余项可以被纳入布尔**最小化**。

Logical remainder (equivalents: logical case, logical remainder case, remainder, counterfactual, non-observed case): a configuration (combination of conditions) that lacks empirical instances. Logical remainders may be included in the Boolean minimization.

隶属分数：见**模糊集隶属分数**。

Membership score: see Fuzzy set membership score.

最小公式（同义词：**缩减表达式、最小等式、解**）：通过布尔或集合理论最小化所得到的公式。它通常由**质蕴含项**（项）的缩减集组成，各项由布尔"OR"[+]运算符连接，亦称为"乘积和"表达式。

Minimal formula (equivalents: reduced expression, minimal equation, solution): formula obtained through Boolean or set-theoretic minimization. It typically consists of a reduced set of prime implicants (terms), connected by the Boolean "OR" [+] operator, also known as a "sums of products" expression.

最小化（同义词：**布尔最小化、布尔合成、布尔缩减**）：通过布尔或集合理论算法将复杂表达式转化为**最小公式**的缩减过程。

Minimization (equivalents: Boolean minimization, Boolean synthesis, Boolean reduction): the process of reducing, through Boolean or set-theoretic algorithms, complex expressions into a minimal formula.

必要条件：请参阅**必要性**。

Necessary condition: see Necessity.

必要性：一个**条件**对于一个**结果**是必要的，即如果结果发生时它总是存在，并且如果结果发生时它从不缺席（因此，在条件缺席下，结果不会发生）。结果是原因的一个**子集**。

Necessity: a condition is necessary for an outcome if it is always present when the outcome occurs, and if it is never absent when the outcome occurs (thus the outcome cannot occur in the absence of the condition). The outcome is a subset of the cause.

定类尺度（测量）：数据是分类的，但没有排序（例如宗教，性别[男/女]）。Nominal level (of measurement): the data are classified, but not ordered (e.g., religion, gender [male/female]).

定序尺度（测量）：数据是有序的，但值或等级之间的差异不相同（例如，社会阶级、政党的优先级顺序）。

Ordinal level (of measurement): the data are ordered, but the differences between the values or ranks are not equal (e.g., social class, rank order of preference for political parties).

结果（同义词：**结果变量**）：由**条件**解释的变量；通常结果是研究的主要焦点。

Outcome (equivalent: outcome variable): the variable to be explained by the conditions; usually the outcome is the main focus of a study.

简约解：借助于"**逻辑余项**"导出的**最小公式**，没有对"逻辑余项"的合理性做出任何评估。

Parsimonious solution: minimal formula derived with the aid of logical remainders, without any evaluation of their plausibility.

质蕴含项：布尔**最小化**过程中导出的缩减表达式。通常，导出的质蕴含项的子集构成一个**最小公式**，布尔最小化的端点。质蕴含项通常是由布尔"AND"[*]运算符连接的一组条件。最小公式中的每个质蕴含项覆盖了来自**真值表**中一个给定结果的一系列组态。

Prime implicant: reduced expressions derived in the course of Boolean minimization. Typically, a subset of the prime implicants that are derived constitute a minimal formula, the endpoint of Boolean minimization. A prime implicant is usually a set of conditions joined by the Boolean "AND" [*] operator. Each prime implicant in a minimal formula covers a series of configurations from the truth table with a given outcome.

属性空间：由一个给定的**条件**集定义的分析框架；模糊集下，它是由模糊集条件定义的多维向量空间。该多维向量空间的角点对应于**真值表**行。

Property space: the analytic frame that is defined by a given set of conditions; with fuzzy set, it is a multidimensional vector space defined by the fuzzy-set conditions. The corners of this multidimensional vector space correspond to **truth table** rows.

余项：请参阅**逻辑余项**。

Remainder: see **Logical remainder**.

集合：被视为整体的不同对象（称为**成员**）的任何集合。一个集合可以由某些属性或特征描述。

Set: any collection of distinct objects (called **members**) considered as a whole. A set can be described by certain properties or characteristics.

简化假设：对"**逻辑余项**"的**结果**值进行假设，以便可以将其纳入**最小化**程序中，获得更简单的最小公式。

Simplifying assumption: assumption made on the **outcome** value of a **logical remainder**, so it can be included in the **minimization** procedure, in order to obtain a simpler **minimal formula**.

解：请参阅**复杂解**、**中间解**、**简约解**。

Solution: see **Complex solution**; **Intermediate solution**; **Parsimonious solution**.

子集关系：在清晰集下，只要一个集合的所有成员都包含在另一个集合中，就存在子集关系；模糊集下，每当一个集合中的**隶属分数**一致地小于或等于另一集合中的隶属分数时，则存在子集关系。

Subset relation: with crisp sets, a subset relation exists whenever all the members of one set are contained within another set; with fuzzy sets a subset relation exists whenever **membership** scores in one set are consistently less than or equal to membership scores in another set.

充分性：如果当**条件**（或条件组合）存在时，结果总是出现（当然，结果也可以由于其他原因而发生），则条件（或条件组合）对于结果是**充分**的。简而言之，原因是结果的一个子集。**最小公式**中的大多数项（例如，最小公式 AB + CD → Y 中的项 AB）构成结果的子集，因此可以被解释为对于结果是充分的（但不是**必要**的）。

Sufficiency: a condition (or combination of conditions) is **sufficient** for an **outcome** if the outcome always occurs when the condition (or combination) is present (however, the outcome can occur for other reasons as well). In short, the cause is a subset of the outcome. Most **terms** in minimal formulas (e.g., the term AB in the minimal formula AB + CD → Y) constitute subsets of the outcome and therefore can be interpreted as sufficient (but not **necessary**) for the outcome.

充分条件：请参阅**充分性**。

Sufficient condition: see **Sufficiency**.

项：布尔和中的元素。在布尔或集合理论表达式中，它通常是由布尔"AND"[*]运算符（集合交集）连接的**条件**的组合。

Term: an element within a Boolean sum. In Boolean or set-theoretic expressions, it is usually a combination of **conditions** joined by the Boolean "AND" [*] operator (**set** intersection).

真值表（同义词：**组态表**）：基于给定数据集的所有组态（条件组合）的综合显示。
Truth table (equivalent: **table of configurations**): synthetic display of all **configurations** (combinations of conditions) based on a given data set.

维恩图：显示集合之间所有可能的数学或逻辑关系的图。
Venn diagram: a graph showing all the possible mathematical or logical relationships between sets.

注　释

1. 建议谨慎使用"因果"述语，除非对你研究所在领域的因果机制具有某种观点。

参 考 文 献

Note: This reference list can be complemented by further resources in the "international bibliographical database" on the COMPASSS Web site (see the Appendix). You are welcome to indicate missing references (in any format or language) in the database to the COMPASSS team.

Aarebrot, F. H., & Bakka, P. H. (2003). Die vergleichende Methode in der Politikwissenschaft. In D. Berg-Schlosser & F. Müller-Rommel (Eds.), *Vergleichende Politikwissenschaft: Ein einführendes Studienhandbuch* (4th ed.) (pp. 57–76). Wiesbaden, Germany: VS-Verlag.

Abbott, A. (1995). Sequence analysis: New methods for old ideas. *Annual Review of Sociology, 21,* 93–113..

Abbott, A. (2001). *Time matters. On theory and method.* Chicago: University of Chicago Press.

Abbott, A., & Barman, E. (1997). Sequence comparison via alignment and Gibbs sampling: A formal analysis of the emergence of the modern sociological article. *Sociological Methodology,* 27(1), 47–87.

Abell, P. (1987). *The syntax of social life: The theory and method of comparative narratives.* Oxford: Clarendon.

Abell, P. (2004). Narrative explanation: An alternative to variable-centered explanation? *Annual Review of Sociology, 30,* 287–310.

Achen, C. H. (2005). Two cheers for Charles Ragin. *Studies in Comparative International Development (SCID),* 40(1), 27–32.

Alber, J. (1982). *Vom Armenhaus zum Wohlfahrtsstaat. Analysen zur Entwicklung der Sozialversicherung in Westeuropa.* Frankfurt am Main: Campus Verlag.

Amenta, E., Caren, N., & Olasky, S. J. (2005). Age for leisure? Political mediation and the impact of the pension movement on US old-age policy. *American Sociological Review, 70,* 516–538.

Amenta, E., & Poulsen, J. D. (1994). Where to begin: A survey of five approaches to selecting independent variables for Qualitative Comparative Analysis. *Sociological Methods and Research,* 23(1), 22–53.

Amenta, E., & Poulsen, J. D. (1996). Social politics in context: The institutional politics theory and social spending at the end of the New Deal. *Social Forces,* 75(1), 33–60.

Amoroso, L. M., & Ragin, C. C. (1999). Two approaches to understanding control of voluntary and involuntary job shifts among Germans and foreigners from 1991 to 1996. *Quarterly Journal of Economic Research, 2,* 222–229.

Andersen, S. C. (2005). How to improve the outcome of state welfare services. Governance in a systems-theoretical perspective. *Public Administration,* 83(4), 891–907.

Aus, J. P. (2007). Conjunctural causation in comparative case-oriented research. *Quality and Quantity,* DOI: 10.1007/s11135-007-9104-4.

Bailey, K. D. (1994). *Typologies and taxonomies: An introduction to classification techniques.* Beverly Hills, CA: Sage.

Bartolini, S. (1993). On time and comparative research. *Journal of Theoretical Politics,* 5(2), 131–167.

Becker, H. S. (1998). *Tricks of the trade: How to think about your research while you're doing it.* Chicago: University of Chicago Press.

Befani, B., Ledermann, S., & Sager, F. (2006). Realistic evaluation and QCA: Conceptual parallels and an empirical application. *Evaluation,* 13(2), 171–192.

Berg-Schlosser, D. (1998). Conditions of authoritarianism, fascism and democracy in inter-war Europe. A cross-sectional and longitudinal analysis. *International Journal of Comparative Sociology,* 39(4), 335–377.

Berg-Schlosser, D. (2004). Evaluation critique des indicateurs de la démocratisation et de la bonne gouvernance. In C. Thiriot, M. Marty, & E. Nadal (Eds.), *Penser la politique comparée. Un état des savoirs théoriques et méthodologiques* (pp. 249–278). Paris: Editions Karthala.

Berg-Schlosser, D., & Cronqvist, L. (2005). Macro-quantitative vs. macro-qualitative methods in the social science. An example from empirical democratic theory employing new software. *Historical Social Research,* 4(30), 154–175.

Berg-Schlosser, D., & De Meur, G. (1994). Conditions of democracy in interwar Europe: A Boolean test of major hypotheses. *Comparative Politics,* 26(3), 253–279.

Berg-Schlosser, D., & De Meur, G. (1997). Reduction of complexity for a small-N analysis: A stepwise multi-methodological approach. *Comparative Social Research,* 16, 133–162.

Berg-Schlosser, D., & Mitchell, J. (2000). *Conditions of democracy in Europe, 1919-39: Systematic case studies.* Basingstoke, UK, New York: Macmillan Press, St Martin's Press.

Berg-Schlosser, D., & Mitchell, J. (2003). *Authoritarianism and democracy in Europe, 1919-39. Comparative analyses.* Hampshire, UK: Palgrave Macmillan Limited.

Berg-Schlosser, D., & Quenter, S. (1996). Macro-quantitative versus macro-qualitative methods in political science. Advantages and disadvantages of comparative procedures using the welfare-state theory as an example. *Historical Social Research,* 21(1), 3–25.

Blalock, H. M. (1984). *Basic dilemmas in the social sciences.* Beverly Hills, CA: Sage.

Bleiklie, I., Goggin, M. L., & Rothmayr, C. (2003). *Comparative biomedical policy: Governing Assisted Reproductive Technologies.* London: Routledge.

Bochsler, D. (2006). *Electoral engineering and inclusion of ethnic groups: Ethnic minorities in parliaments of Central and Eastern European countries* (COMPASSS Working Paper, 38), 35p.

Bollen, K. A., Entwisle, B., & Alderson, A. S. (1993). Macrocomparative research methods. *Annual Review of Sociology,* 19, 321–351.

Boole, G. (1847). *The mathematical analysis of logic: Being an essay towards the calculus of deductive reasoning.* Oxford: Basil Blackwell.

Boole, G. (1958). *An investigation of the laws of thought on which are founded the mathematical theories of logic and probabilities.* New York: Dover Publication.

Boswell, T., & Brown, C. (1999). The scope of general theory. Methods for linking deductive and inductive comparative history. *Sociological Methods and Research,* 28(2), 154–185.

Brady, H. E., & Collier, D. (2004). *Rethinking social inquiry: Diverse tools, shared standards.* Lanham, MD: Rowman & Littlefield.

Brayton, R. K., & Khatri, S. P. (1999). Multi-valued logic synthesis. Paper presented at the 12th International Conference on VSLI Design—"VSLI for the Information Appliance."

Brown, C., & Boswell, T. (1995). Strikebreaking or solidarity in the Great Steel Strike of 1919: A split labor market, game-theoretic, and QCA analysis. *American Journal of Sociology,* 100(6), 1479–1519.

Brueggemann, J., & Boswell, T. (1998). Realizing solidarity: Sources of interracial unionism during the Great Depression. *Work and Occupations,* 25(4), 436–482.

Caramani, D. (2008). *Introduction to comparative method with Boolean algebra.* Thousand Oaks, CA: Sage.

Caren, N., & Panofsky, A. (2005). TQCA. A technique for adding temporality to Qualitative Comparative Analysis. *Sociological Methods & Research,* 34(2), 147–172.

Cat, J. (2006). Fuzzy empiricism and fuzzy-set causality: What is all the fuzz about. *Philosophy of Science,* 73, 26–41.

Chan, S. (2003). Explaining war termination: A Boolean analysis of causes. *Journal of Peace Research,* 40(1), 49–66.

Clément, C. (2003). *State collapse: A common causal pattern? A comparative analysis of Lebanon, Somalia, and the former-Yugoslavia.* Louvain-la-Neuve: Université catholique de Louvain.

Clément, C. (2004). Un modèle commun d'effondrement de l'Etat? Une AQQC du Liban, de la Somalie et de l'ex-Yougoslavie. *Revue Internationale de Politique Comparée,* 11(1), 35–50.

Clément, C. (2005a). *Failing states, failing data: The case for QCA (Qualitative Comparative Analysis).* Annual Meeting of the American Political Science Association, Qualitative Methods Panel.

Clément, C. (2005b). *The nuts and bolts of state collapse: Common causes and different patterns?* (COMPASSS Working Paper, 32), 34p.

Cohen, M. R., & Nagel, E. (1934). *An introduction to logic and scientific method.* New York: Harcourt Brace.

Coleman, J. S. (1990). *Foundations of social theory.* Cambridge, MA: Belknap Press.

Collier, D., Mahoney, J., & Seawright, J. (2004). Claiming too much: warnings about selection bias. In H. E. Brady, & D. Collier (Eds.), *Rethinking social inquiry: diverse tools, shared standards* (pp. 85–102). Maryland: Rowman & Littlefield.

Collier, R. B. (1999). *Paths toward democracy: The working class and elites in Western Europe and South America.* New York: Cambridge University Press.

Cook, T. D., & Campbell, D. T. (1979). *Quasi-experimentation: Design and analysis issues for field settings.* Boston: Houghton Mifflin.

Cress, D. M., & Snow, D. A. (2000). The outcome of homeless mobilization: The influence of organization, disruption, political mediation, and framing. *American Journal of Sociology,* 105(4), 1063–1104.

Creswell, J. W. (2003). *Research design qualitative, quantitative and mixed methods approaches* (2nd ed.). London: Sage.

Creswell, J. W., & Plano Clark, V. L. (2007). *Designing and conducting mixed methods research.* London: Sage.

Cronqvist, L. (2004). *Presentation of TOSMANA: Adding multi-value variables and visual aids to QCA* (COMPASSS Working Paper, 20).

Cronqvist, L. (2005). *Introduction to multi-value Qualitative Comparative Analysis (MVQCA)* (COMPASSS Didactics Paper, 4).

Cronqvist, L. (2006). *Using multi-valued outcomes with MVQCA.* TOSMANA technical Note, 2.

Cronqvist, L. (2007a). TOSMANA. Tools for small-N analysis. Version 1.3. http://www.tosmana.org.

Cronqvist, L. (2007b). TOSMANA user manual. Version 1.3.

Cronqvist, L. (2007c). *Konfigurationelle Analyse mit Multi-Value QCA als Methode der vergleichenden Politikwissenschaft.* Unpublished doctoral dissertation, University of Marburg.

Cronqvist, L., & Berg-Schlosser, D. (2006). Determining the conditions of HIV/AIDS prevalence in sub-Saharan Africa. Employing new tools of macro-qualitative analysis. In B. Rihoux & H. Grimm (Eds.), *Innovative comparative methods for policy analysis* (pp. 145–166). New York: Springer.

Curchod, C., Dumez, H., & Jeunemaître, A. (2004). Une étude de l'organisation du transport aérien en Europe: Les vertus de l'AQQC pour l'exploration de la complexité. *Revue Internationale de Politique Comparée*, 11(1), 85–100.

Cuvier, G. (1812). *Recherche sur les ossements fossiles des quadrupèdes*. Paris: Flammarion.

Dahl, R. A. (1971). *Polyarchy, participation and opposition*. New Haven: Yale University Press.

Dahl, R. A. (1989). *Democracy and its critics*. New Haven: Yale University Press.

De Meur, G. (1996). La comparaison des systèmes politiques: Recherche des similarités et des différences. *Revue Internationale de Politique Comparée*, 3(2), 405–437.

De Meur, G., & Berg-Schlosser, D. (1994). Comparing political systems: Establishing similarities and dissimilarities. *European Journal of Political Research*, 26(2), 193–219.

De Meur, G., & Berg-Schlosser, D. (1996). Conditions of authoritarianism, fascism and democracy in inter-war Europe: Systematic matching and contrasting of cases for "small N" analysis. *Comparative Political Studies*, 29(4), 423–468.

De Meur, G., Bursens, P., & Gottcheiner, A. (2006). MSDO/MDSO revisited for public policy analysis. In B. Rihoux, & H. Grimm (Eds.), *Innovative comparative methods for policy analysis* (pp. 67–94). New York: Springer.

De Meur, G., & Rihoux, B. (2002). *L'analyse quali-quantitative comparée (AQQC-QCA): Approche, techniques et applications en sciences humaines*. Louvain-la-Neuve, Belgium: Academia-Bruylant.

De Meur, G., Rihoux, B., & Yamasaki, S. (2002). Revue critique... des critiques de l'AQQC. In G. De Meur & B. Rihoux (Eds.), *L'analyse quali-quantitative comparée (AQQC-QCA): Approche, techniques et applications en sciences humaines* (pp. 119–144). Louvain-la-Neuve: Academia-Bruylant.

Diagne, S. B. (1989). *Boole. L'oiseau de nuit en plein jour*. Paris: Belin.

Diamond, L. (1992). Economic development and democracy reconsidered. *American Behavioral Scientist*, 35(3), 450–499.

Drass, K. A., & Spencer, J. W. (1987). Accounting for pre-sentencing recommendations: Typologies and probation officers' theory of office. *Social Problems*, 34, 277–293.

Duckles, B. M., Hager, M. A., & Galaskiewicz, J. (2005). How nonprofits close. Using narratives to study organizational processes. *Qualitative Organizational Research*, 169–203.

Dumont, P., & Bäck, H. (2006). Why so few and why so late? Green parties and the question of governmental participation. *European Journal of Political Research*, 45(S), 35–68.

Dusa, A. (2007). User manual for the QCA(GUI) package in R. *Journal of Business Research*, 60(5), 576–586.

Easton, D. (1965). *A systems analysis of political life*. New York: Wiley and Sons.

Ebbinghaus, B. (2005). When less is more: Selection problems in large-N and small-N cross-national comparisons. *International Sociology*, 20(2).

Ebbinghaus, B., & Visser, J. (1998). When institutions matter: Union growth and decline in Western Europe, 1950–95. *MZES Arbeitspapiere/Working Papers* (I/30), 1–37.

Eisinger, P. K. (1973). The conditions of protest behavior in American cities. *American Political Science Review*, (67), 11–28.

Esping-Andersen, G. (1990). *The three worlds of welfare capitalism*. Princeton, NJ: Princeton University Press.

Esser, H. (1993). *Soziologie. Allgemeine Grundlagen*. Frankfurt am Main: Campus Verlag.

Fischer, J., Kaiser, A., & Rohlfing, I. (2006). The push and pull of ministerial resignations in Germany, 1969–2005. *West European Politics,* 4(29), 709–735.

Fiss, P. C. (2007). A set-theoretic approach to organizational configurations. *Academy of Management Review* 32(4), 1180–1198.

Flick, U. (2004). Triangulation in qualitative research. In U. Flick, E. von Kardorff, & I. Steinke (Eds.), *A companion to qualitative research* (pp. 178–190). London: Sage.

Geddes, B. (2003). *Paradigms and sand castles. Theory building and research design in comparative politics.* Ann Arbor: University of Michigan Press.

George, A. L., & Bennett, A. (2005). *Case studies and theory development in the social sciences.* Cambridge, MA: MIT Press.

Gerlich, P., & Campbell, D. (2000). Austria: From compromise to authoritarianism. In D. Berg-Schlosser & J. Mitchell (Eds.), *Conditions of democracy in Europe, 1919-39. Systematic case-studies* (pp. 40–58). London: Macmillan.

Gerring, J. (2005). Causation: A unified framework for the social sciences. *Journal of Theoretical Politics,* 17(2), 163–198.

Gerring, J. (2006). *Case study research: Principles and practices.* Cambridge, UK: Cambridge University Press.

Glaser, B. G., & Strauss, A. L. (1967). *Discovery of grounded theory: Strategy for qualitative researcher.* London: Wiedenfeld and Nicholson.

Goertz, G. (2006a). Assessing the trivialness, relevance, and relative importance of necessary and sufficient conditions in social science. *Studies in Comparative International Development,* 41(2), 88–109.

Goertz, G. (2006b). *Social science concepts: A user's guide.* Princeton, NJ: Princeton University Press.

Goldthorpe, J. H. (1997). Current issues in comparative macrosociology: A debate on methodological issues. *Comparative Social Research,* 16, 1–26.

Gran, B. (2003). Charitable choice policy and abused children: The benefits and harms of going beyond the public–private dichotomy. *International Journal of Sociology and Social Policy,* 23(11), 80–125.

Grassi, D. (2004). La survie des régimes démocratiques: Une AQQC des démocraties de la "troisième vague" en Amérique du Sud. *Revue Internationale de Politique Comparée,* 11(1), 17–33.

Griffin, L. J. (1992). Temporality, events, and explanation in historical sociology: An introduction. *Sociological Methods and Research,* 20, 403–427.

Griffin, L. J. (1993). Narrative, event-structure analysis and causal interpretation in historical sociology. *American Journal of Sociology,* 98(5), 1094–1133.

Griffin, L. J., Botsko, C., Wahl, A.-M., & Isaac, L. W. (1991). Theoretical generality, case particularity: Qualitative Comparative Analysis of union growth and decline. *International Journal of Comparative Sociology,* 32, 110–136.

Grimm, H. (2006). Entrepreneurship policy and regional economic growth. Exploring the link and theoretical implications. In B. Rihoux & H. Grimm (Eds.), *Innovative comparative methods for policy analysis* (pp. 123–144). New York: Springer.

Hagan, J., & Hansford-Bowles, S. (2005). From resistance to activism: The emergence and persistence of activism among American Vietnam war resisters in Canada. *Social Movements Studies,* 4(3), 231–259.

Häge, F. M. (2005). *Constructivism, fuzzy sets and (very) small-N: Revisiting the conditions for communicative action* (COMPASSS Working Paper, 33), 32p.

Hall, P. A. (2003). Aligning ontology and methodology in comparative politics. In J. Mahoney & D. Rueschemeyer (Eds.), *Comparative historical research* (pp. 373–405). Cambridge, UK: Cambridge University Press.

Heikkila, T. (2003). Institutional boundaries and common-pool resource management: A comparative analysis of water management programs in California. *Journal of Policy Analysis and Management,* 23(1), 97–117.

Heise, D. R. (1989). Modelling event structures. *Journal of Mathematical Sociology,* 14, 139–169.

Hellström, E. (2001). *Conflict cultures. Qualitative comparative analysis of environmental conflicts in forestry* (Silva Fennica Monographs No. 2). Helsinki: The Finnish Society of Forest Science/The Finnish Forest Research Institute.

Herrmann, A., & Cronqvist, L. (2008). When dichotomisation becomes a problem for the analysis of middle-sized datasets. *International Journal of Social Science Research Methodology.*

Hodson, R., & Roscigno, V. J. (2004). Organizational success and worker dignity: Complementary or contradictory? *American Journal of Sociology,* 110(3), 672–708.

Hollander, J. F. (2002). A quick look at Ragin's "Fuzzy set social science." *Comparative & Historical Sociology,* 14(1), 7–9.

Hume, D. (1758). *An enquiry concerning human understanding.* Chicago: Open Court Publishing Co.

Ishida, A., Yonetani, M., & Kosaka, K. (2006). Determinants of linguistic human rights movements: An analysis of multiple causation of LHRs movements using a Boolean approach. *Social Forces,* 84(4), 1937–1955.

Jackson, G. (2005). Employee representation in the board compared: A fuzzy sets analysis of corporate governance, unionism and political institutions. *Industrielle Beziehungen,* 3(12), 28.

Katz, A., Vom Hau, M., & Mahoney, J. (2005). Explaining the great reversal in Spanish America: Fuzzy set analysis versus regression analysis. *Sociological Methods and Research,* 33(4), 539–573.

Kilburn, H. W. (2004). Explaining U.S. urban regimes. A qualitative comparative analysis. *Urban Affairs Review,* 39(5), 633–651.

King, G., Keohane, R. O., & Verba, S. (1994). *Designing social inquiry: Scientific inference in qualitative research.* Princeton, NJ: Princeton University Press.

Kitchener, M., Beynon, M., & Harrington, C. (2002). Qualitative Comparative Analysis and public services research: Lessons from an early application. *Public Management Review,* 4(4), 485–504.

Kitschelt, H. (1986). Political opportunity structures and political protest: Anti-nuclear movements in four democracies. *British Journal of Political Science,* 16(1), 57–85.

Kittel, B., Obinger, H., & Wagschal, U. (2000). Wohlfahrtsstaaten im internationalen vergleich. Politisch-institutionelle Faktoren der Entstehung und Entwicklungsdynamik. H. Obinger & U. Wagschal (Eds.), *Der "gezügelte" Wohlfahrtsstaat: Sozialpolitik in Australien, Japan, Schweiz, Kanada, Neuseeland und den Vereinigten Staaten* (pp. 329–364). Frankfurt am Main: Campus Verlag.

Klir, G. J., Clair, U. St., & Yuan, B. (1997). *Fuzzy sets theory. Foundations and applications.* Englewood Cliffs, NJ: Prentice Hall PTR.

Kogut, B., MacDuffie, J. P., & Ragin, C. C. (2004). Prototypes and strategy: Assigning causal credit using fuzzy sets. *European Management Review,* 1, 114–131.

Kosko, B. (1993). *Fuzzy thinking: The new science of fuzzy logic.* New York: Hyperion.

Krook, M. L. (2006). *Temporality and causal configurations: Combining sequence analysis and fuzzy set/Qualitative Comparative Analysis.* Paper presented at the annual meeting of the APSA, Philadelphia.

Kvist, J. (2000). Idealtyper og fuzzy mèngdelère i komparative studier—Nordisk familiepolitik i 1990erne som eksempel. *Dansk Sociologi,* 11(3), 71–94.

Kvist, J. (2006). Diversity, ideal types and fuzzy sets in comparative welfare state research. In B. Rihoux & H. Grimm (Eds.), *Innovative comparative methods for policy analysis* (pp. 167–184). New York: Springer.

Lieberson, S. (1991). Small N's and big conclusions: An examination of the reasoning in comparative studies based on a small number of cases. *Social Forces,* 70(2), 307–320.

Lieberson, S. (1994). More on the uneasy case for using Mill-type methods in small N comparative studies. *Social Forces,* 72(4), 1225–1237.

Lieberson, S. (2004). Comments on the use and utility of QCA. *Qualitative Methods:*

Newsletter of the American Political Science Association Organized Section on Qualitative Methods, 2(2), 13–14.

Lijphart, A. (1971). Comparative politics and the comparative method. *American Political Science Review,* 65(3), 682–693.

Lijphart, A. (1975). The comparable-cases strategy in comparative research. *Comparative Political Studies,* 8(2), 158–177.

Linnaeus, C. (1753). *Species plantarum.* Stockholm: Impensis Laurentii Salvii.

Lipset, S. M. (1960). *Political man.* London: Mercury Books.

Lipset, S. M. (1994). The social requisites of democracy revisited: 1993 presidential address. *American Sociological Review,* 59(1), 1–22.

Lobe, B. (2006). *Mixing qualitative and quantitative methods in the environment of new information-communication technologies.* Unpublished doctoral dissertation, University of Ljubljana, Faculty of Social Sciences.

Lobe, B., & Rihoux, B. (forthcoming). The added value of micro-level QCA: Getting more out of rich case knowledge.

Longest, K. C., & Vaisey, S. (2008). Fuzzy: A program for performing qualitative comparative analyses (QCA) in Stata. *The Stata Journal,* 8(1), 79–104

Luoma, P. (2006). Social sustainability of community structures: A systematic comparative analysis within the Oulu region in Northern Finland. In B. Rihoux & H. Grimm (Eds.), *Innovative comparative methods for policy analysis* (pp. 237–262). New York: Springer.

Mahoney, J. (2000). Strategies of causal inference in small-N analysis. *Sociological Methods and Research,* 28(4), 387–424.

Mahoney, J. (2003). Strategies of causal assessment in comparative historical analysis. In J. Mahoney & D. Rueschemeyer (Eds.), *Comparative historical research* (pp. 337–372). Cambridge, UK: Cambridge University Press.

Mahoney, J. (2004). Revisiting general theory in historical sociology. *Social Forces,* 83(2), 459–489.

Mahoney, J., & Goertz, G. (2004). The possibility principle: Choosing negative cases in comparative research. *American Political Science Review,* 98(4), 653–669.

Mahoney, J., & Rueschemeyer, D. (2003). *Comparative historical research.* Cambridge, UK: Cambridge University Press.

Markoff, J. (1990). A comparative method: reflections on Charles Ragin's innovations in comparative analysis. *Historical Methods,* 23(4), 177–181.

Marradi, A. (1985). Natura, forme e scopi della comparazione: Un bilancio. In D. Fisichella (Ed.), *Metodo scientifico e ricerca politica.* Roma: La Nuova Italia Scientifica.

Marx, A. (2006). *Towards a more robust model specification in QCA results from a methodological experiment* (COMPASSS Working Paper, 43), 25p.

Massey, A. (1999). Methodological triangulation, or how to get lost without being found out. In A. Massey & G. Walford (Eds.), *Studies in educational ethnography* (Vol. 2) (pp. 193–197). Stamford, CT: JAI Press.

McCluskey, E. J. (1966). *Introduction to the theory of switching circuits.* New York: McGraw-Hill.

Merton, R. K. (1968). *Social theory and social structure* (Enlarged ed.). New York: The Free Press.

Miethe, T. D., & Drass, K. A. (1999). Exploring the social context of instrumental and expressive homicides: An application of Qualitative Comparative Analysis. *Journal of Quantitative Criminology,* 15(1), 1–21.

Mill, J. S. (1967 [1843]). *A system of logic: Ratiocinative and inductive.* Toronto: University of Toronto Press.

Mjøset, L. (2001). Theory: Conceptions in the social sciences. In N. J. Smelser & P. B. Baltes (Eds.), *The international encyclopedia of the social and behavioral sciences* (pp. 15641–15647). Amsterdam: Elsevier.

Mjøset, L. (2003). Versuch über die Grundlagen der vergleichenden historischen Sozialwissenschaft. In H. Kaelble & J. Schriewer (Eds.), *Vergleich und Transfer: Komparatistik in den Sozial-, Geschichts- und Kulturwissenschaften* (pp. 167–220). Frankfurt am Main: Campus Verlag.

Musheno, M. C., Gregware, P. R., & Drass, K. A. (1991). Court management of AIDS disputes: A sociolegal analysis. *Law and Social Inquiry,* 16(4), 737–776.

Nelson, K. (2004). *The last resort. Determinants of the generosity of means-tested minimum income protection in welfare democracies* (COMPASSS Working Paper, 21), 44p.

Nomiya, D. (2001). Minsyuu no hanran to shakai hendou: Rekishiteki deita heno ouyou [Peasants' rebellion and social change: Application [of QCA] to historical data]. In N. Kanomata, D. Nomiya, & K. Hasegawa (Eds.), *Shituteki hikaku bunseki [Qualitative comparative analysis]* (pp. 79–94). Kyoto: Mineruva Syobo.

Nomiya, D. (2004). Atteindre la connaissance configurationnelle: Remarques sur l'utilisation précautionneuse de l'AQQC. *Revue Internationale de Politique Comparée,* 11(1), 131–133.

Osa, M., & Corduneanu-Huci, C. (2003). Running uphill: Political opportunity in non-democracies. *Comparative Sociology,* 2(4), 605–629.

Peillon, M. (1996). A qualitative comparative analysis of welfare legitimacy. *Journal of European Social Policy,* 6(3), 175–190.

Pennings, P., Keman, H., & Kleinnijenhuis, J. (1999). *Doing research in political science. an introduction to comparative methods and statistics.* London: Sage.

Peters, B. G. (1998). *Comparative politics, theory and methods.* Basingstoke, UK: Palgrave.

Petersen, T. (1993). Recent advances in longitudinal methodology. *Annual Review of Sociology,* 19, 425–454.

Pierson, P. (2003). Big, slow-moving, and . . . invisible: Macrosocial processes in the study of comparative politics. J. Mahoney & D. Rueschemeyer (Eds.), *Comparative historical research* (pp. 177–207). Cambridge, UK: Cambridge University Press.

Pierson, P. (2004). *Politics in time: History, institutions, and social analysis.* Princeton, NJ: Princeton University Press.

Popper, K. R. (1959). *The logic of scientific discovery.* London: Hutchinson.

Popper, K. R. (1963). *Conjectures and refutations: The growth of scientific knowledge.* London: Routledge & Kegan Paul.

Przeworski, A., & Teune, H. (1970). *The logic of comparative social inquiry.* New York: Wiley-Interscience.

Quine, W. V. (1952). The problem of simplifying truth functions. *American Mathematical Monthly,* 59, 521–531.

Ragin, C. C. (1987). *The comparative method. Moving beyond qualitative and quantitative strategies.* Berkeley, Los Angeles, and London: University of California Press.

Ragin, C. C. (1994). *Constructing social research. The unity and diversity of method.* Newbury Park, CA: Pine Forge Press.

Ragin, C. C. (1995). Using Qualitative Comparative Analysis to study configurations. In U. Kelle (Ed.), *Computer-aided qualitative data analysis* (pp. 177–189). London: Sage.

Ragin, C. C. (2000). *Fuzzy-set social science.* Chicago: University of Chicago Press.

Ragin, C. C. (2002). Préface. In G. De Meur & B. Rihoux (Eds.), *L'analyse quali-quantitative comparée (AQQC-QCA): Approche, techniques et applications en sciences humaines* (pp. 11–14). Louvain-la-Neuve: Academia-Bruylant.

Ragin, C. C. (2003). *Making comparative analysis counts* (COMPASSS Working Paper, 10), 24p.

Ragin, C. C. (2004). Turning the tables: How case-oriented research challenges variable-oriented research. In H. E. Brady & D. Collier (Eds.), *Rethinking social inquiry:*

Diverse tools, shared standards (pp. 123–138). Lanham, MD: Rowman & Littlefield.

Ragin, C. C. (2006a). The limitations of net-effects thinking. In B. Rihoux & H. Grimm (Eds.), *Innovative comparative methods for policy analysis* (pp. 13–41). New York: Springer.

Ragin, C. C. (2006b). Set relations in social research: Evaluating their consistency and coverage. *Political Analysis,* 14(3), 291–310.

Ragin, C. C. (2007). Calibration versus measurement. In D. Collier, H. Brady, & J. Box-Steffensmeier (Eds.), *Methodology volume of Oxford handbooks of political science*. New York: Oxford University Press.

Ragin, C. C. (2008). *Redesigning social inquiry:* Fuzzy sets and beyond. Chicago: University of Chicago Press.

Ragin, C. C., & Becker, H. S. (1992). *What is a case? Exploring the foundations of social inquiry.* Cambridge, UK: Cambridge University Press.

Ragin, C. C., Berg-Schlosser, D., & De Meur, G. (1996). Political methodology: Qualitative methods. In R. E. Goodin, & H.-D. Klingemann (Eds.), *A new handbook of political science* (pp. 749–768). Oxford: Oxford University Press.

Ragin, C. C., & Bradshaw, Y. W. (1991). Statistical analysis of employment discrimination: A review and a critique. *Research in Social Stratification and Mobility,* 10, 199–228.

Ragin, C. C., & Rihoux, B. (2004a). Qualitative Comparative Analysis (QCA): State of the art and prospects. *Qualitative Methods: Newsletter of the American Political Science Association Organized Section on Qualitative Methods,* 2(2), 3–13.

Ragin, C. C., & Rihoux, B. (2004b). Replies to commentators: Reassurances and rebuttals. *Qualitative Methods: Newsletter of the American Political Science Association Organized Section on Qualitative Methods,* 2(2), 21–24.

Ragin, C. C., & Sonnett, J. (2004). Between complexity and parsimony: Limited diversity, counterfactual cases, and comparative analysis. In S. Kropp & M. Minkenberg (Eds.), *Vergleichen in der Politikwissenschaft*. Wiesbaden, Germany: VS Verlag für Sozialwissenschaften.

Ragin, C. C., & Strand, S. I. (2008). Using Qualitative Comparative Analysis to study causal order: Comment on Caren and Panofsky (2005). *Sociological Methods & Research,* 36(4), 431–441.

Redding, K., & Viterna, J. S. (1999). Political demands, political opportunities: Explaining the differential success of left-libertarian parties. *Social Forces,* 78(2), 491–510.

Rihoux, B. (2001). *Les partis politiques: Organisations en changement. Le test des écologistes* (Coll. Logiques Politiques). Paris: L'Harmattan.

Rihoux, B. (2003). Bridging the gap between the qualitative and quantitative worlds? A retrospective and prospective view on Qualitative Comparative Analysis. *Field Methods,* 15(4), 351–365.

Rihoux, B. (2006). Qualitative Comparative Analysis (QCA) and related systematic comparative methods: Recent advances and remaining challenges for social science research. *International Sociology,* 21(5), 679–706.

Rihoux, B. (20092008, forthcoming). Case-oriented configurational research using QCA (Qualitative Comparative Analysis). In J. Box-Steffensmeier, H. Brady, & D. Collier (Eds.), *Oxford handbook of political science: Methodology*. Oxford: Oxford University Press.

Rihoux, B. (2008b, forthcoming). Qualitative Comparative Analysis (QCA) and related techniques: Recent advances and challenges. In S. Pickel, G. Pickel, H.-J. Lauth, & D. Jahn (Eds.), *Neuere Entwicklungen und Anwendungen auf dem Gebiet der Methoden der vergleichenden Politikwissenschaft—Band II*. Wiesbaden, Germany: Westdeutscher Verlag.

Rihoux, B., & Lobe, B. (2009). The case for QCA: Adding leverage for thick cross-case comparison. In D. Byrne & C. C. Ragin (Eds.), *Handbook of case based methods*.

Thousand Oaks, CA, and London: Sage.

Romme, A. G. L. (1995). Boolean comparative analysis of qualitative data: A methodological note. *Quality and Quantity,* 29(4), 317–329.

Roscigno, V. J., & Hodson, R. (2004). The organizational and social foundations of worker resistance. *American Sociological Review,* 69, 14–39.

Rudel, T. K., & Roper, J. (1996). Regional patterns and historical trends in tropical deforestation, 1976–1990: A qualitative comparative analysis. *Ambio,* 25(3), 160–166.

Rueschemeyer, D., & Stephens, J. D. (1997). Comparing historical sequences—a powerful tool for causal analysis. A reply to John Goldthorpe's "current issues in comparative macrosociology." *Comparative Social Research,* 16, 55–72.

Sager, F. (2004). Metropolitan institutions and policy coordination: The integration of land use and transport policies in Swiss urban areas. *Governance: An International Journal of Policy, Administration, and Institutions,* 18(2), 227–256.

Sartori, G. (1970). Concept misformation in comparative politics. *American Political Science Review,* 64(4), 1033–1053.

Sartori, G. (1991). Comparing and miscomparing. *Journal of Theoretical Politics,* 3(3), 243–257.

Savolainen, J. (1994). The rationality of drawing big conclusions based on small samples: In defence of Mill's methods. *Social Forces,* 72(4), 1217–1224.

Scherrer, V. (2006). *Citoyens sous tensions. Analyse qualitative des rapports à la politique et des configurations d'appartenances à partir d'entretiens projectifs sur les proches.* Unpublished doctoral dissertation, Institut d'Etudes Politiques de Paris, Paris.

Schneider, C. Q., & Grofman, B. (2006). *It might look like a regression equation . . . but it is not! An intuitive approach to the presentation of QCA and FSQCA results* (COMPASSS Working Paper, 39), 61p.

Schneider, C. Q., & Grofman, B. (2007). *Graphical representations of fuzzy set results: How not to get your audience confused.* Paper presented at the 4th ECPR General Conference, Pisa, Italy. Panel on "Comparative Research Design and Configurational Methods."

Schneider, C. Q., & Wagemann, C. (2006). Reducing complexity in Qualitative Comparative Analysis (QCA): Remote and proximate factors and the consolidation of democracy. *European Journal of Political Research,* 45(5), 751–786.

Schneider, C. Q., & Wagemann, C. (2007). *Qualitative Comparative Analysis (QCA) und fuzzy sets. Ein lehrbuch für anwender und jene, die es werden wollen.* Opladen and Farmington Hills: Verlag Barbara Budrich.

Schneider, C. Q., & Wagemann, C. (2008). Standards guter Praxis in Qualitative Comparative Analysis (QCA) und fuzzy-sets. In S. Pickel, G. Pickel, H.-J. Lauth, & D. Jahn (Eds.), *Neue vergleichende sozialwissenschaftliche Methoden.* Wiesbaden, Germany: VS-Verlag.

Schneider, C. Q., & Wagemann, C. (forthcoming). *Qualitative Comparative Analysis (QCA) and fuzzy sets. A user's guide.*

Scouvart, M. (2006). *Une analyse quali-quantitative comparée des causes de la déforestation en Amazonie brésilienne.* Unpublished doctoral dissertation, Université catholique de Louvain, Louvain-La-Neuve, Belgium.

Scouvart, M., Adams, R. T., Caldas, M., Dale, V., Mertens, B., Nédélec, V., et al. (2007). Causes of deforestation in the Brazilian Amazon: A Qualitative Comparative Analysis. *Journal of Land Use Science,* 2(4), 257–282.

Seawright, J. (2005). Qualitative Comparative Analysis vis-à-vis regression. *Studies in Comparative International Development (SCID),* 40(1), 3–26.

Serdült, U., & Hirshi, C. (2004). From process to structure: Developing a reliable and valid tool for policy network comparison. *Swiss Political Science Review,* 10(2), 137–155.

Serdült, U., Vögeli, C., Hirschi, C., & Widmer, T. (2005). *APES—Actor-Process-Event Scheme.* http://www.apes-tool.ch.

Shalev, M. (1998). *Limits of and alternatives to multiple regression in macro-comparative research.* Paper presented at the Second Conference on the Welfare State at the Crossroads.

Skaaning, S.-E. (2006). *Democracy besides elections: An inquiry into (dis)respect for civil liberty in Latin American and post-communist countries after the third wave.* Unpublished doctoral dissertation, University of Aarhus, Aarhus.

Skocpol, T. (1984). *Vision and method in historical sociology.* Cambridge, UK: Cambridge University Press.

Smithson, M., & Verkuilen, J. (2006). *Fuzzy set theory. Applications in the social sciences.* London: Sage.

Stephens, J. D. (1998). Historical analysis and causal assessment in comparative research. *APSA-CP. Newsletter of the APSA Organized Section in Comparative Politics,* 9(1), 22–25.

Stevenson, W. B., & Greenberg, D. (2000). Agency and social networks: Strategies of action in a social structure of position, opposition, and opportunity. *Administrative Science Quarterly,* 45, 651–678.

Stokke, O. S. (2004). Boolean analysis, mechanisms, and the study of regime effectiveness. In A. Underdal & O. R. Young (Eds.), *Regime consequences. Methodological challenges and research strategies.* Dordrecht, Netherlands: Kluwer.

Stokke, O. S. (2007). Qualitative Comparative Analysis, shaming and international regime effectiveness. *Journal of Business Research,* 60(5), 501–511.

Swanson, G. (1971). Frameworks for comparative research: structural anthropology and the theory of action. In I. Vallier (Ed.), *Comparative methods in sociology. Essays on trends and applications* (pp. 141–202). Berkeley: University of California Press.

Tarrow, S. (1994). *Power in movement. Social movements, collective action and politics.* Cambridge, UK: Cambridge University Press.

Tashakkori, A., & Teddlie, C. (2003). *Handbook of mixed methods in the social and behavioral research.* Thousand Oaks, CA: Sage.

Tiemann, G. (2003). Das "most different system design" als Instrument zum Umgang mit multipler Kausalität. In S. Pickel, G. Pickel, H.-J. Lauth, & D. Jahn (Eds.), *Vergleichende politikwissenschaftliche Methoden. Neue Entwicklungen und Diskussionen* (pp. 265–287). Wiesbaden, Germany: Westdeutscher Verlag.

Tilly, C. (1984). *Big structures, large processes, huge comparisons.* New York: Russell Sage Foundation.

Vanderborght, Y., & Yamasaki, S. (2004). Des cas logiques . . . contradictoires? Un piège de l'AQQC déjoué à travers l'étude de la faisabilité politique de l'Allocation Universelle. *Revue Internationale de Politique Comparée,* 11(1), 51–66.

Vanhanen, T. (1984). *The emergence of democracy: A comparative study of 119 states, 1850–1979. Commentationes Scientarum Socialium n*0.24. Helsinki: Finnish Society of Sciences and Letters.

Varone, F., Rothmayr, C., & Montpetit, E. (2006). Regulating biomedicine in Europe and North America. A Qualitative-Comparative Analysis, *European Journal of Political Research,* 45(2), 317–343.

Verkuilen, J. (2001). [Book review] Charles Ragin, fuzzy set social science. *APSA-CP: Newsletter of the APSA Organized Section in Comparative Politics.*

Verkuilen, J. (2005). Assigning membership in a fuzzy set analysis. *Sociological Methods and Research,* 33(4), 462–496.

Vink, M., & Van Vliet, O. (2007). *Not quite crisp, not yet fuzzy? . . . Assessing the potential and pitfalls of multi-value QCA* (COMPASSS Working Paper, 52), 29p.

Vis, B. (2006). *States of welfare or states of workfare? A fuzzy-set ideal type analysis of major welfare state restructuring in sixteen advanced capitalist democracies, 1985–2002* (COMPASSS Working Paper, 42), 40p.

Wagemann, C., & Schneider, C. Q. (2007). *Standards of good practice in Qualitative Comparative Analysis (QCA) and fuzzy-sets* (COMPASSS Working Paper, 51), 35p.

Watanabe, T. (2003). *Where theory and reality meet: Using the full potential of QCA by exploiting the intersection function of the QCA software. International comparison analysis about the occurrence of social movement* (COMPASSS Working Paper, 13), 14p.

Williams, L. M., & Farrell, R. A. (1990). Legal response to child sexual abuse in daycares. *Criminal Justice and Behavior,* 17(3), 284–302.

Yamasaki, S. (2003). *Testing hypotheses with QCA: Application to the nuclear phase-out policy in 9 OECD countries.* Second ECPR General Conference. Section: "Methodological Advances in Comparative Research: Concepts, Techniques, Applications"; Panel: "QCA (Qualitative Comparative Analysis) in Comparative Research: Applications."

Yamasaki, S. (2007). *Policy change in nuclear energy. A comparative analysis of West European countries.* Unpublished doctoral dissertation, Université catholique de Louvain, Louvain-la-Neuve, Belgium.

Yamasaki, S., & Spreitzer, A. (2006). Beyond methodological tenets. The worlds of QCA and SNA and their benefits to policy analysis. In B. Rihoux & H. Grimm (Eds.), *Innovative comparative methods for policy analysis* (pp. 95–120). New York: Springer.

Zadeh, L. A. (1965). Fuzzy-sets. *Information and Control,* 8, 338–353.

Zelditch, M., Jr. (1971). Intelligible comparisons. In I. Vallier (Ed.), *Comparative methods in sociology. Essays on trends and applications* (pp. 267–307). Berkeley: University of California Press.

关于编著者

这本教科书的编著者和贡献者都活跃于 COMPASSS 研究组（www.compasss.org）。

Benoît Rihoux 是鲁汶天主教大学政治研究中心的政治学教授（比利时）。他的主要研究兴趣包括政党、新社会运动、组织、政治变革、环境政治和政策过程研究。他是 COMPASSS 研究组的协调人，负责监督其链接的网页、数据库和档案的管理，他也是推广方法的国际倡议的联合召集人，例如欧洲政治研究协会（ECPR）政治学研究方法常设小组、ECPR 方法和技术的夏季学校以及 ECPR 研究方法系列书籍（与 B.Kittel 共同主编）。与本书主题相关的，他还出版了《政策分析的创新比较方法：超越定量与定性的鸿沟》一书 (Springer/Kluwer 出版社，与 H.Grimm 共同完成，2006 年)。

Charles C. Ragin 是亚利桑那大学社会学和政治学教授（目前是美国加州大学欧文分校校长讲席教授）。2000～2001 年间，他曾在斯坦福大学行为科学高级研究中心担任研究员，在那之前他是西北大学社会学与政治学教授。他的主要研究兴趣包括先进工业社会的福利国家、比较种族政治动员、民族主义和国际不平等。他的书包括：《比较方法：超越定性和定量策略》（加州大学出版社，1987）、《比较社会研究中的问题和替代方法》（E.J.Brill, 1991）、《什么是案例？探索社会研究的基础》（剑桥大学出版社，合作者 Howard S.Becker, 1992）、《构建社会研究：方法的统一性与多样性》（Pine Forge 出版社，1994）、《模糊集社会科学》（芝加哥大学出版社，2000），以及《重新设计社会研究：模糊集及其超越》（芝加哥大学出版社，2008）。

关于贡献者

Dirk Berg-Schlosser，政治学博士，马尔堡大学（德国）政治科学研究所教授，主要研究和教学领域包括比较政治、非洲和第三世界政治、政治文化、民主化和比较方法。他于2003～2006年担任欧洲政治研究协会（ECPR）主席，自2006年起担任国际政治学会（IPSA）副主席。

Damien Bol 是国家科学研究基金（FNRS）的研究员，同时是鲁汶天主教大学政治中心（比利时）的研究员，他负责维护COMPASSS研究组的网页和链接数据库。他的研究重点是政治和选举机构（特别是变革和选择）、比较政治的方法和技巧（特别是那些处理"小总体"和时间维度的方法和技巧）、政治代表以及政治参与者之间的战略互动。

Lasse Cronqvist，政治学博士、特里尔大学（德国）政治学研究所讲师。他教授德语、比较政治以及社会科学方法。他的研究重点是比较方法和比较政策研究。他还为组态比较分析开发了软件（TOSMANA）。

Gisèle De Meur 是布鲁塞尔自由大学（比利时）的数学教授。她为社会学者讲授数学、方法论、计算论和认识论，并担任ULB数学与科学实验室（MATsch）主任。她的研究兴趣包括"伪科学"话语、艺术中的几何模型、人类学中应用的数学模型，以及政治学、方法学（定性—定量比较分析）和性别研究。

Sakura Yamasaki，政治学博士、国家科学研究基金（FNRS）研究员、鲁汶天主教大学（比利时）政治研究中心研究员。从COMPASSS研究组建立开始，她对其网页和链接数据库进行了详尽的介绍和维护（2003～2007年）。她的研究兴趣包括比较方法（特别是QCA）、网络分析、核能政策、政策变迁以及新的社会运动理论。目前在能源贸易部门工作。